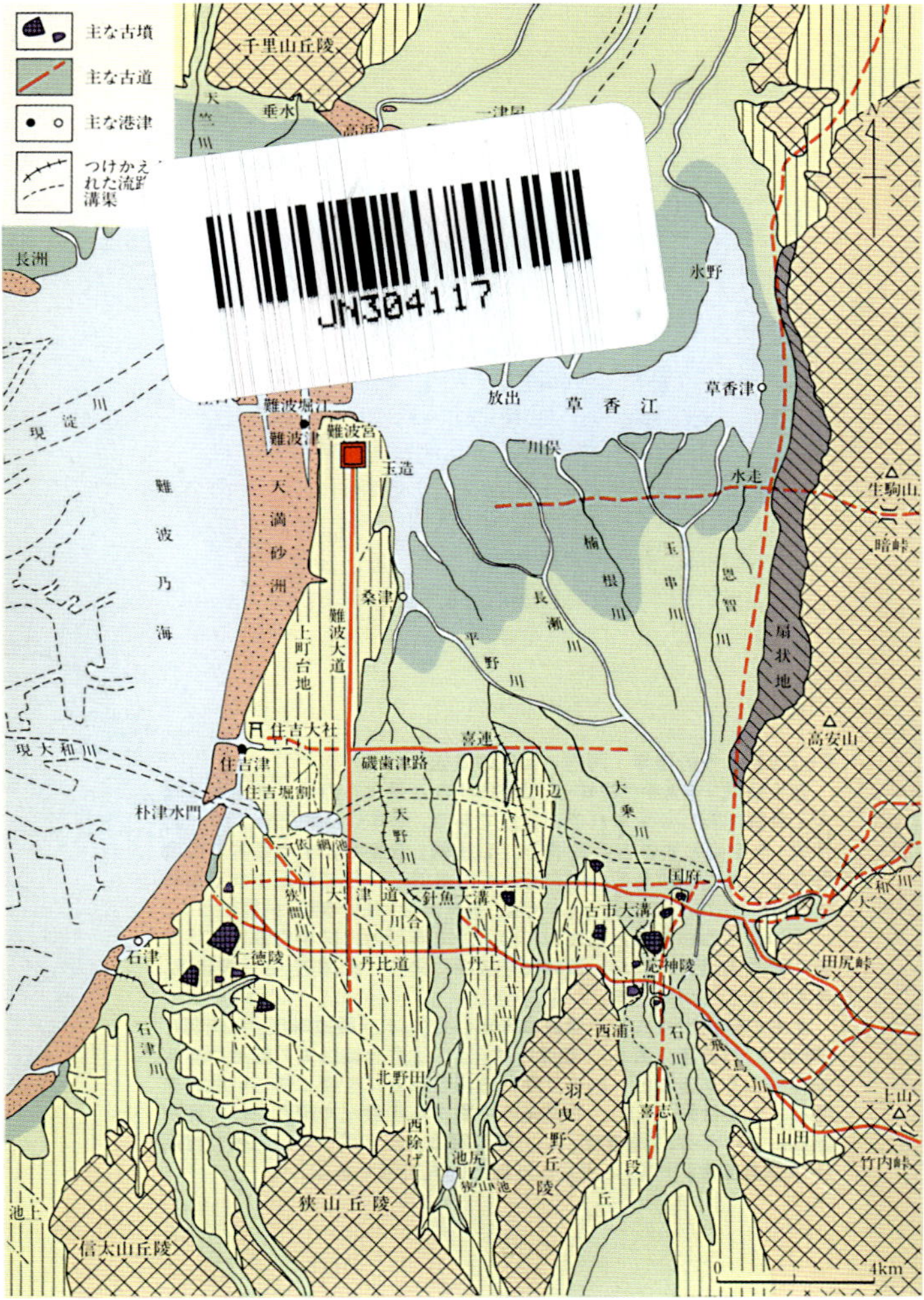
主な古墳
主な古道
主な港津
つけかえ
れた流路
溝渠
千里山丘陵
天竺川
垂水
高浜
三津屋
長洲
氷野
放出
草香江
草香津
現淀川
難波堀江
難波津
難波宮
玉造
川俣
水走
生駒山
暗峠
難波乃海
天満砂洲
上町台地
難波大道
桑津
平野川
長瀬川
楠根川
玉串川
恩智川
扇状地
高安山
住吉大社
喜連
現大和川
住吉津
住吉堀割
磯歯津路
朴津水門
依網池
天野川
川辺
大乗川
国府
大和川
狭間
大津道
針魚大溝
古市大溝
川合
石津
仁徳陵
丹比道
丹上
応神陵
田尻峠
西浦
石川
飛鳥川
石津川
北野田
羽曳野丘陵
喜志
段丘
二上山
山田
竹内峠
西除け
池尻
狭山池
池上
狭山丘陵
信太山丘陵
N
0
4km

6～7世紀ころの摂津・河内・和泉の景観

弥生時代（本文中の図6－6　215頁参照）と異なるのは、さまざまな人工景観が新しく生まれている点である。南寄りの段丘面には、「応《おう》神陵《じんりょう》」を中心とする古市《ふるいち》古墳群、「仁徳陵《にんとくりょう》」を中心とする百舌鳥《もず》古墳群など。また、段丘面の開田をおもな目的としたと考えられる溜池（依《よさ》網《み》池、狭山池）や溝渠《こうきょ》（古市大溝《ふるいちおおみぞ》、針魚大《はりおのおお》溝《うなで》、住吉堀割《すみよしほりわり》）が目につく。

このころのおもな古道としては、上町《うえまち》台地のほぼ中央部を南に下る「難波大道」のほか、段丘面を東西に走る「大津道」と「丹比道《たじひみち》」をあげることができる。

北方の砂洲にみられる景観の大きい変化は、「難波堀江」の開削と「難波津」の設置である。「難波堀江」は、上町台地以東の低地の排水条件をよくすること、および難波乃海と草香江を結ぶ新しい航路を開くことを目的として、5世紀の中葉から6世紀初頭にかけて開削されたといえる。「難波津」は、「難波堀江」とラグーンとの接点付近（中央区高麗橋1丁目）に成立した計画的人工港である。

地形からみた歴史

古代景観を復原する

日下雅義

講談社学術文庫

学術文庫版まえがき

原著が出版されてから二十年あまりになる。この間に、読者から意見や批判を寄せられることがなかったので、ここでは若干の誤植を訂正するにとどめ、本書が生まれるまでの道のりについて、少し書いてみたい。

いつの頃からかはっきりしないが、次のような二つの言葉が、私の頭から離れなくなった。その一つが「比較」という言葉である。本書では、ナイルデルタの「コム」、中国の「鄭国渠《ていこくきよ》」、地中海沿岸のカルヤ川下流域平野などを紹介したが、これは日本の事例と比較するためである。国内では、なるべく性格の違った地域を取り上げることにした。「大井川扇状地」と「和歌山平野」(三角洲)、「池上《いけがみ》・曾根遺跡」(低地、その後埋積)と「吉野《よしの》ヶ里《がり》遺跡」(段丘上、その後浸食)、「裂田溝《さくたのうなで》」(現存)と「針魚大溝《はりおのおおうなで》」(消滅)、「依網池《よさみいけ》」(消滅)と「狭山池」(現存)、「住吉津」(天然)と「難波津」(人工)などがそれである。

次は、「関係」という言葉である。地形環境と人間活動との関係のほか、室内作業と野外調査との関係、地表景観と地下(埋没)景観との関係、地理学と隣接科学(考古学、日本史、文学ほか)との関係などがそれに当る。

大阪府下池上・曾根遺跡付近の環濠とシュートバー(埋没礫堆《れきたい》)の調査では、あらかじめ用意した地形分類予察図、空中写真、検土杖《けんどじょう》などを持って現地に出かけ、発掘現場の露頭観察や検土杖による地質調査に汗を流し、夜は近くの旅館で考古学関係者や大学院生たちと深夜まで議論を重ねた。それに対して、大井川扇状地や和歌山平野のような、広くて傾斜の緩やかな地域では地形図、空中写真、折れ尺などを手に、黙々とペダルを踏んだ。自転車は、平野の微起伏《びきふく》をとらえるのに、とても都合がよかった。

このような様々な作業に基づいて原図をつくり、そこから導き出した私の解釈は、通説を覆すものがほとんどだったため、それがすぐに認められることはなかった。

狭山池の湖岸変遷史、「応神陵」（誉田山《こんだやま》古墳）の崩壊原因とその時期、難波津の比定地などがその主なものであるが、たとえば紀ノ川の河道（河口）変遷について、はじめて発表した時は、地元の研究者から厳しい批判を受けた。大学院生の頃であり、私の考えが広く認められるまでに十五年近くはかかったように思う。それから、和歌山平野の海岸付近の地下に横たわる縄文海進時（約六〇〇〇年前）の砂洲のばあいは、最近行われた精度の高い地盤調査によって、ようやく裏付けられた（『新関西地盤――和歌山平野』ＫＧ－ＮＥＴ・関西圏地盤研究会、二〇一一）。復原図を描いてからすでに半世紀を経ているが、やはり嬉しい。

このように、私は地形環境と人間活動との関係を、かなりながい時間軸でとらえるという方法を、頑《かたくな》にとり続けてきたが、これは立命館大学入学間もない頃、谷岡武雄著『人文地理学序説』（雄渾社、一九五五）を読み、感銘したことによる。谷岡武雄先生に改めてお礼を申し上げたい。

平成二十三年三月に、東日本で発生した巨大地震と津波に始まり、本年八月に近畿地方を襲った集中豪雨と河川の氾濫・浸水に至る一連の災害に直面し、人々の関心が自然の怖さや災害の歴史に集まっている現在、拙著が学術文庫に加えられたことを嬉しく感じると共に、これが古代人の優れた「知恵」と「生き方」を知るための、一つの手掛かりになればたいへん幸いだと思っている。
　図表や写真が多くて、非常に面倒な本書の再版に当って、終始いろいろとお世話下さった学術図書第一出版部の園部雅一次長をはじめ、講談社のみなさんに心からお礼を申し上げる次第である。

日下雅義

二〇一二年八月

目次

地形からみた歴史

学術文庫版まえがき……3
第一章　景観の復原と遺跡——はじめに……13
1　景観をとらえる　13
2　地下からの情報　25
第二章　大地は変わる……36
1　マクロからミクロへ　36
2　日本の古代を中心に　50
第三章　『記紀』『万葉集』に自然の景をよむ……68
1　「水門」と「岸」　68
2　潮の流れと生活　78
第四章　生活の場を復原する……92

1 水を求め水を避ける 92
2 マウンドをつくって耐える 95
3 ナイルデルタの「コム」 99
4 三角屋敷と盛土集落 106
第五章 生産の場を復原する……119
1 灌漑のおこり 119
2 初期の大溝「裂田溝」 132
3 「針魚大溝」のルートを探る 140
4 「依網池」のナゾ 151
5 狭山池と除げ 167
第六章 消費の場を復原する……188
1 港の原風景 188
2 紀伊水門と和歌浦 199

3　住吉津と津に至る道　211
4　難波津の位置をめぐって　230
5　「難波堀江」開削の目的と時期　239
6　人工港「難波津」の成立　246
第七章　景観の形成と古代――むすびにかえて……262
あとがき……270
索　引……279

地形からみた歴史

第一章　景観の復原と遺跡――はじめに

1　景観をとらえる

考古学と地理学のあいだ

考古学と地理学は、いずれも自然と人間の両研究分野にまたがる、間口のきわめて広い学問である。

念のために、ちょっと調べてみると、考古学とは「物質的資料により人類の過去を研究する学問」であり、物質的資料（物的証拠）には、①人類がある目的をもって製作・加工したもの（遺跡・遺物）、②人類によって利用された自然界の物質、③人類の活動や行為によって自然界に生じた変化を示す物的証拠などが含まれる（鈴木公雄『考古学入門』東京大学出版会、一九八八）。

いっぽう、地理学は自然環境（気候・地形・水・動植物など）と人間活動との相互関係について研究する学問である。したがって、古地理学ないし歴史地理学は「過去の自然環境と人間活動との関係をあきらかにしようとする学問分野」ということになる。

ここにいう「過去」とは、人類が地球上に出現して以来のことであるが、自然環境に対する人間の働きかけ方について、より具体的にあきらかにしようとすれば、約九五〇〇年前以降が問題となる。このころに土地の開発と耕作がスタートする。わが国の場合は、二五〇〇年前ころから一〇〇〇年前ころまでのあいだが、とりわけ重要といえるであろう。

このころ、後氷期《こうひょうき》につくられた自然景の多くが消滅し、それにかわって、人工景あるいは二次景と呼ばれる景観が新しく形成された。これらの景観は、地表や地下で現在なお生きつづけている。したがって、この時代は「現代によみがえりうる過去」ということができるのである。考古学の分野でも、この時期の諸現象が問題とされることが多い。

このようにして、考古学と地理学とは共通の土俵を有するところが多い。それのおもなものとして、①人間のさまざまな行為の結果残されたものをあきらかにしようとする、②研究にあたって地図や空中写真を用いる、③周到な現地調査をおこなう、などの点があげられる。ただし、考古学では物＝物的証拠の解明に重点がおかれるのに対し、地理学では場所＝遺跡をつつむ環境の復原《ふくげん》に力を注ぐ。また考古学では、おもに時間的経過のなかで人間をとらえようとするのに対し、地理学者の関心は、空間のなかの人間にまず向けられるのである。

関係の歴史

イギリスのA・S・グーディによると、歴史の古いイギリスにおいては、十九世紀の前半に考古学と地理学との結びつきがはじまる。それは各種の調査や地図の作成、それから人工物（古器物）の研究を共同でおこなったことにもとづく。

わが国の場合、第二次大戦前においては、共同研究というよりは、一人の研究者が、考古学と地理学の両分野にまたがる研究をおこなっていた感がつよい。その代表者は東木龍七《とうきりゆうしち》である。第二次大戦後になると、地理学者は遺跡の発掘に加わり、また海岸地形の研究に考古学上の成果を利用した。その代表的な例として、「登呂《とろ》」「唐古《からこ》」「山木《やまき》」「千種《ちぐさ》」「瓜郷《うりごう》」などの遺跡があげられる。そこで地理学者は遺跡付近の地形や堆積《たいせき》物の性格をあきらかにするとともに、地形の発達史を編んだ。

昭和三十年代の末ころになると、空中写真の判読を中心に、地質資料や考古資料を用いて過去の地形環境を復原図で示そうとする動きがでてくる。そして、これに相前後して、微化《びか》石《せき》（顕微鏡で検出されるような細かい物質）とりわけ花粉の分析がおこなわれるようになる。これは地質学や生物学からの技術移入ということができる。花粉分析によって、過去の植生や気候、さらに人間の自然への介入の様子などが次第にあきらかとなり、考古学の分野に大いに貢献した。またプラントオパール（イネ・ヨシなど多くの植物の体内に蓄積されている珪酸分）分析法も導入され、比較的狭い範囲の植生《しよくせい》の復原や旧耕土（水田跡）の検出がより正確なものとなった。「環境考古学」「考古地理学」といったことばがよく使われるようになるのは、このころからである（安田喜憲『環境考古学事始』ＮＨＫブックス、一九八〇。小野忠凞『日本考古地理学』ニュー・サイエンス社、一九八〇）。

その後、微地形分類の面では、時期（時代）がより重視されるようになるとともに、分類単位がいっそう細分化された。またセンチメートル・オーダーで等高線が描かれ、五〇〇〇分の一かそれより大きい縮尺の空中写真を用いて、地下に埋没された細かい景観が検出されるようになった（高橋学「埋没水田遺構の地形環境分析」『第四紀研究』二七、一九八九）。

ジオアーケオロジー

このような動きのなかにあって、わが国でも注目されるようになってきたのが“Geoarchaeology”である。直訳すると「地考古学」ということになるが、あまりふさわしい表現とはいえない。かえって誤解を招く恐れもあるので、ここでは原語をカタカナにかえるにとどめ、それの内容について少し具体的に紹介してみよう。アメリカ合衆国のB・G・グラドフェルターは、ジオアーケオロジーについて「考古学的諸事象の解釈や環境復原に、地球科学とりわけ地形学や堆積学を貢献させること」と述べている。アメリカ合衆国のF・A・ハッサンの見解もこれに近い。それのおもな内容は表1－1に示したとおりである。ジオアーケオロジーは、環境考古学から生物考古学的なものをとり去った内容に近く、したがって地質学的側面がより鮮明に出てくる。ただし、地質学だけでなくて、広く地球科学全般と過去の人間との相互関係に深くかかわるのである。たとえば、表1－1の第二項「遺跡付近の地形分析」は、遺跡の範囲の検討や集落立地に関係する過去の景観の評価にとってきわめて重要である。また遺跡内部における人工物の密度や分布におよぼした地質的作用の影響

遺跡の検出
遺跡付近の地形分析
堆積層の研究
堆積過程および堆積物の分析
古環境の分析
人工物の研究
文化と環境との関係のモデル化
考古関係資源の保全
年代の決定

表1－1　ジオアーケオロジーのおもな内容（F. A. ハッサン、1979より）

野外	遺跡	1．発掘現場の垂直断面図をつくる 2．代表的な（考古学的）堆積物を採取する 3．遺跡とまわりの景観との関連を考える
	景観	1．空中写真、詳細な地形図、宇宙写真などを利用して概略的な地形環境図をつくる 2．ほかの遺跡や文化景観との関係をはっきりさせる 3．周到な露頭観察をおこなう
実験室		1．野外での図化作業を補うため地形図、空中写真、宇宙写真などを系統的に判読する 2．地形発達のあとを明確にとらえるため、堆積物の粒径や組成を分析する 3．堆積物に含まれたpH、炭酸カルシウム、有機物、燐酸塩などを分析する 4．遺跡の形成、放棄、堆積によるその後の変化など、一連の流れをモデル化する

表1－2　ジオアーケオロジーの分析手順（K. W. ブッツァー、1982より）

を評価するのにも役立つ。

第五項「古環境の分析」は、土壌、動植物の残りかす、花粉などの研究と同時に、地形学的・層位学的・堆積学的研究に基礎をおく。最初の仕事は標準層相から堆積環境を復原することである。そして気候地形的環境を復原することが第二の仕事となる。

ところで、アメリカ合衆国の地形学者K・W・ブッツァーは、ジオアーケオロジーについて「地球科学の方法と概念を用いた考古学的調査を意味する」と述べたのち、このことばは考古学的地質学と同義語ではないし、地質学に必然的に結びつくものでもないと断っている。彼によれば、地球科学のスコープは広く、地質学とともに地理学や土壌学を含む。そしてこれらの科学は、環境システムの研究に対して、基本的なデータを提供する。

ジオアーケオロジーは、さらに地球物理学、地球化学、層位学、堆積学、地形学、水文学、気候学などとも、さまざまな程度と方法で関係をもつ。いうまでもなく、ただ一人で考古学の研究に必要なテクニックのいくつかをマスターすることはむずかしいが、ジオアーケオロジストは、環境システムの統一的モデルを構築するために、考古学分野の調査・研究から生まれる固有のデータに対するのと同じく、これら隣接科学からえられるデータのいくつかについても、的確に処理する能力をもつことが必要となる。

ジオアーケオロジーに関するブッツァーの考え方の骨子は、ほぼ以上のとおりである。調査および分析方法の一部は表1-2に示した。野外調査と室内作業を有機的に連結することが、いかに大切かがよくわかる。彼はこの研究分野での文化的（人間的）側面の重要性をとくに強調しているため、つぎにそのことについても少しふれてみよう。

ジオアーケオロジーと人為

略奪段階において、人間は狩りを助けるために火を用い、植生《しょくせい》の局部的な破壊や狩りによる動物相の変化をもたらしていたが、このようなインパクト（衝撃）は、あまり大きいものではなかった。ところが、農耕民や牧畜民は、環境の上に重大な、そして劇的ともいえる影響を与えたのである。

自然の状態であれば、植被《しょくひ》と土壌のおおいは、大気と地殻《ちかく》の間の保護的緩衝物《かんしょうぶつ》としての役割を果たすとともに、資源としてもきわめて重要な意味をもつ。すなわち、湿潤地域の正常な環境のもとでは、降雨は背の高い樹木によって遮《さえぎ》られ、直接地上に落ちることはない。地表には、分解のかなり進んだ木の葉が水のインパクトを弱めるための表土層をなし、また水を地下に浸透《しんとう》させるスポンジの役割を果たしている。そこでは、表面流出の総量や速さは小さく、土壌水分が多いため、地下水の湧出《ゆうしゅつ》は維持され、一年を通じて水が絶えることはない。

ところが、このような安定した生態系に、農耕民や牧畜民によるインパクトが集中的に加えられると、必然的に植生や土性が修正され、やがて除去されることになる。その結果、水の循環にも大きい変化を生じる。このようにして生じたインパクトは、気候変化に匹敵するくらい激しいものである。

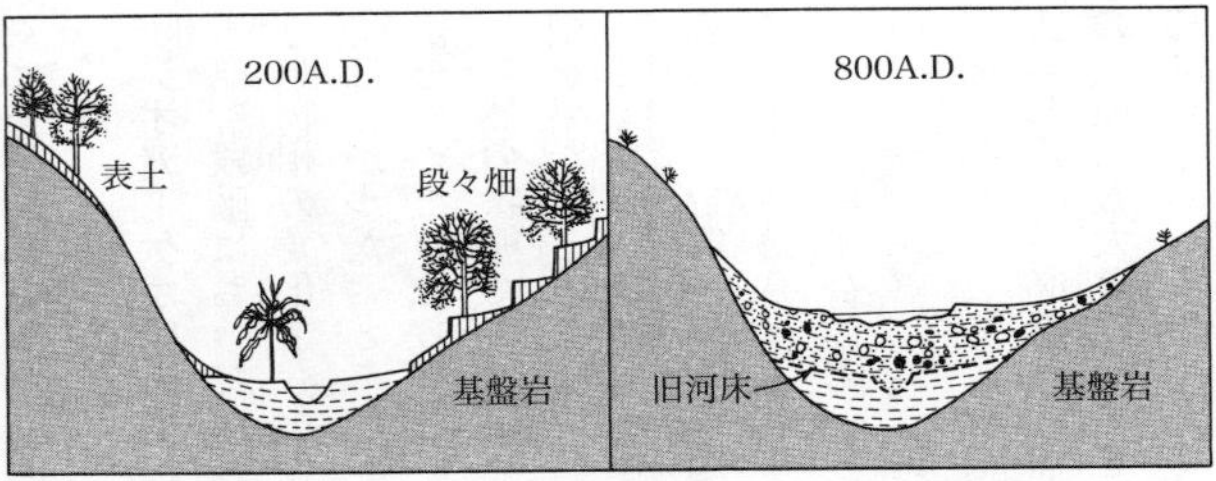

図1－1　ローマ時代末における土壌浸食と河床の埋積　イタリアでは、ローマ時代の初期に斜面が切り開かれてブドウ、オリーブ、小ムギなどが栽培された。ところが、ローマ帝国の滅亡とともに経済的な没落が農村地域にもおよび、豪雨のときに段々畑と肥沃な土壌は洗い流された。そして河川に沿う低地の集落の多くは厚さ6～9mの砂や礫の下に埋まってしまった。(K. W. ブッツァー、1976より)

ブッツァーは、自然系に対する人間のインパクトとその結果について、つぎのような事項をあげている。すなわち植生の除去、土壌の弛《ち》緩《かん》、土壌水分と地下水位の変化、土壌浸食の促進、水収支《みずしゅうし》（蒸発・表面流出・浸透などの割合）の変化などがそれである。重複することになるが、少し説明を加えてみよう。森林の伐採、開拓、草焼き、牧畜などは、葉による雨滴の遮断能力を減少させることになる。さらに土掘り、耕作、家畜による踏みつけなどによって地表のおおいが減少し、または除去されてしまう。その後その土地が放棄されたとしても、植生が元どおりに戻ることはない。また耕作によって木や草の根が切断され土壌の結合状態がゆるめられ、家畜によって土壌が踏み固められると、水の吸収容量が減少する。その結果、降雨時の表面流出量が増大し、土壌浸食が促進されることになるのである。ゆるやかな山麓斜面や丘陵地につくられた段々畑は、石垣などで保護されているが、そこが放棄されると、石垣とともにゆるんだ表土は速やかに崩れ去ってしまうのである（図1－1参照）。

人間の生態的バランスへの介入は、建設工事などによってますます強められるようになった。屋根によって逸《そ》らされた雨は、建物のまわりの手が加えられた地表に集中落下する。その結果、舗装されていない道路や小径では、しばしばガリー（溝）を発達させることになる。

このようにして、景観形成における人為は、想像以上に大きい。したがって、景観形成における人間の関与の仕方についての的確な判断が、つねに求められるのである。

「復原」という語について

景観は、それをつくった要因から自然景観、自然と人為による合成景観、および人工景観の三つに大別することができる。自然景観は自然の働きのみによって生まれたものであり、今日われわれのまわりで、それを目にすることはほとんどできない。他方、人工景観は人間が特定の目的をもってつくり出したものであり、古墳、池溝《ちこう》、城壁などがこれにあたる。しかし、これとても当初の〝景〟をそのまま現在にとどめているわけではけっしてない。

以上に対し、合成景観は、歴史的景観のほとんどをしめる。これはさらに①自然がつくったのち人間が改変させたもの、②人間がつくった景観をその後自然が徐々に変えたもの、および③自然と人間の両営力が同時に働いてつくりあげた景観などに分けることができる。合

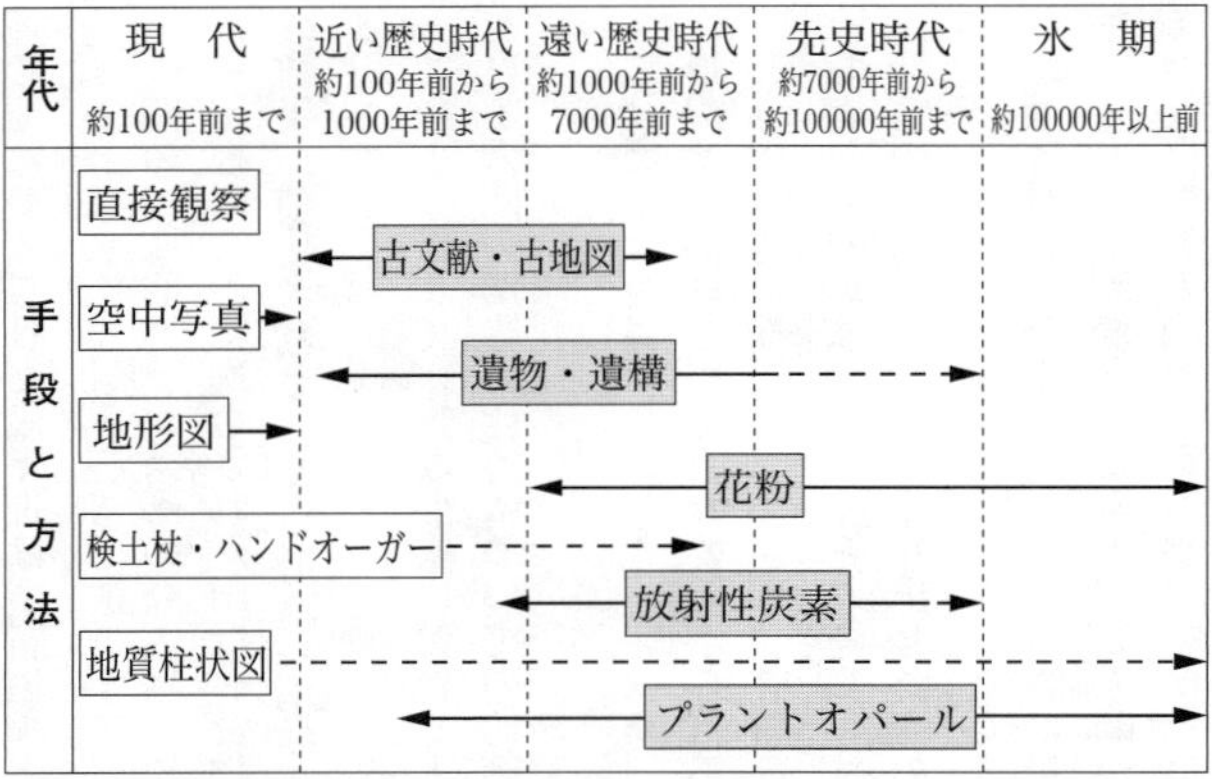

図1－2　復原の方法　各方法がほぼどの年代に有効かを示す。

成景観の代表的な例として植生、耕作土、天《てん》井川《じょうがわ》などがあげられる。

このようなさまざまな働きによってつくられた景観は、その在り方から地表景観と地下（埋没）景観とに分けることができる。地表景観には、いまなお生きつづけているものと化石化してしまっているものとがあり、前者には条里水田の畦畔《けいはん》、後者には古墳、柵《さく》などが含まれる。また地下景観としては埋没した旧河道（河跡）、溝渠《こうきょ》、環濠《かんごう》などがあげられる。このようにして、景観の中身は複雑多様であるため、まずそれの分類と位置づけをしておく必要がある。

ところで、過去のさまざまな時代の景観、それから自然と人間活動との関係の跡などを解きあかそうとする仕事は「ふくげん」と呼ばれる。考古学の分野では「復原」と「復元」の二とおりの表現がされているようであるが、私はこれまで一貫して「復原」という語を用いてきた。それは、土器や家屋のような単独のものを、元どおりに戻すのではなくて、過去のさまざまな時代の合成景観（原景観）を再構成するという自分の研究内容には、「元」より「原」のほうがふさわしいと考えるからである。

古地図と空中写真

過去の景観を検出する手段のひとつとして古地図（古絵図）があげられる。これは歴史地理学の研究において古くから用いられてきた。ただ地図が作成された年代や目的がはっきりしないものが多く、内容は全般的に不正確で、意図的なものもみられる。また後の時代の書きかえや追記もある。

したがって、一枚の絵図のみから当時の景観や構造を単純に判断するのではなくて、ほぼ同じ時代に描かれた他の地図や文書類を探して、相互に検討を加えることが望ましい。さらに自然サイドから当時の環境なり景観を復原し、絵図の内容とつき合わせてみる必要があろう。

明治二十年（一八八七）ころに作成された仮製地形図（縮尺二万分の一）には、さまざまな景観がくわしく記されている。測量の精度になお問題は残るが、近年における人為的大改変以前の景観を、かなり具体的にとらえることができる。

空中写真は、十九世紀の中葉にフランスのパリで、はじめて撮影された。その結果、野外の景観がそのまま室内に持ち込まれることとなり、景観分析にひとつの大きい画期が訪れたのである。

空中写真は、カメラのレンズがとらえたすべての自然・人工両景観を、あますところなく再現している。景観解析にあたっては色調、形と大きさ、濃淡、パターン、肌理《きめ》などが手がかりとされる。また連続して撮影された二枚の写真（六〇パーセントのオーバーラップ）を実体視すれば、立体的な三次元のイメージがえられる。

イギリスや地中海沿岸の各地では、古くから写真の色調として現れるプラント（クロップ）マーク（自然植生や作物の生育の違いによって生じた特徴）やソイルマーク（土壌そのものの色、肌理、水分などの違いによって生じた特徴）などを手がかりとして、地下に埋没された環濠や道路など、さまざまな景観が検出されてきた。

しかし、わが国の場合は、激しい気象条件や険しい地形環境、さらに、たび重なる地表の人為的改変によって、過去の景観は地下深く埋没されたり、えぐり取られたりしていることが多い。したがって、イギリスや地中海沿岸の例のように、地下の景観を細かく検出することはむずかしい。そこで、地表景観や付近の地形から地下の状況を推測するという方法がとられることが多い。写真判読のコツは、目に見えるイメージだけではなくて、それをつくった働き——目に見えない動きの跡——をいかによみとるかにかかっている。

2　地下からの情報

検土杖とハンドオーガー

地下に埋没してしまっている景観は、各種の機器を用いて調査される。

検土杖《けんどじょう》は長さ一〇〇～一五〇センチの鉄の棒であり、ハンマーで少しずつ打ち込んでいく。そして側面の溝の部分に挟まったサンプルを取りだして粗《あら》さ、色あい、堆積状態などを調べる。よく締まった砂礫層のところでは打ち込みが不可能であり、水分を多く含んだラグーン（潟湖《せきこ》）や後背湿地では、滑り落ちるため、サンプルを取り出すことができない。

ハンドオーガーも長さ一〇〇～一五〇センチの鉄の棒であり、これを継ぎ足しながらねじ込んでいき、先端の膨《ふく》らんだ部分でサンプリングをおこなう。深さ七メートル程度までの調査は可能であり、検土杖に比べて多量の資料が得られる。自然堤防や天井川沿いの微高地の調査をおこなうのに都合がよい。

ブルームサンプラーもハンドオーガーとよく似た原理であり、泥炭《でいたん》地の調査などに使われる。

地理学は、以上にみてきたような機器と方法に微化石分析などを加えて、地下に埋没された景観を解明しようとする。しかしながら、いずれの方法も情報量が少なく不確かなものであり、能率はあがるものの予察の域を出ないことが多い。それに対し、発掘現場からは限ら

写真１－１　検土杖を使った地質調査　長さ100～150㎝の鉄の棒をハンマーで少しずつ打ち込み、地下の土壌を取りだしてそれを調べる。

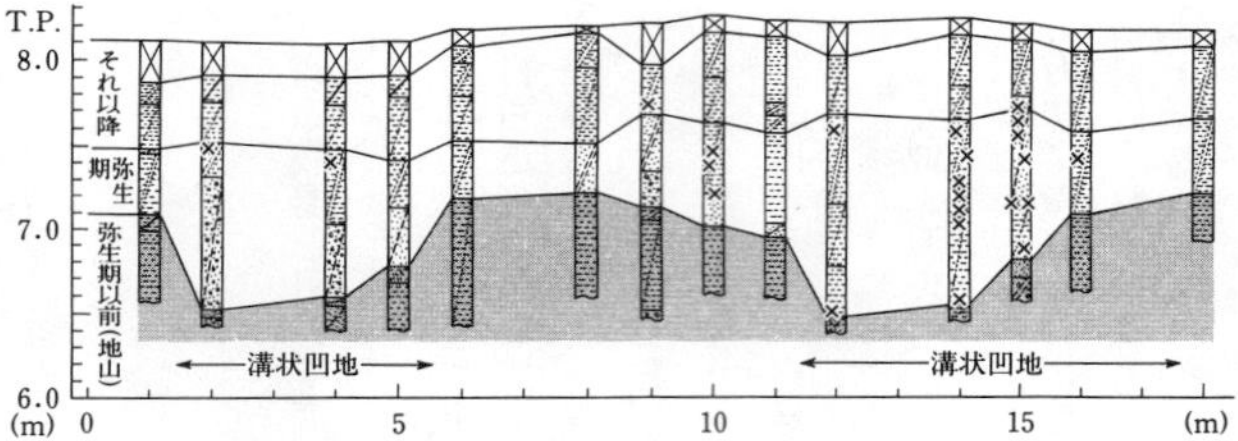

図１－３　検土杖によって検出した溝状凹地（池上遺跡）　地山は灰色をした砂混じりシルトである。２つの溝状凹地（環濠）がみられる。左の溝の幅は4ｍ前後、同じく右は6ｍ前後であり、深さはいずれも50～60㎝。右の溝には土器片（×印）が多い。溝の横断面はいずれも非対称となっている。

れた面、あるいは線的ではあるが、いっそう正確で豊富な情報がえられる。
このようにして、目的と方法は若干異なるが、両者が共同研究をおこなうことによって、どちらか一方だけでは十分になしえない事象の解明と新しい解釈が可能となる。その場合、地理学は微地形や堆積物の分析を通して、遺跡付近の環境（植生・地形など）を復原するという点で考古学に貢献しうる。いっぽう、考古学サイドから示された正確な情報によって、地理学では数百年から数千年のオーダーでの地形発達史研究の精度がぐんと高められる。近い将来、数十年から数百年のタイム・スパンをカバーしうるような精度になることであろう。地理学においては、すでに判明している遺跡周辺の過去の環境をたんに復原するにとどまらず、いまだ発見されていない遺跡の所在を推測しうる段階へと一歩駒を進める必要がある。そこで、このあたりでひとつの事例をあげてみよう。

槇尾川右岸の埋没遺跡

大阪府下槇尾《まきお》川（下流は大津川と呼ばれる）右岸には、池上《いけがみ》・曽根遺跡をはじめ、七ノ坪《しちのつぼ》遺跡、大園《おおぞの》遺跡など、数多くの遺跡がみられる。ここは若干開析された扇状地（堆積物の多くは段丘層）をなし、平均傾斜は約一七〇分の一を示す。南部の槇尾川沿いには、この川によってつくられた、比高《ひこう》一メートルくらいの崖が存在する。それに対し、北部では明瞭な地形界をもたないで、扇状地の表面が海岸砂堆背後の低地（かつてのラグーン）の下にもぐり込むようになっている。比較的薄い堆積物の下には、規模の小さい河跡《かせき》（旧河道）や洪水時の粗い堆積物、さらに人間がつくった水路などが、あちこちに存在する。

これらの埋没景観をくわしく調べることによって、当時の自然環境の様子や人間生活の姿が、かなり明瞭なものとなる。池上遺跡では、考古学のほか、地質学、古植物学、昆虫学、動物学などの関係者と共同研究を試み、弥生時代から古墳時代にかけての自然環境の性格を、かなり詳細に把握することができた（たとえば粉川昭平・日下雅義・古田昇「池上・曽根遺跡周辺の古環境を復原する」『弥生文化』平凡社、一九九一）。池上遺跡の若干北に位置する大園遺跡については、考古学関係者とかなり長期間にわたって共同調査と討議を重ねた（豊中古池遺跡調査会『大園遺跡助松地区第一次発掘調査報告書』一九七九）。ここでは、大園遺跡をとりあげ、埋没礫堆《れきたい》〝シュートバー〟と古墳時代の集落立地との関係について具体的に紹介してみたい。

埋没礫堆〝シュートバー〟の景観

シュートバーは、粗い砂礫よりなる塊状の堆積地形である。これは異常な洪水時に、流水が屈曲部をうまく曲がりきれないで、屈曲部の外側にはみ出した際、一瞬にしてつくられる。扇状地面や扇状地の末端のような、地表面の傾斜が比較的大きい場所に形成される。地層がよく締まっていて硬い所では、砂礫層が一面に薄く広がって木の葉状ないし紡錘《ぼうすい》形、軟らかい所では深くて細長い流路《りゅうろ》状の形態を示すのが普通である。槙尾川右岸では、池上遺跡付近（図1－4にⒶを付したところ）にもシュートバーが数ヵ所で認められる。そのひとつ

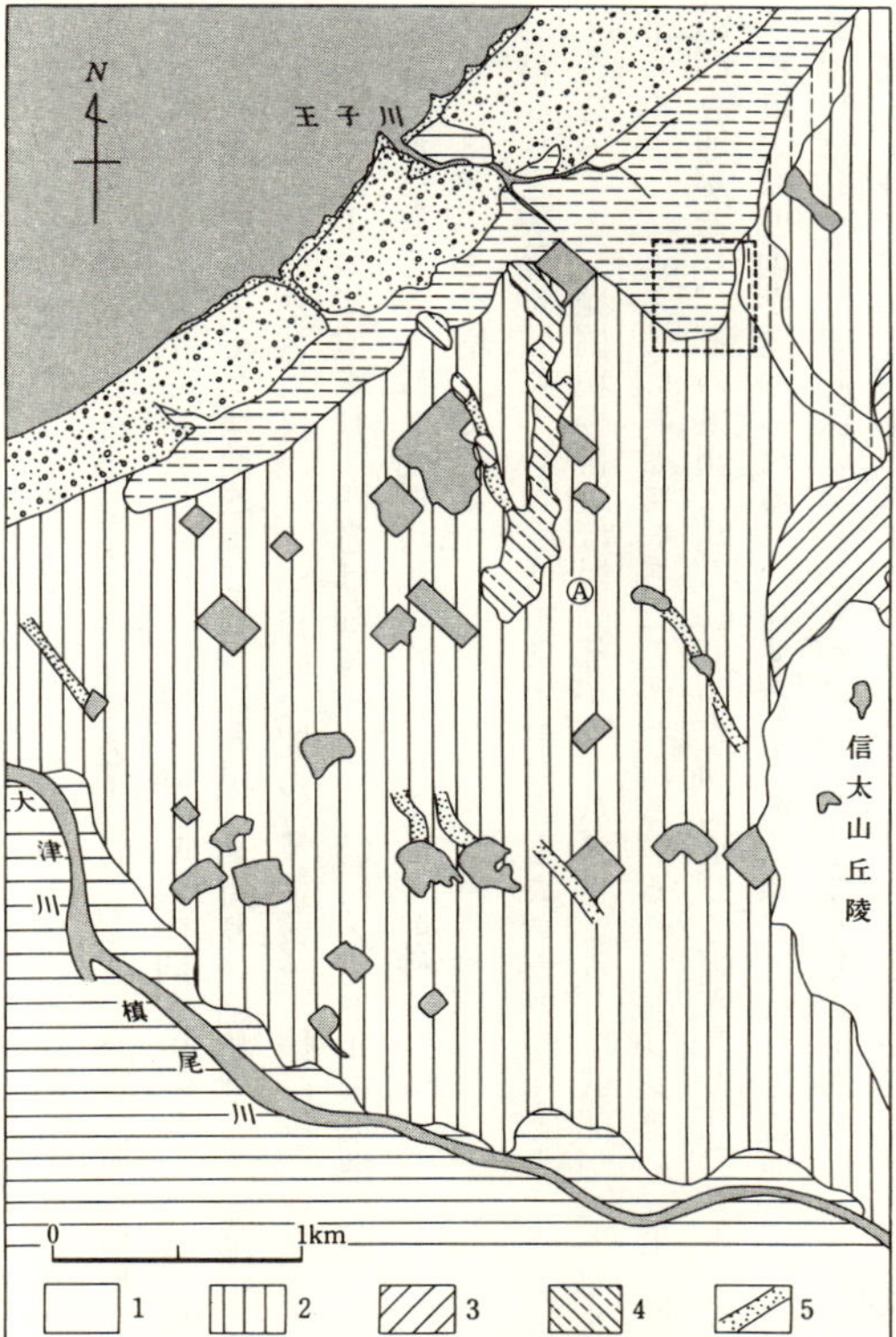

図1－4　地形分類図　1：中位段丘、台地、丘陵地　2：段丘化した扇状地　3：扇状地　4：自然堤防　5：河跡　6：氾濫原　7：後背低地、ラグーン　8：砂礫地　9：溜池　Ⓐは池上遺跡、北部の┆┆線のワク内が大園遺跡

は千草池《ちくさいけ》北側のもので、長さが三二メートル、最大幅八メートルとなっている。垂直断面をみると、耕作土二五センチの下に堆積する砂岩やチャートなどの礫層の厚さは三五センチであり、かなり薄い。そしてその下に厚さ二〇センチほどの砂を挟んだ下部は砂質シルト層となっている。礫層のほぼ中央部に介在する土器片の年代（弥生時代前期末）から推定すると、このバーが形成された時代の上限は、弥生時代前期末以降ということになる。

われわれがくわしい調査をおこなったのは、北寄りの扇状地の末端部から漸次《ぜんじ》後背低地に移行する地点である（図1－4で点線で囲んだところ）。標高は四～五メートルで、東部は緩《かん》傾斜地によって境され、西方は幅およそ二〇〇〇メートルの低地を隔てて、海岸の砂堆に移る。沖積層《ちゅうせきそう》の厚さは、発掘現場の南で一メートル前後、北側は四～七メートルと、西北に向かうほど厚さを増している。

微起伏《びきふく》と表層地質について、よりミクロに示したのが図1－5と1－6である。まず図1－5をみると、発掘現場付近は最高部が四・八メートル、最低部が三・七メートルであり、北に向かってゆるく傾斜していることがわかる。そしてトレンチ２（Ｔ２）のすぐ東に島状の微高地があり、その東側に北一〇度西方向に延びる幅六〇～八〇メートル、比高三〇センチ程度の微凹地が認められる。一見すると平坦に感じられるこの地も、一〇センチの等高線を描けば、かなりの起伏のあることがはっきりしてくるのである。

図1－6において、①の深さ一四五～二〇〇センチのところにみられる砂礫層は、砂の混じりぐあいから、洪水時の細流によるものと考えられる。それに対し、⑧の深さ六〇～九〇

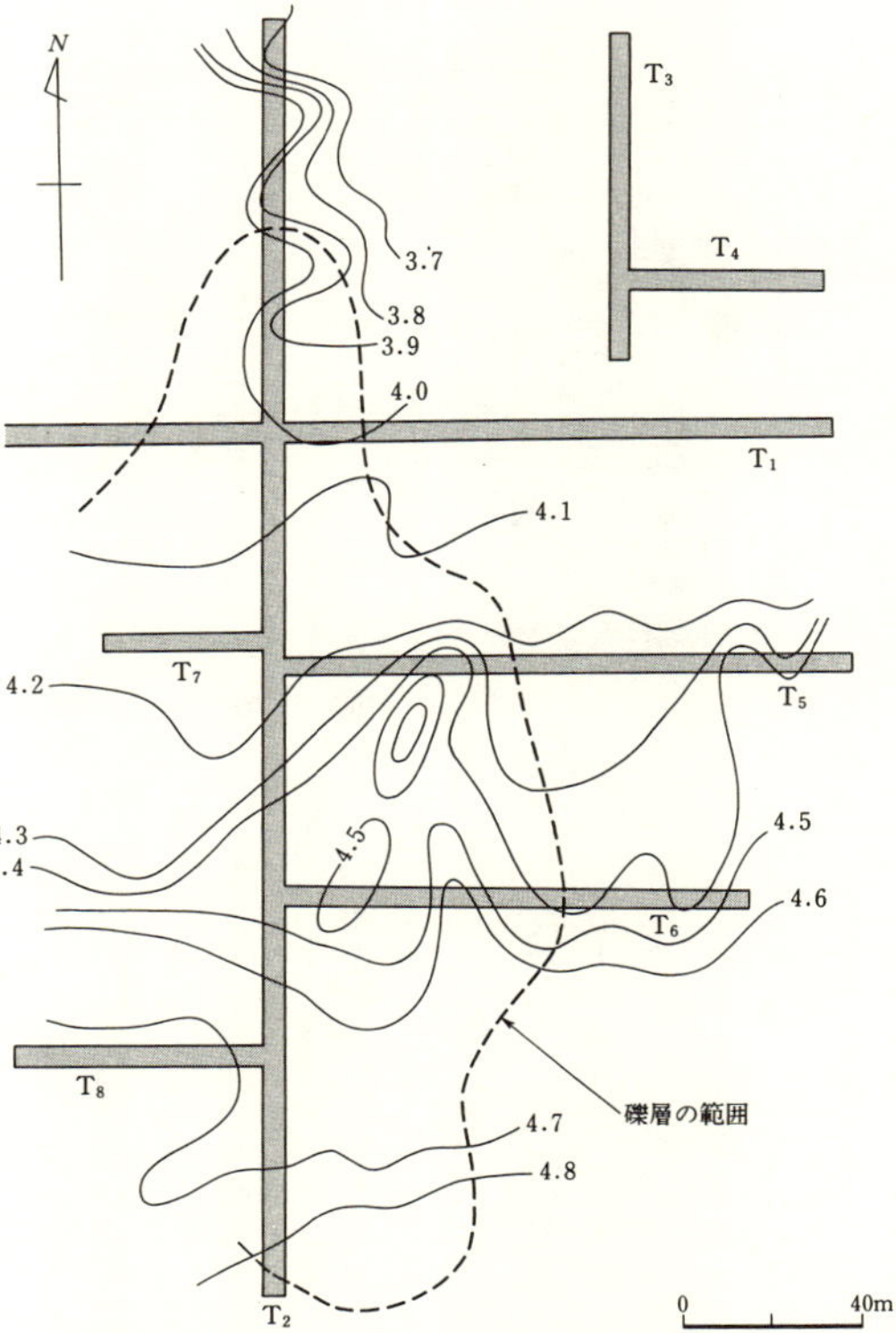

図1－5　発掘現場付近の等高線図　単位はm、Tはトレンチ、埋没礫堆（シュートバー）の分布範囲が、まわりより高くなっている。

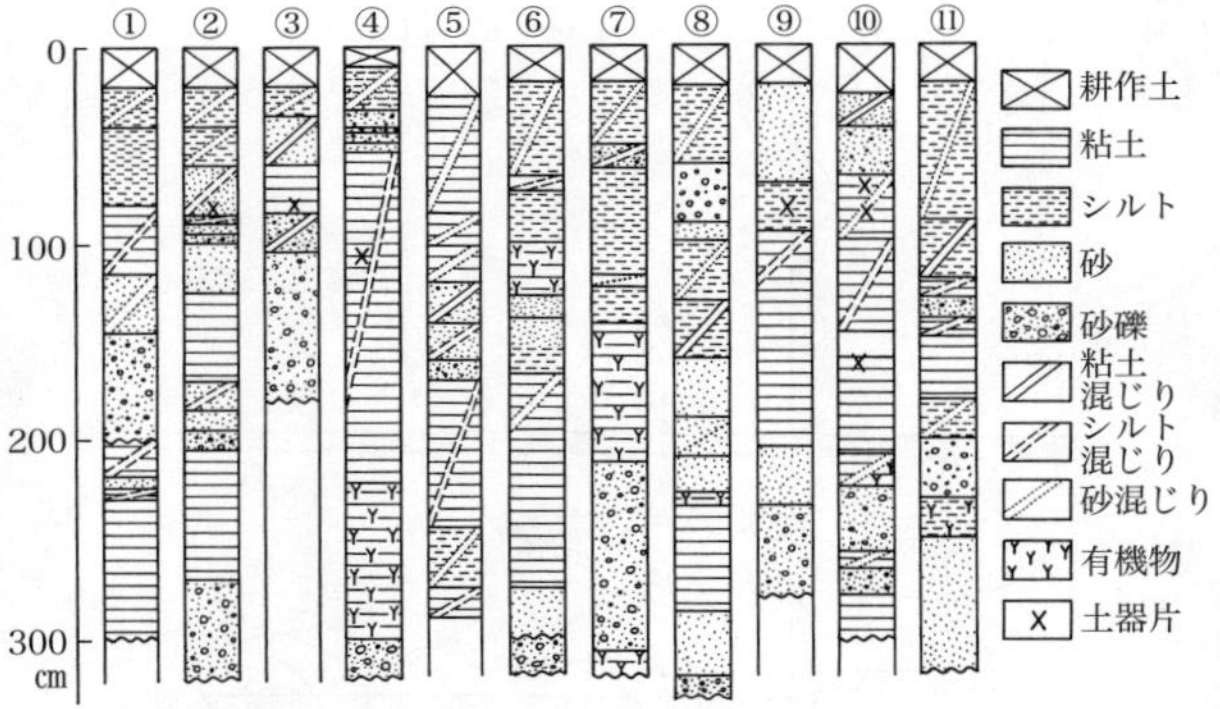

図1－6　地質柱状図　番号は図1－7参照。⑧の深さ60～90㎝のところの礫層はシュートバーである。砂をほとんど混じえていない。

センチのところに堆積する礫層はシュートバーである。②③④⑨⑩の各地点に土器片が認められる。④の地点で土層を採取し、花粉や珪藻《けいそう》の分析、放射性炭素の年代測定などをおこなった。ここでは、シュートバーは大きい埋没谷の西方で、ほぼ南北方向に延びている。バーの範囲はトレンチでの観察と検土杖の試錐《しすい》によって求められた。長さは約二五〇メートル、最大幅は一五〇メートルあまりで、木の葉状の平面形をなしている。これは砂質シルトないし細砂層の直上に存在し、厚さは一〇〇センチ以上に達するところもある。礫層の上には、下部と同じく細粒の砂質シルトが二〇～七〇センチ堆積し、その上は耕作土となっている。ここは前述した千草池（池上）付近よりかなり下流部で、後背低地への移行部にあたるため、シュートバーの厚さが大きくなったと考えてよい。

シュートバーと古墳時代の集落

このような堆積地形をなぜ問題とするか、その理由について少し述べてみよう。そのひとつは、これが地表の微地形に影響を与えている点である。図1－5をみるとあきらかなように、バーが地下に存在する部分は、周囲より若干高くなっている。これはここにバーが形成された際に高まりを生じたとする第一義的理由のほかに、粒径が大きいため、その後における圧縮が少なかった結果、高く残ったとする考えである。ここでは両要因がかかわっていると解したい。

つぎに注目されるのは、古墳時代の集落がこのバーの上に立地する点である（図1－7参照）。まわりより少し高く、乾燥したバーの上は、居住《きよじゆう》場所として好適であったことであろう。氾濫原やデルタにおいて、自然堤防、中洲《なかす》、ポイントバーなどの上に弥生時代から古墳時代にかけての集落が立地するのとよく似ている。

図1－7のⓐ地点において、バーの下層にあたる粘土層および砂混じりシルト層のなかから弥生時代中期の土器片が発見されており、礫層の堆積期は弥生時代中期以降ということになる。そして集落が成立したのは古墳時代とされる。この地域では、古い時代（氷期）に刻まれた大きくて深い谷が、細粒物質によって徐々に埋積され、その最終段階に達したころに、激しい洪水によっていっきにバーが形成されたといえるのである。

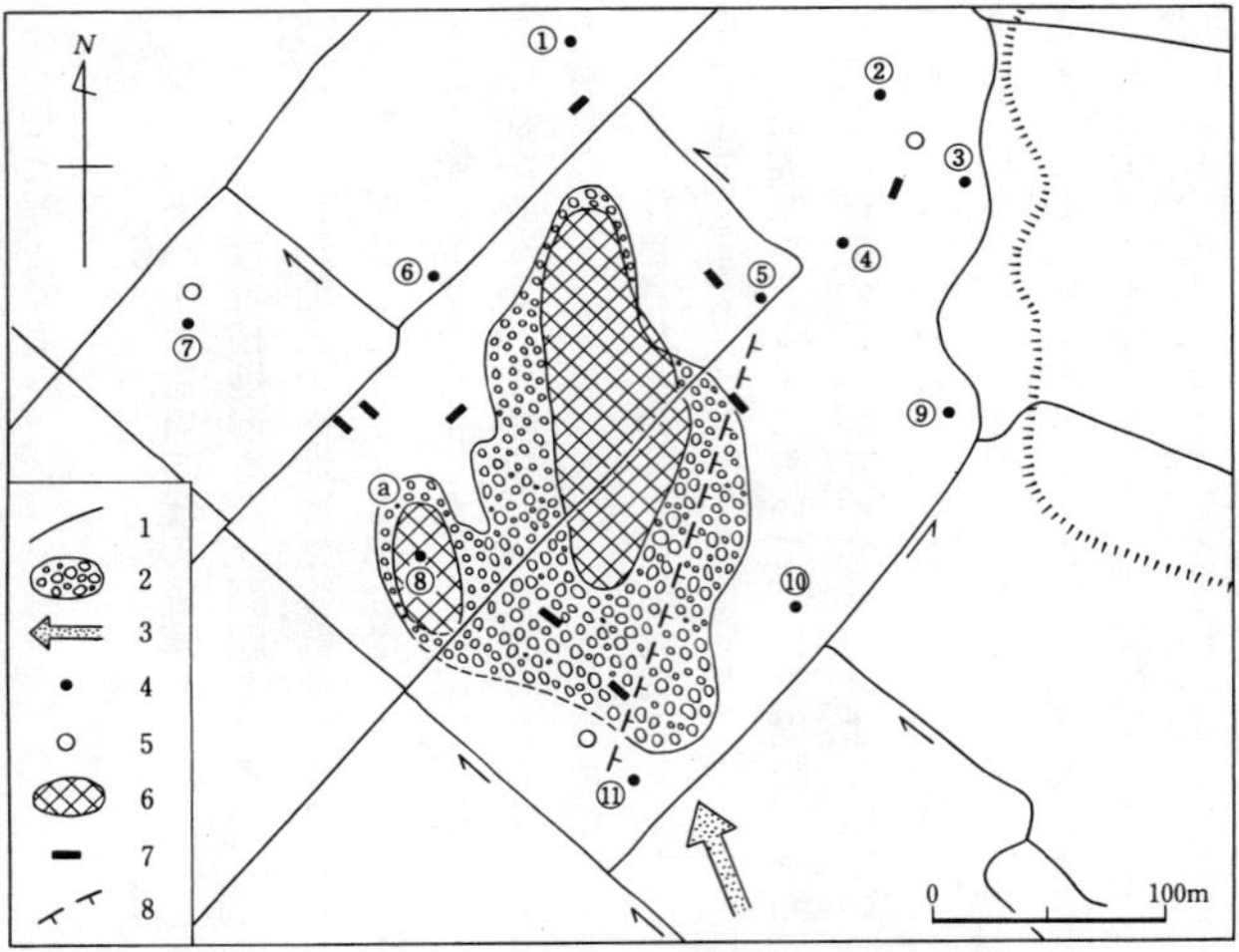

図1－7　シュートバーと埋没遺構の復原図　1：現在の水路　2：シュートバー　3：洪水の方向（推定）　4：ピットおよび検土杖試錐の位置　5：グリッド　6：古墳時代の集落遺構　7：埋没水路（主要なもの）　8：埋没谷の左肩

わが国では、雨の降り方がきわめて激しく、また扇状地性の平野が多い。したがって、このようなシュートバーを形成するのにふさわしい条件を備えている。近畿地方にかぎらず、各地の中小規模の平野や連続性のよい段丘の地下に、この種の地形が埋没されている可能性はきわめて大きい。山城《やましろ》盆地西南部の小畑《おばた》川下流でも、大小のシュートバーが数多く検出されている。ここの堆積物は細かいため、シュートバーは深くて細長い流路状の断面を示す。

弥生時代から古墳時代にかけて、この種の地形が集中して形成された理由としては、気象条件よりもむしろ人為が考えられる。人間によって森林の伐採や斜面の切り崩しがおこなわれた結果、降雨流出量と土砂流亡量が急増し、下流部で洪水と氾濫が生じたのである。大園遺跡の東助松《すけまつ》地区の場合は、段丘面の開田と東方の丘陵地における古墳や窯の築造が、そして小畑川下流域では、延暦《えんりやく》三年（七八四）にはじまった「長岡京《ながおかきよう》」の造営が、おもな原因をなしたと解される。弥生時代から古代にかけての洪水の性格や人びとの生活の場をあきらかにする上からも、今後シュートバーの分布地域やそれの形態などについて検討を加える必要がある。

第二章　大地は変わる

1　マクロからミクロへ

地形を変える三つの働き

「動かざること大地（泰山《たいざん》）の如し」。よく耳にすることばではあるが、これはうまく的を射たものではない。地殻変動《ちかくへんどう》（地震など）や火山活動のような地球内部からの働き（内的営力）によって、大地は絶えず変化する。また流水・風・氷河・波浪など、外側からの働き（外的営力）によっても、地表面は少しずつつくりかえられているのである。

さらに、人間によるさまざまな活動も、第三の営力として見のがすことはできないであろう。われわれの祖先は、使用する道具をより強力なものに取りかえることによって、地形改変の能力を、次第に増大させつつ現在に至った。最初は、細い木の枝や丸太の杭を何本か打ち込んで、水の流れを変えたり、水をしばらくのあいだ貯えるといった程度の改変しかできなかったが、現在では、地殻変動さえも起こせるようになっている。

たとえば、アメリカ合衆国アリゾナ州とネバダ州の境のコロラド川につくられたミード湖では、広さ六〇〇平方キロのところに、約四〇〇億トンの水が貯えられた結果、湖の中心部では硬い岩盤が八〇センチ近くもたわみ込んでいる。一九六〇年代に、コロラド州デンバー郊外のロッキー山脈で、地下約四〇〇〇メートルのところ（断層面）に汚水が注入された結果、このあたりでは、八年ぶりに地震が発生するようになり、その後の四年間に、七〇〇回

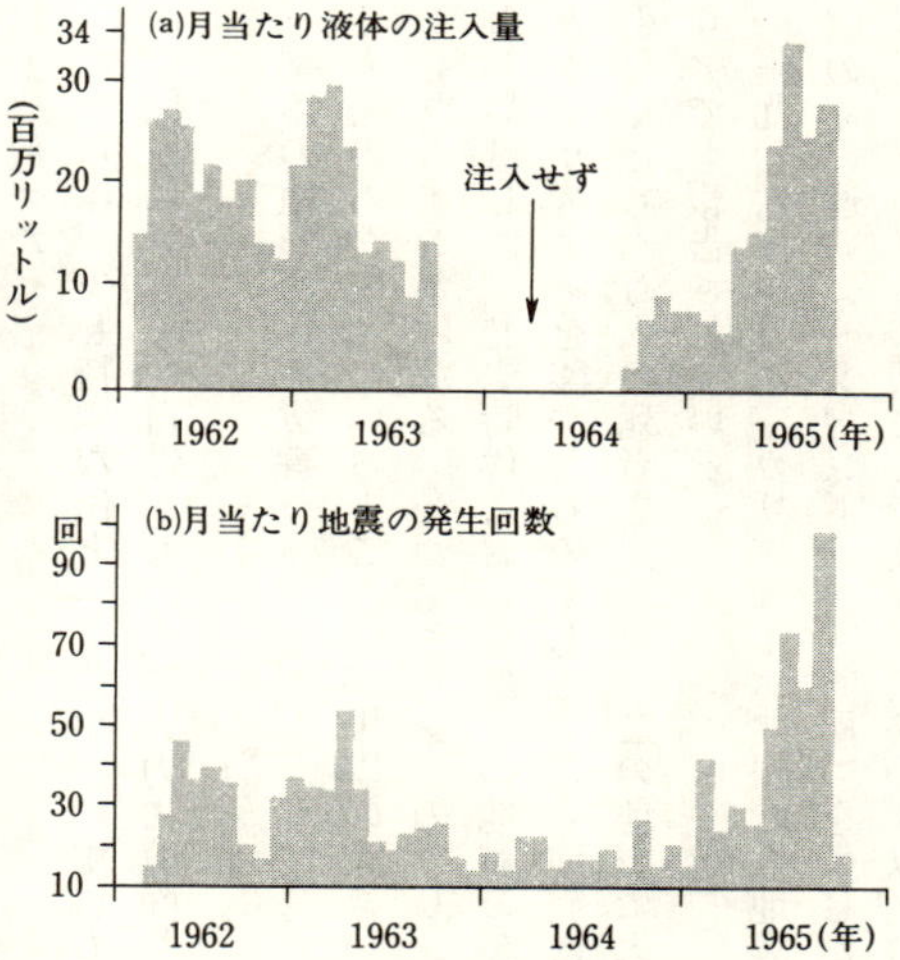

図2－1　液体注入量と地震発生回数との関係　液体の注入量が多いときに、小地震の発生回数が多くなっている。(J. H. ハーリー他、1968より)

以上を数えた。

これらは、少し特殊な例といえるが、いずれも人間の働きの大きさをものがたる。ところが、他方において、自然がもつ大きい力に直面し、あえいでいる例が多い。

突然の地形変化と災害

大勢の人が住んでいるところに、規模の大きい地形変化が突然起こると、さまざまな災害をもたらすことになる。かつてギリシアのコリント湾では、激しい地震によって、ヘリカの町が消滅した。歴史時代において最大の地震のひとつといわれるのは、一七五五年にポルトガルのリスボンを襲ったものである。この地震によって、一万二〇〇〇棟の建物が崩壊し、少なくとも六万人の死者を出した。この地震による被害は、一一二〇キロも離れたアルジェリアでも報告されている。

一九〇六年四月に、カリフォルニア州で大地震が起こり、およそ四三〇キロにわたって地層のくい違い（サンアンドリアス断層）を生じた。それは、南のロサンゼルスから北方のオレゴン州のクーズ湾にまで及び、三〇〇人以上の死者が出るとともに、ガス管の破裂によって、あちこちで火災が発生したのである。

火山爆発も、初期文明のころ以来、人びとに恐怖を与えてきた。西暦七九年にナポリ近くのベスビオ火山が噴火し、ポンペイの町が破壊された。そしてその地域一帯に広がった火山灰や亜硫酸ガスなどによって、およそ一万六〇〇〇人が死亡した。一七八三年には、アイス

写真2－1　サンアンドリアス断層の谷　前方は断層谷に水をたたえた湖〝クリスタルスプリング〟。右遠望はサンフランシスコ市街、左は太平洋。(1976年8月撮影)

ランドのラキ火山が噴火し、ヒツジやウマの約八〇パーセント、ウシの約半分が失われた。その結果、人口の約二〇パーセントが飢えや病気のために死亡したのである。

一八八三年には、インドネシアのクラカタウ島で、大きい火山爆発が起こり、島の約三分の一が吹き飛んでしまった。そして、そのときに発生した高さ四〇メートルあまりの津波によって、約四万人の人びとが溺《おぼ》れ死んだと伝えられている。この噴火は、また世界的な規模で気候に影響を与えた。火山灰は三万メートルの高さにまで吹き上げられ、塵《ちり》の三分の一は半径およそ五〇キロの範囲内に落下し、他の三分の一は三〇〇〇キロの範囲、そして残り三分の一は全世界に拡散された。その結果、噴火の一年後でも、塵の大部分は依然として地表上一万五〇〇〇メートルくらいのところに浮かんでおり、約三年間は、世界の気温が低下したのである。

このようにして、西暦一五〇〇年以来、火山爆発による死者は世界中でおよそ一六万人に達すると推定されている。

後氷期の出来事

スカンジナビア地方では、氷河の消滅にともなって、一万八〇〇〇年前ころから、海水面の上昇と地殻の跳ねあがりが同時に起こった。最初のうちは、氷河がとけた水の大洋への復帰による海面の上昇速度が地殻の回復（上昇）をはるかに上まわったため、スカンジナビアの海岸に大洪水が発生するとともに、バルト海は現在のほぼ二倍に拡大された。

ところが、歴史時代に入ってからは、陸地の動きのほうがより大きかったため、バルト海は徐々に小さく、そして浅くなった。その結果、八〜十一世紀において、バイキングが活躍したころ、そして中世後期のハンザ同盟のころに船がつながれていた港は、現在では高く干上がっており、海からはまったく近づくことができない。バルト海沿いの農地や淡水の湿地が、比較的新しい時期の海棲貝類《かいせいかいるい》でおおわれている事実も、そのことを裏づけている。バルト海北部のボスニア湾では、数千年前の汀線《ていせん》が、現在海抜二六〇メートルの高さにある。そして一六四八年作成の古地図から、それ以降二七〇センチの隆起《りゅうき》があったことが知られる。

このような地殻の動きは、ヨーロッパの北部にかぎらず、北アメリカ大陸東北部の海岸に

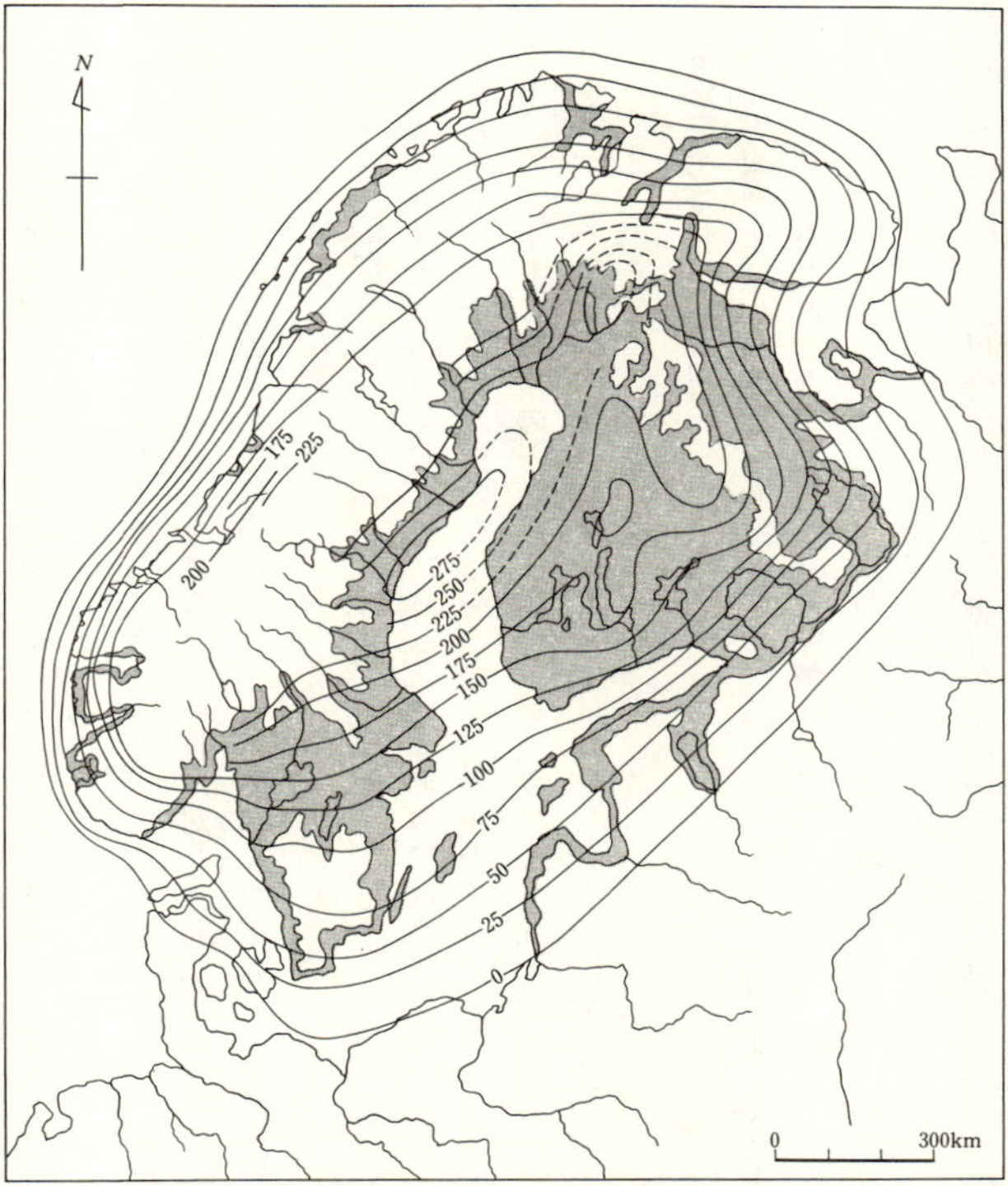

図2－2　氷河の重さがとり除かれたために生じたスカンジナビア半島の隆起　アミの部分は氷河がとけた水によって一時的に水没した範囲。かつてのバルト海は現在の2倍くらいあった。単位はm。(R. A. デーリー、1934より)

おいても認められる。アメリカ合衆国のW・G・マッキンタイアらによると、ボストンのすぐ北にあるプラム島付近では、約一万五〇〇〇年前には、氷河の後退にともなって陸地の跳ねあがりが、海水面の上昇速度よりも大きかった。ところが、七五〇〇年前ころに最高に達した後、今度は沈下をはじめるようになる。それに対し、海水面のほうは少しずつ上昇をつづけた結果、現在、このあたりは海岸線が出入りに富んだ溺《おぼ》れ谷《だに》（沈水海岸）の地形を表しているのである。

このようにして、ボストンの近くでは、陸地がいったん上昇した後、下降に転じているが、世界全体を大ざっぱに見ると、隆起部のまわりで陸地の沈降《ちんこう》が起こっているのが普通である。たとえば、デンマークの海岸沿いでは、人類のキャンプサイトや炉床跡が、現在の海水面下一二メートル前後のところにおいて見出される。沈下の範囲は、ヨーロッパではオランダを経てフランスの南部、北アメリカではフロリダ半島にまで達する。

海水面の変化

ウルム氷河末期の最低海水面は、マイナス一二〇～一二五メートルにあったが、その後一万八〇〇〇年前ころから海水面の急上昇がはじまる。そして、約七〇〇〇年前になって、海面の上昇傾向がゆるやかになる。当時の海水面は、現在より約一〇メートル低かった。このころまでの海面の変化については、資料が乏しいこともあって、あまり問題はないが、六〇〇〇～五〇〇〇年前以降になると、議論がきわめて多く、見解がいくつにも分かれているのが実情である。

　そのひとつは、海水準上昇の速度は、六〇〇〇～五〇〇〇年前ころに弱まるが、その後も上昇をつづけ、最近になって現在の位置に達したとするものである。この見解は、アメリカ合衆国のF・P・シェパードのほか、同じくアメリカ合衆国のD・R・スコール、J・R・

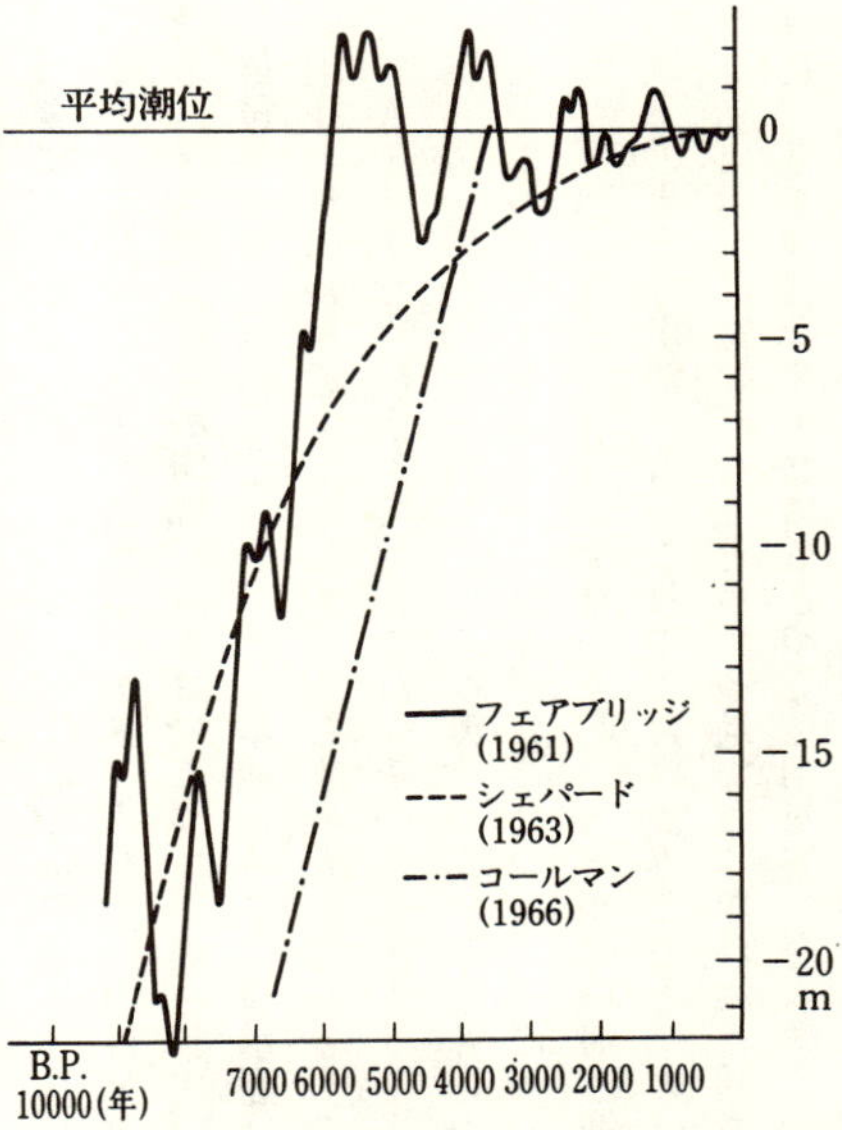

図2−3　完新世における海水準変動曲線　完新世の海水準は、場所によってあらわれかたが著しく違っていた。わが国ではフェアブリッジ・カーブに近い動きをしたところが多い。

カーレイなどの学者によって支持されている。

つぎに、海水面は五〇〇〇～三〇〇〇年前ころに現在のレベルに達し、その後は安定しているとする見解がある。これは、アメリカ合衆国のH・N・フィスク、J・M・コールマンなど、メキシコ湾岸の研究グループによって主張されているが、やや少数派の感が強い。

最後の説は、五〇〇〇～三〇〇〇年前ころに、海水面はまず現在の位置に達し、それ以降は現在のレベル付近を上下しているとするものである。この見解は、まずアメリカ合衆国のR・A・デーリーによって唱えられ、その後〝デーリー・レベル〟と呼ばれてきたが、同じアメリカ合衆国のR・W・フェアブリッジが、数多くの測定結果や海岸地形の性格にもとづいて、このカーブを裏づける試みをおこなった。彼によると、過去約六〇〇〇年間に、少なくとも五回、現在のレベルより一～四メートル高い海水準があった。

以上のような事情から、これまでに描かれたカーブのほとんどは、汎《はん》世界的な傾向を示しているとはいえない。むしろ世界各地でおこなわれた局所的・地域的な研究の結果からえられた、さまざまなデータにもとづく〝相対的〟海水準変動曲線だと解すべきである。これらのカーブのうちのいくつかは、〝真〟のユースタティック・シーレベル・カーブ（海水量の変動による、〝絶対的〟海水準変動曲線）と非常によく似ているかもしれないが、現在のところ、あるひとつのカーブを単純に選んだり、各地の古地理復原に、それを用いたりすることはできないのである。

アメリカ合衆国のJ・C・クラフトが指摘するように、海岸地域の古地理復原においてもつとも大切なのは、「その土地固有のデータから導き出された海水準変動曲線にもとづいて成されるべきだ」ということである。したがって、各地において、固有の証拠を見出し、固有の判断を下していかなければならない。わが国においては、いわゆる〝縄文海進〟の証拠が各地から報告されているが、それを単純に全域に普遍化することはできないであろう。以下に地中海沿岸を取りあげ、この地域の古地理について少し細かくみてみよう。

トルコのエーゲ海沿岸

東地中海のトルコやギリシアの海岸平野の古地理に関しては、クラフトらによる一連の優れた研究がある。

クラフトの基本的態度のひとつは、共同研究の重視であろう。彼は「古地理ないし古環境復原における将来の発展は、個々の科学の核心にあるのではなくて、それらのあいだの接面において見出されるであろう」と主張する。傾聴すべきことばである。

つぎに表層地質の周到な分析があげられる。この点については、「完新世《かんしんせい》（約一万年前）における堆積作用の記録は地下に存在する。このような堆積物は、完新世におけるさまざまな時代に見られる景観の性格に関する多くの手がかりを含むため、これらと考古学的遺跡の占居《せんきょ》時期とを相互に関連づけることが必要である」と述べている。研究結果については、数多くの地層断面図、旧汀線や遺跡の位置を記入した現在の地形環境図、および景観写真の三つをうまく組み合わせて論じているので理解しやすい。以下、クラフトらによる研究例を二

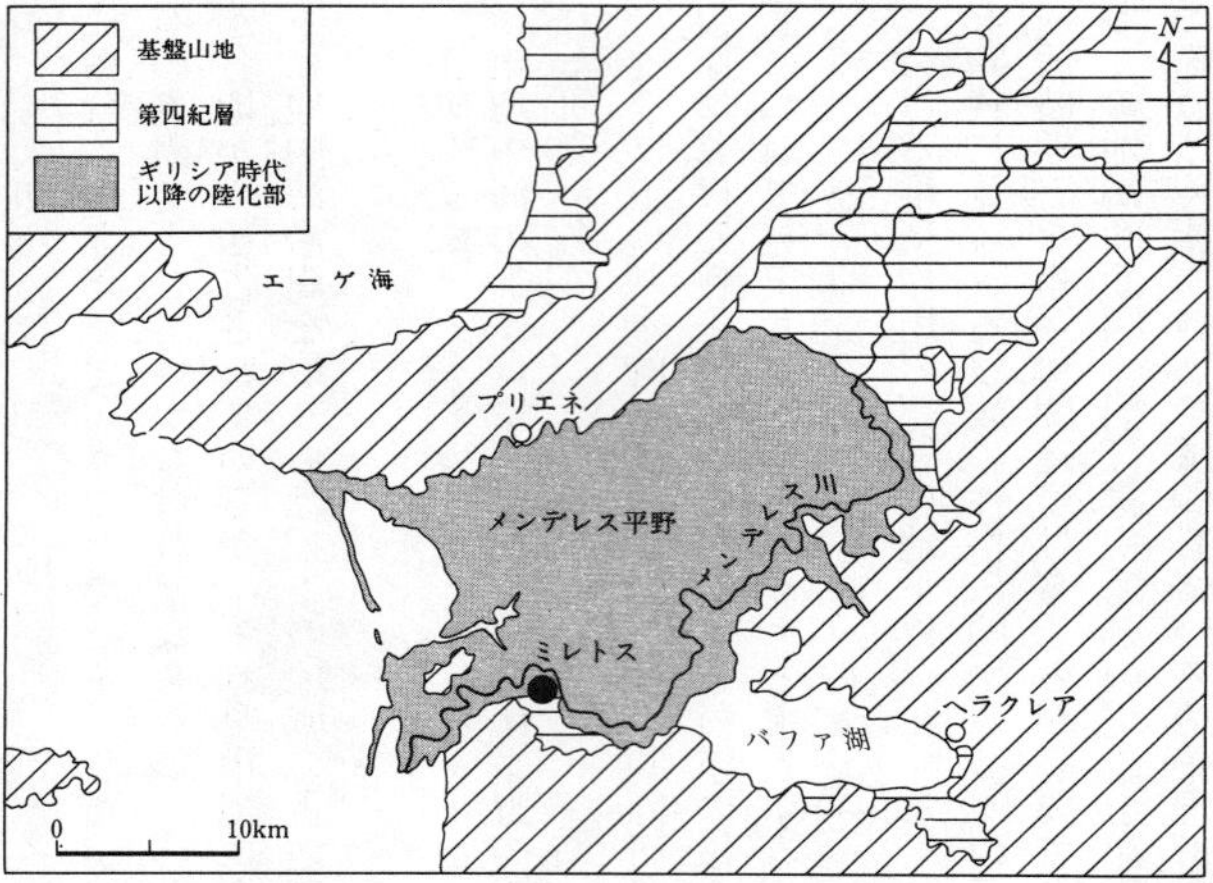

図2－4　ミレトス湾の復原図　ギリシア時代以降、メンデレス川がデルタを急速に発展させた結果、かつての入江の部分は「バファ湖」を残すのみとなった。ミレトスの西北に新しくつくられたラグーンがみられる。空白部分は現在の水域。(J. C. クラフト他、1977より)

つ紹介してみよう。

トルコのメンデレス（マイアンドロス）川の河谷では、古代ギリシア時代以降、堆積作用がとくに激しく、海に向けてデルタを急速に発展させた。その結果、ミレトス湾岸に沿って発達していたプリエネ、ヘラクレア、ミレトスの三つの重要な港町は、内陸に孤立した状態で閉じ込められてしまった。

プリエネの町は、メンデレス川の氾濫によってしばしば泥海と化したため、紀元前四世紀ころに丘の上に移された。そのころは丘の上から内湾を広く見渡すことができたのだが、今ではその丘は海から一三キロも遠ざかっている。ヘラクレアの町のみは、かつての海の入江の名ごりをとどめる淡水《たんすい》湖「バファ」の湖岸に位置する。

古代のミレトス遺跡は、今ではギリシア時代の孤島「ラデ」とつながっているが、当時の有名な海戦は、ミレトスとラデ島とのあいだの、かなりの深さをもつ海峡でおこなわれたのである。

このようにして、エーゲ海沿岸においては先史時代から歴史時代に移るころに、デルタの発達がきわめて速やかであった。そして人口密集地を埋めつくすかたちでデルタが前進した点にひとつの特徴がある。このような例は、開発の歴史の古いエーゲ海沿岸の各地でみられるが、つぎにギリシアのペロポンネソス半島の西南端に位置するパミソス川下流域平野を取りあげてみよう。

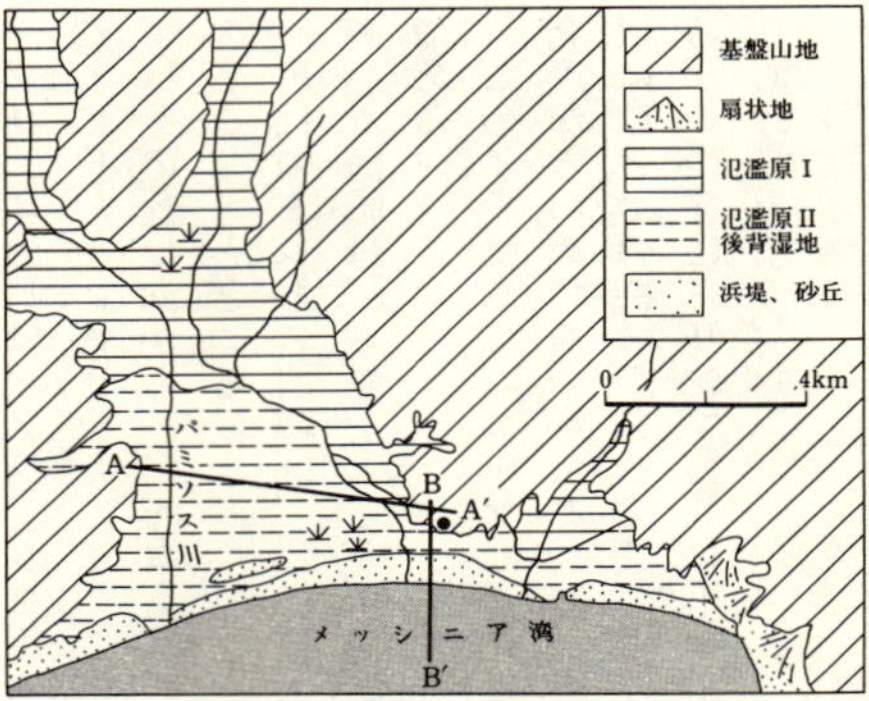

図2－5　パミソス川下流域平野の地形　A－A′は図2－6、B－B′は図2－7の位置。浜堤の背後に湿地が広がっている。（J. C. クラフト他、1975より）

ギリシアのパミソス川下流域平野

メッシニア湾の奥には、パミソス川によって形成されたひとつの河成平野が発達し、海岸付近にはきわめてスムーズな円弧状をなす砂礫堤《されきてい》が存在する。パミソス川の河谷平野においては、上流部が比較的急傾斜をなしているのに対し、下流域では現流路や旧流路に沿って一連の自然堤防が形成されている。そして浜堤（波浪によって打ちあげられた砂礫堆）がダムの役割を果たすため、その背後に淡水性の湿地（ラグーン）が存在し、過去数千年間は旅行者が通過するのも困難な状況であった（図2－5参照）。

図2－6はパミソス川下流域平野を構成する地層の東西断面図である。これをみると、新石器時代末にこの地域に海進のあった様子がよくわかる。平野の東縁には第三紀層の低い崖があり、その崖に接してアコビチカ遺跡が存在する。発掘の結果、ヘラディック期（紀元前三〇〇〇～紀元前一一〇〇年）はじめの宮殿やゼオメトリック期（紀元前九〇〇～紀元前七

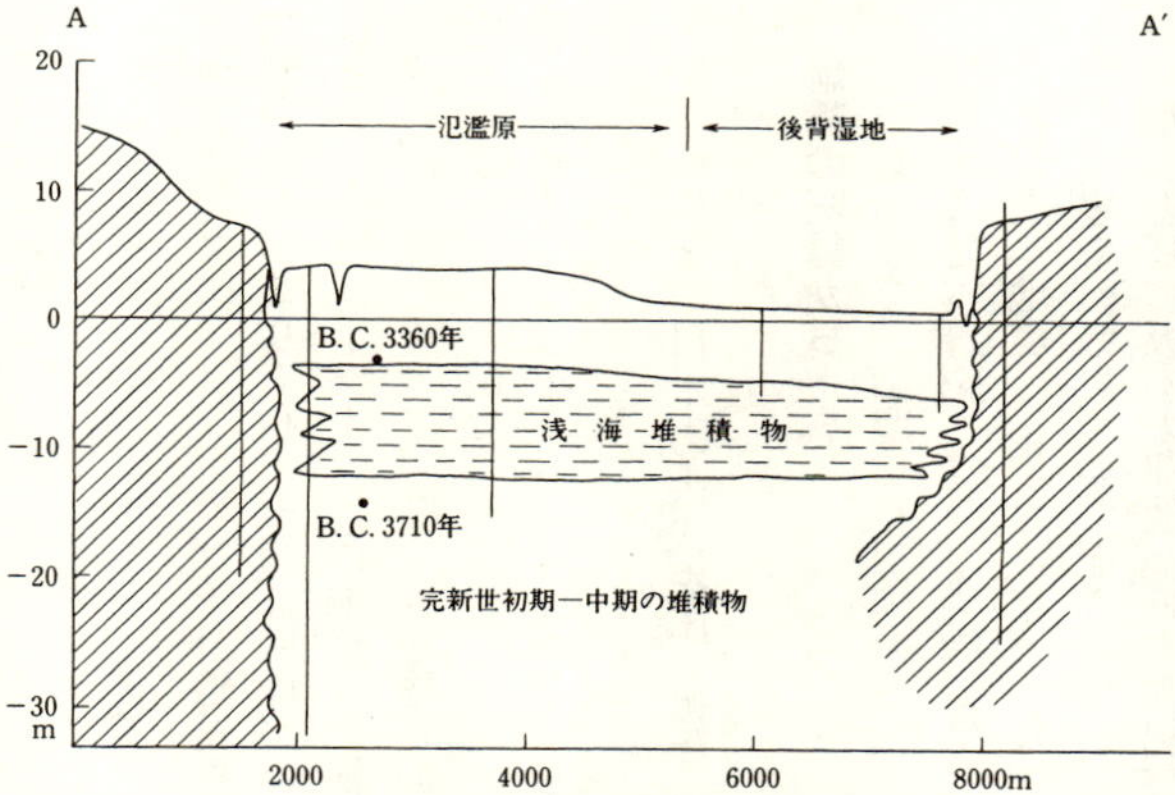

図2−6　パミソス川下流域平野の地層断面図　中石器時代から現在までを示す。深海堆積物から新石器時代末に海進のあったことが知られる。(J. C. クラフト他、1975より)

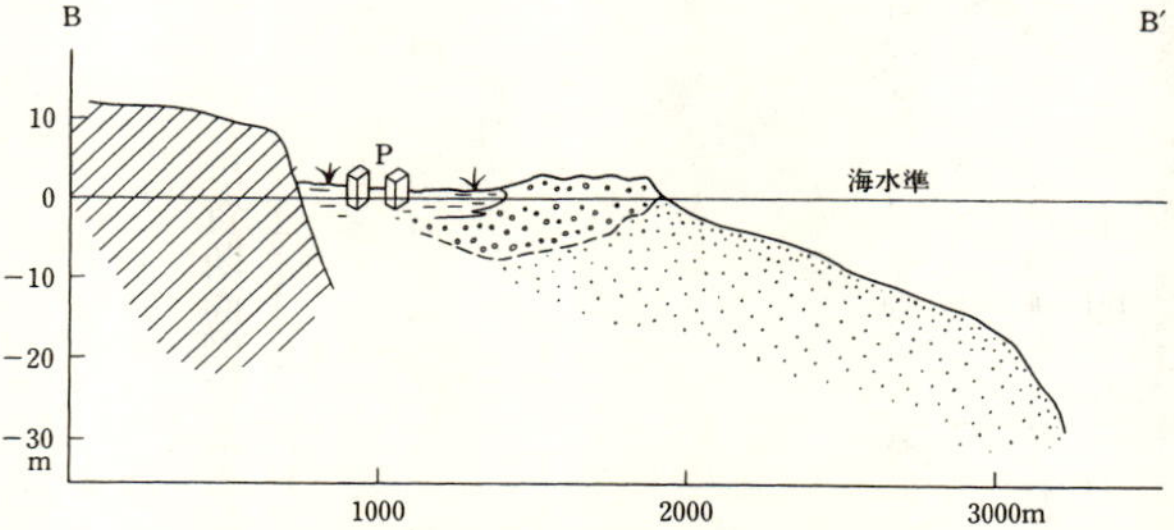

図2−7　アコビチカ遺跡付近の地質　P：宮殿（B.C.2500～B.C.2200年)。海水面の相対的な上昇によって、かつての宮殿は沈水している。(J. C. クラフト他、1975より)

〇〇年）の遺跡が発見され、さらにそのころからローマ時代にまでつづく各時代の壺その他の人工物が出土した。それらのすべては、現在氾濫原や後背湿地《こうはいしっち》の堆積物によって、カバーされている。

つぎに図2－7は、アコビチカ遺跡を通過する南北方向の地質断面図である。左＝北側に基盤岩の崖があり、右＝南側に浜堤がみられる。ほぼ中央部の遺跡付近のボーリング資料によると、湿地（ラグーン）に堆積した細粒物質は深さ二〇〇センチまでつづき、それ以深は海成の砂や礫となっている。細粒物質の下限付近に堆積する植物の放射性炭素の年代測定結果をみると、その値は二七六〇プラスマイナス九〇年（絶対年代）となっている。そのことから紀元前八〇〇年ころから沈水しはじめたことがわかる。

2　日本の古代を中心に

地震の記録から

このあたりで、話題をわが国の古代にしぼり、景観の変化を具体的にみることにしよう。『古事記』『日本書紀』『続日本紀』などには「潮汐現象《ちようせき》」「彗星《すいせい》」「虹」「流星」「大風」「雷」「火山活動」「地震」「水害」「旱害《かんがい》」など、ほとんどすべての自然現象と、それにともなって生じた災害や飢饉《ききん》について記されているが、なかでも地震と洪水に関するものがきわめて多い。たとえば、坂本太郎他『日本書紀』（上　『日本古典文学大系』六七、岩波書店、一九六七）の允恭《いんぎょう》天皇五年七月条に、「丙子《ひのえね》の朔《ついたち》己丑《つちのとうしのひ》に、地震《ないふ》る」とあり、また推古天皇七年（五九九）四月条には、「乙未《きのとひつじ》の朔辛酉《かのととりのひ》に、地動《ふ》りて舎屋《やかず》悉《ことごとく》に破《こお》たれぬ。則ち四方に令《のりごと》して、地震《ない》の神を祭《いの》らしむ」と、被害の様子からそれへの具体的な対応までが記されている。「地震の神を祭る」という記事のなかに、当時の人びとの心情と行為の一端を知ることができる。

　是の月に、筑紫国、大きに地動《ないふ》る。地裂《つちさ》くること広さ二丈、長さ三千余丈。百姓《おおみたから》の舎屋、村毎に多く仆《たお》れ壊《やぶ》れたり。是の時に、百姓の一家《あるいえ》、岡の上に有り。地動る夕《よい》に当りて、岡崩れて処遷れり。然れども家既に全くして、破壊るること無し（天武天皇七年〔六七八〕十二月条）〔ともにルビは新かなづかいとした。以下も同じ〕。

　ここには、地震の発生した国名、地形変化の性格と規模、それから被害の実態とその場所的な差異までが、詳細に記されている。すなわち、九州北部の筑紫国（福岡県）では、大規模な地震によって幅約六メートル、長さ約九〇〇〇メートルにわたって地割れ（断層）が生じるとともに、各村では農家の建物の多くが被害を受けた。また地震にともなって大地が地すべりを起こしたが、頑丈につくられていた農家は、場所が移動しただけで、さいわい難を免れることができたのである。

「天武紀」には、地震に関する記事がとりわけ多いので、もうひとつ例をあげてみよう。

壬辰《みずのえたつのひ》に、人定《いのとき》に逮《いた》りて、大きに地震る。……、則ち山崩れ河涌《わ》く。諸国の郡の官舎《つかさやかず》、及び百姓《おおみたから》の倉屋《くら》、寺塔神社《てらやしろ》、破壊れし類、勝《あげ》て数ふべからず。是に由《よ》りて、人民及び六畜《むくさのけもの》、多《さわ》に死傷《そこな》はる。時に伊予湯泉、没《うも》れて出でず。土左国の田苑《たはたけ》五十余万頃、没れて海と為る（天武天皇十三年〔六八四〕十月条）。

とあり、規模の大きい地震によって、山の斜面が崩れるとともに、地割れのところから地下水が大量に涌《わ》き出したことが知られる。また各地のさまざまな建物が破壊され、人畜に多くの被害を生じた。とりわけ四国において被害が大きかったらしく、伊予国（愛媛県）の温泉では湯が湧かなくなり、土佐国（高知県）では、海岸付近の広大な農地が海面の下に沈んでしまったのである。

『続日本紀』にも、興味深い記事がある。すなわち、

遠江国《とおとおみのくに》に地震ふり、山崩れ麁玉《あらたま》の河を壅ぐ。水之が為に流れず。数十日を経て潰流《かいりゅう》し、敷智《ふち》・長下《ながのしも》・石田の三郡の民家百七十余区を没《もっ》し、幷《ならび》に苗を損《そこな》ふ（元明天皇霊亀元年〔七一五〕五月条）。

天竜川の西方にあたるこの地では、地震によって斜面が崩壊し、崩れた土砂が粗い礫から

なる河床をふさいで、しばらくのあいだ貯水池をつくった。ところが、数日後に堰堤《えんてい》が決壊《けっかい》し、そこに溜っていた大量の水が一気に流れ出し、下流の民家やイネの苗を押し流してしまったのである。

古墳崩壊のナゾ

『続日本紀』聖武天皇天平十四年（七四二）五月条に、

癸丑《みずのとうし》（十日）、越智《おち》の山陵崩壊《みささきほうえ》せり。長さ十一丈広さ五丈二尺なり。丙辰《ひのえたつ》（十三日）、知太政官事正三位鈴鹿の王《おおきみたち》等十人を遣し、雑工《ざつく》を率ゐて之を修緝《しゅうしゅう》せしむ。又采女《うねめ》女嬬《にょしゅたち》等を遣して其の事に供奉《ぐぶ》せしむ

とある。「越智の山陵」（斉明陵）は、奈良県高市郡明日香村の標高一三〇メートル足らずの山地の、緩やかな尾根付近に位置する。右の史料から、越智の山陵が長さ三三メートルあまり、幅一五・五メートルにわたって崩れたことが知られるが、この山陵がどうして崩れたのかは不明である。この年の三月に地震があったと記されているが、その地震と直接結びつくとは考えにくい。むしろ、地震で墳丘がゆるんでいたところへ、五月（旧暦）に入って豪雨があり、それによって崩壊したと考えるべきであろう。

大阪府下の大和《やまと》川左岸には、西方に百舌鳥《もず》古墳群（堺市）、東方に古市《ふるいち》古墳群（羽曳野《はびきの》

写真２－２　「応神陵」付近の景観　Ⓐ－Ⓒは構造線が走る方向、㋐－㋑は古市大溝のルート。このころには、まだ伝統的な景観がよく残されている。(1947年撮影)

写真2－3　「応神陵」前方部付近における地層の傾き　左（東）から右（西）に向けて30度前後傾斜している。下部はシルト層、上部は砂礫層。（場所は写真2－2のⒶ地点）

市、藤井寺市）がある。

古市古墳群を構成する前方後円墳のほとんどは平坦な段丘面上に立地するが、「応神陵」（誉田《こんだ》山《やま》古墳）と北方の津堂城山《つどうしろやま》古墳のふたつはなぜか段丘と低地の両地形面にまたがっている。「応神陵」は、古市古墳群のなかで最大の規模をほこり、墳丘の全長は約四二〇メートル、高さ約四〇メートルに達する。この古墳はふたつの異なった地形面にまたがって築造されているため、段丘面上の周堤《しゅうてい》（中堤）は一ないし二メートルの盛土をおこなっているに過ぎないが、西の氾濫原にはみ出した部分の盛土の高さは四〜六メートルに達する。そして周濠《しゅうごう》は東半分において、四メートル前後段丘面を切り込んでいるのに対し、西の低地では、地表面とほぼ同じレベルにつくられたと考えられる。

よく注意してみると、墳丘前方部の西側半分が崩れていることに気づく。なぜこのような崩壊が生じたのであろうか。その原因としては自然説、人為説、さらに崩壊させた運動の速さからは突発説、緩慢説などいろいろ考えられるが、ここでは自然的要因による速やかな動き、すなわち〝活断層《かつだんそう》説〟を第一にあげたい。墳丘のほぼ中央部を南北に走る構造線があり、この線を境にして、西方が相対的に落ちる不等運動が、古墳築造後に何回か起こったという考えである。そのことは、崖のような地表景観だけではなくて、西名阪自動車道に沿って生じている地下の地層のくい違いからも裏づけられる（日下雅義「〝応神天皇陵〟近傍の地形環境」『考古学研究』二二巻三号、一九七五）。またつぎのふたつの史料が、その傍証となる。

戊戌《つちのえいぬ》（七日）地大きに震《ふる》ひて、天下の百姓の廬舎を壊《こぼ》ちぬ。圧死せる者多し。山崩れ川壅《せ》かれて、地往々《ところどころ》折裂《さ》くること勝《あ》げて数ふ可からず。……詔《みことのり》して曰はく、「今月七日の地震《ない》は常に殊なり。恐らくは山陵を動さむ。宜しく諸王真人《まひと》を遣はし、土師《はにし》の宿禰《すくね》一人を副《そ》へて、諱所《みささぎ》八処及び、功《いさお》有る王の墓《つか》を検《かんが》へ看《み》しむべし」と（『続日本紀』聖武天皇天平六年〈七三四〉四月条）。

右の記事には、「地折裂くる」、また「山陵を動さむ」などとあり、不安定な地盤のところに立地していた「応神陵」の一部が、このときの地震によって崩れた可能性は十分ある。ただし、「諱所八処」に「応神陵」が含まれているかどうかは、わからない。また、『扶桑《ふそう》略紀』治暦《じりやく》二年（一〇六六）五月条には、

石清水《いわしみず》の宮司、去《いぬ》る三月廿八日戌の剋《こく》、河内国の誉田（応神）天皇の山陵震動《しんどう》し、光を放つの異《あやし》きことを言上するなり

と、ここには国名と山陵名が記されているが、「誉田天皇の山陵崩壊す」と明記されているわけではない。したがって、この記事も確かな決め手とはならないのである。地震の規模は天平六年のほうが大きかったと推定できる。それはともかくとして、奈良時代から平安時代

後期に至る数百年間に、この地で発生した何回かの大地震によって、「応神陵」の一部が崩れた可能性がきわめて大きい（日下雅義「大地の変貌と古代人の営為」森浩一編『日本の古代』五、中央公論社、一九八六）。

「応神陵」が崩壊したのは天平六年か

このようにして、「応神陵」崩壊の原因はあきらかになしえたが、崩壊の年代については、天平六年と治暦二年のふたつの地震をあげるにとどまっていた。この間にあって、寒川《さんがわ》旭《あきら》氏は墳丘崩壊の年代を永正《えいしょう》七年（一五一〇）とする、かなり大胆な見解を発表した（寒川旭「近畿中部の活断層の概要と誉田山古墳（応神天皇陵）を切る活断層について」『地質ニュース』三六四、一九八四）。しかし、残念ながら、これは遺構や史料によって正確に裏づけられたものではなかった。

崩壊の時期については、見解の一致点を見出せないまま時は流れたが、一九八九年になって、ようやく有力な説が出されることになった（萩原尊禮編著『続古地震』東京大学出版会、一九八九）。これは地質学、地震地質学、歴史学、地震工学などの学者による共同研究の成果といえる。そこに導きだされた結論は、新しく登場した「寒川説」ではなくて、私が先に提示した仮説を裏づけるものであった。以下にその要点を紹介してみよう。

「寒川は、その断層の活動が永正七年（一五一〇）の地震であると考えたが、その地震の最も著しい被害は大阪天王寺であり誉田山古墳付近では被害はむしろ軽微であることがわかっ

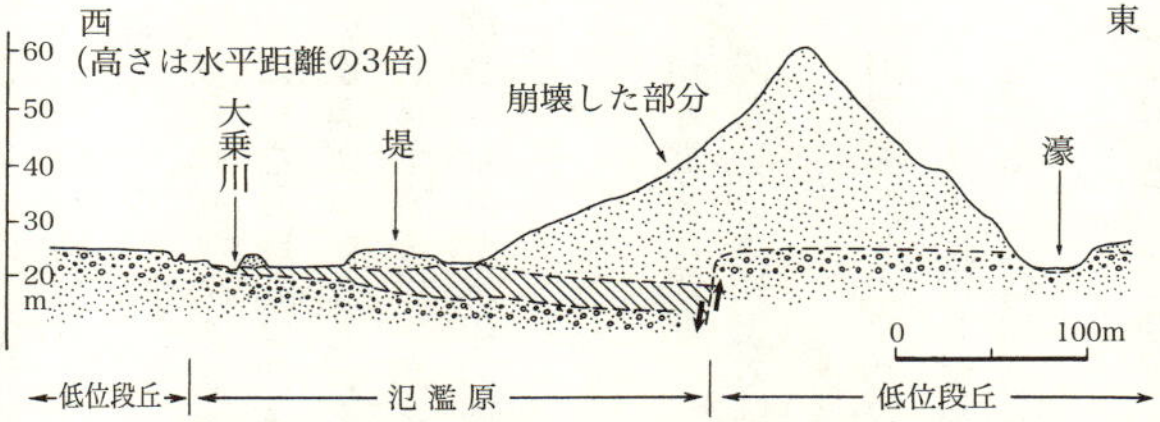

図2－8　「応神陵」付近の東西断面図　斜線の部分は沖積層、図中の矢印は地層の運動方向を示す。東に対して西が相対的に低下したため、墳丘の西半分が崩壊した。

た。この古墳を変位させた地震としてむしろ天平六年（七三四）の畿内・七道諸国の地震が、その地震に該当する可能性が大きくなった」とまず記したのち、天平六年の史料を示し、「陵墓群に関する語句に出合うのは、後にも先にもこの地震のみであり、しかも文面は、陵墓になんらかの被害が発生したことを示唆している」と述べる。

寒川氏の時期推定の根拠に対しては、「この断層が動いた場合、最も被害を生じるはずの断層真上にあった誉田八幡宮、およびその南の方向（古市の聚落・高屋《たかや》城・通法寺《つうほうじ》など）については考察が見られない。断層変位が永正七年八月八日に生じたとすれば、当然これらの地域は藤井寺以上の被害が発生したはずである。被害がなかったと推定されれば、この断層変位の時期は別に追求しなければならない」と批判する。そして「応神陵」のすぐ近くに鎮座《ちんざ》する誉田八幡宮をはじめ西琳寺《さいりんじ》、通法寺などの歴史を徹底的に調べ、誉田断層の最新の動きは、神社がこの地に移転した時期（一〇四五〜一〇六七）より以前であると結論づけているのである。

このようにして、天平六年の史料に対する吟味、および永正七年に発生した地震の被害状況（誉田八幡宮付近にはまったく生じていない）などの理由から、寒川氏の見解は否定されることとなった。

『扶桑略紀』の内容をみれば、「誉田断層は、誉田山古墳築造後に一回動いている」とする点にはなお疑問は残るが、今回の説の出現によって、墳丘崩壊の時期に対する論争に、一応の決着がついたといえるであろう。

近畿地方では、過去およそ一五〇〇年間にたびたび地震が発生したが、巨大古墳までも崩壊させた天平六年の地震はことのほか激しく、マグニチュード7程度であったと推測されている。

洪水と火山爆発

激しい洪水による地形変化や災害を示す史料としては、つぎのようなものがあげられる。

因幡国言《もう》さく、「去る六月廿九日、暴雨ありて山崩れ水溢れ、岸谷地《がんこくち》を失して人畜漂流し、田宅損害して飢饉せる百姓三千余人あり」と。使を遣して之を賑恤《しんじゅつ》せしむ（『続日本紀』光仁天皇宝亀十年〔七七九〕八月条）。

この地では、豪雨によって、山地の斜面が崩れて山麓部が埋没するとともに、濁流は谷底平野一面にあふれ、山麓の緩傾斜地や幅の狭い河岸段丘をあとかたもなく押し流してしまった。その結果、民家、家畜などが流されると同時に、水田はえぐり取られたり、深く土砂で埋められたりした。「百姓三千余人」という数値は、不確かであるとしても、山間部の谷底平野や小さい盆地をほとんど全滅に近い状態に陥れたことはまちがいない。

以上に対して、河川の下流部では、これとはかなり違ったタイプの洪水が発生する。水が停滞し、内水《ないすい》災害を生ずることになる。

且《また》河の水横《よこさま》に逝《なが》れて、流末駃《かわじりと》からず。聊《いささか》に霖雨《ながめ》に逢《あ》へば、海潮《うしお》逆上りて、巷里《むらさと》船に乗り、道路亦泥《うひじ》になりぬ（『日本書紀』仁徳天皇十一年四月条）。

右の記事は、西方を上町《うえまち》台地（大阪市）とその北に延びる天満《てんま》砂洲とによって遮《さえぎ》られた河内低地の豪雨時の様子を、うまく表現している。ここは土地がきわめて低いうえ、排水条件がよくなかったため、霖雨と満潮が重なると、水があたり一面にあふれ、農地、道路、民家などに多大の被害を与えていたのである。死者は出ないにしても、浸水は長時間におよんだ。

地震や洪水にくらべると、火山活動に関する記事は少ない。そのなかにあって、『日本書紀』天武天皇九年（六八〇）六月条には、「辛亥《かのといのひ》に、灰零《ふ》れり。丁巳《ひのとみのひ》に、雷電《いなつるび》すること甚し」。また同十四年（六八五）三月条に「是の月に、灰、信濃国に零れり。草木皆枯れぬ」

と記されており、後者からは被害の生じた場所と被害の状況を、ある程度までうかがい知ることができる。

地形と地層の逆転

われわれが目にする現在の地表景観は、単線的な歴史の流れの結果を示すものではない。そこには思いもおよばないようなさまざまな出来事を秘めていることが多い。

アメリカ合衆国の地形学者R・J・ラッセルによると、オランダの北海沿岸では、ローマ時代の集落は、洪水を防ぐ目的でつくったフェンスで囲まれていた。そのため、河川の洪水や北海からの波によって運ばれてきたシルト（沈泥）や粘土は、集落を巡るフェンスの外側に堆積した。その結果、数世紀後には、保護されていなかった周囲の土地の方が、フェンスに囲まれた集落の部分より高くなり、住むのにより好都合な環境条件を備えるに至った。これは地形の逆転現象といえる。

ナイルデルタのメンデス遺跡付近（カイロの北北東約一〇〇キロ）でも、おもしろい例がみられる。ここでは、先史時代以降、地中海の水位が上昇し、それにともなってナイル川や周囲の地下水の水位も上昇した結果、当時の遺構面（生活面）は、現在の地下水位面よりかなり低くなっている。

同じような例は、わが国の各地からも報告されている。たとえば、大阪府の山賀《やまが》遺跡では、弥生時代前期の遺構（足跡）が、今では海抜マイナス二〇〜七〇センチのところに埋没

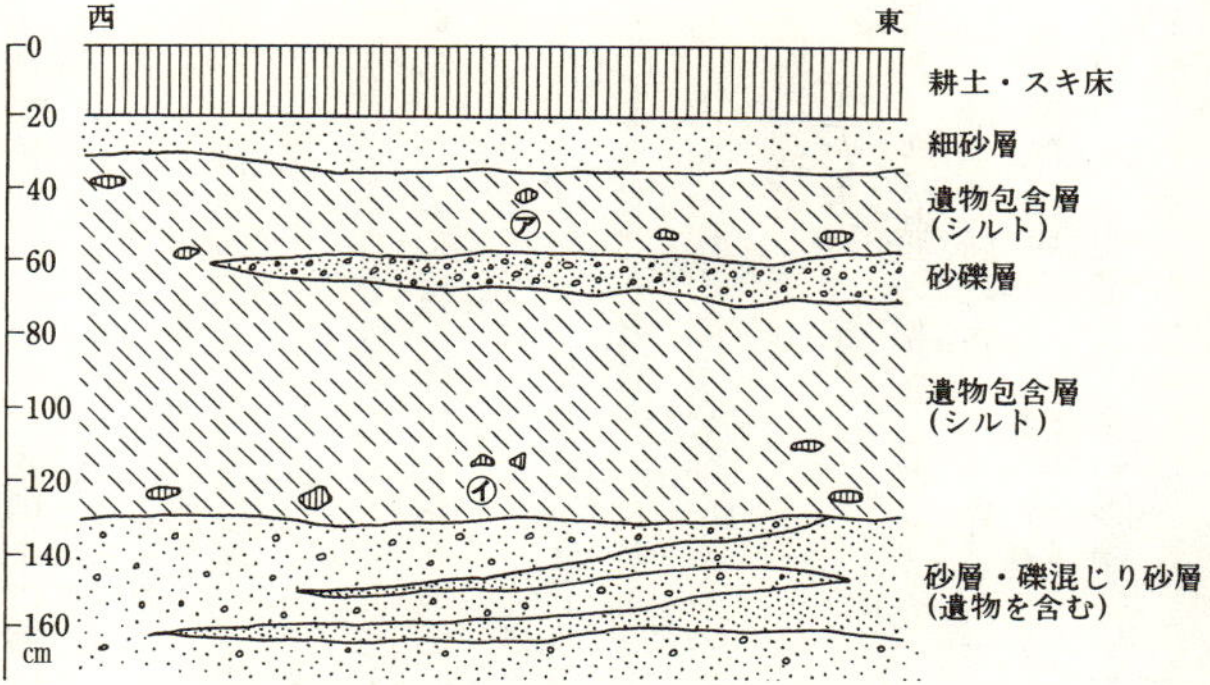

図2－9　氾濫原の地層断面（図6－6のe地点）　㋐は弥生時代の土器、㋑は中世の土器。氾濫原において一般に見られる堆積物の様相である。より新しい時代の土器片が下部に堆積しているところがおもしろい。

している。また西岩田遺跡では、弥生時代中期初頭に歩行が可能だった面は、間もなく水没してしまった。このあたりでは、弥生時代の生活面が、現地表面下四メートル前後のところに位置するのが普通であり、その面は現在ゼロメートル以下となっている。しかも過去約二〇〇〇年間に陸化と水没を何回となくくり返しているのである。

　水没、湿地化を起こした理由としては、海面上昇のほか、上町台地から北に延びる天満砂洲の成長と淀川デルタの発達、突発的な地震や構造運動による地盤沈下、地層の圧密などが考えられる。

　図2－9は、大阪府下において、石《いし》川と大和《やまと》川が合流する地点に近い国府《こくふ》付近の露頭を示すものである。ここでは耕作土約二〇センチの下に、厚さ一五センチの均質な細砂層がある。これは比較的新しい時代の

洪水堆積物といえる。その下の遺物包含層の厚さは一六〇センチ前後となっているが、これは再堆積によるものである。すなわち、ほとんどの土器片は小さく、角が丸みを帯びている。

また深さ四〇～五〇センチのところ（ア）に弥生時代、一一〇～一二〇センチのところ（イ）に中世の土器片が埋没し、さらに深さ一三〇センチ以下の礫混じり砂層のなかに、平安時代の瓦が含まれていたが、これらはこの地域における洪水の激しさをよくものがたっている。ここでは、歴史時代をとおして堆積と浸食がくり返されたが、平安時代以降における堆積と浸食の差がプラス一六〇センチということになる。

右にあげたような地形の上下逆転や、地層の新旧逆転の例は多い。また地形が変化することによって地下水位や土壌の性質も変化する。したがって、現在の地形や土壌の様子のみから、古い時代の環境を推定するのはよくない。

池上と吉野ヶ里

池上《いけがみ》と吉野ヶ里《よしのがり》、これらふたつの遺跡は、わが国の弥生時代を代表する環濠集落といえる。池上遺跡は古くから知られており、吉野ヶ里遺跡はその後に脚光を浴びるようになった。興味深いのは、両集落の立地環境が著しく異なる点である。立地環境の違いが、当然その後の地形変化に大きい影響を与えているはずである。そのことについて、少し探ってみよう。

池上遺跡は、大阪府下槙尾《まきお》川下流域右岸の扇状地面に位置する（図1－4参照）。弥生時代のころ、遺跡の両側には、小さい河川が南から北に向かって流れていた。西方のものは槙尾川の分流、もう一本は信太山《しのだやま》丘陵から流れ下るものであった。弥生時代以降、遺跡の西を流れる河川が多量の土砂を堆積させて自然堤防を形成した結果、池上遺跡は不安定な環境に変わった。すなわち、環濠の西寄りの部分は湿潤となり、あちこちで氾濫をこうむるようになった。地下から掘り出された旧河道やシュートバー（埋没礫堆）がそのことをものがたる。

弥生時代以降の堆積量は、場所によって若干異なるが、環濠付近で七〇～八〇センチ、そして西方の自然堤防の部分では二メートル前後となっている。このようにして、低平な扇状地面に位置する池上遺跡では、当時の生活面は、地中深くに埋没してしまっている。

以上に対し、吉野ヶ里遺跡は、佐賀県の脊振《せふり》山麓において、北から南に向けて細長く延びる段丘面上に位置する（日下雅義「有明海北岸平野の自然地理」網野善彦・森浩一編著『海のむこうから見た吉野ヶ里遺跡』社会思想社、一九九一）。池上遺跡と違って、ここは見はらしがなかなかよい。

この地域の地形は、図2－10に示した。段丘は中位と低位の二面に大きく分けられる。中位段丘は標高が一五～三五メートルで、まわりの低地との比高は一〇メートル前後となっている。この面は、ほぼ中央部の東山集落付近を境にして、北半分は連続性がよいが、南は三つのブロックに分かれている。物見やぐら跡をもつとされる環濠集落は、もっとも南のブロ

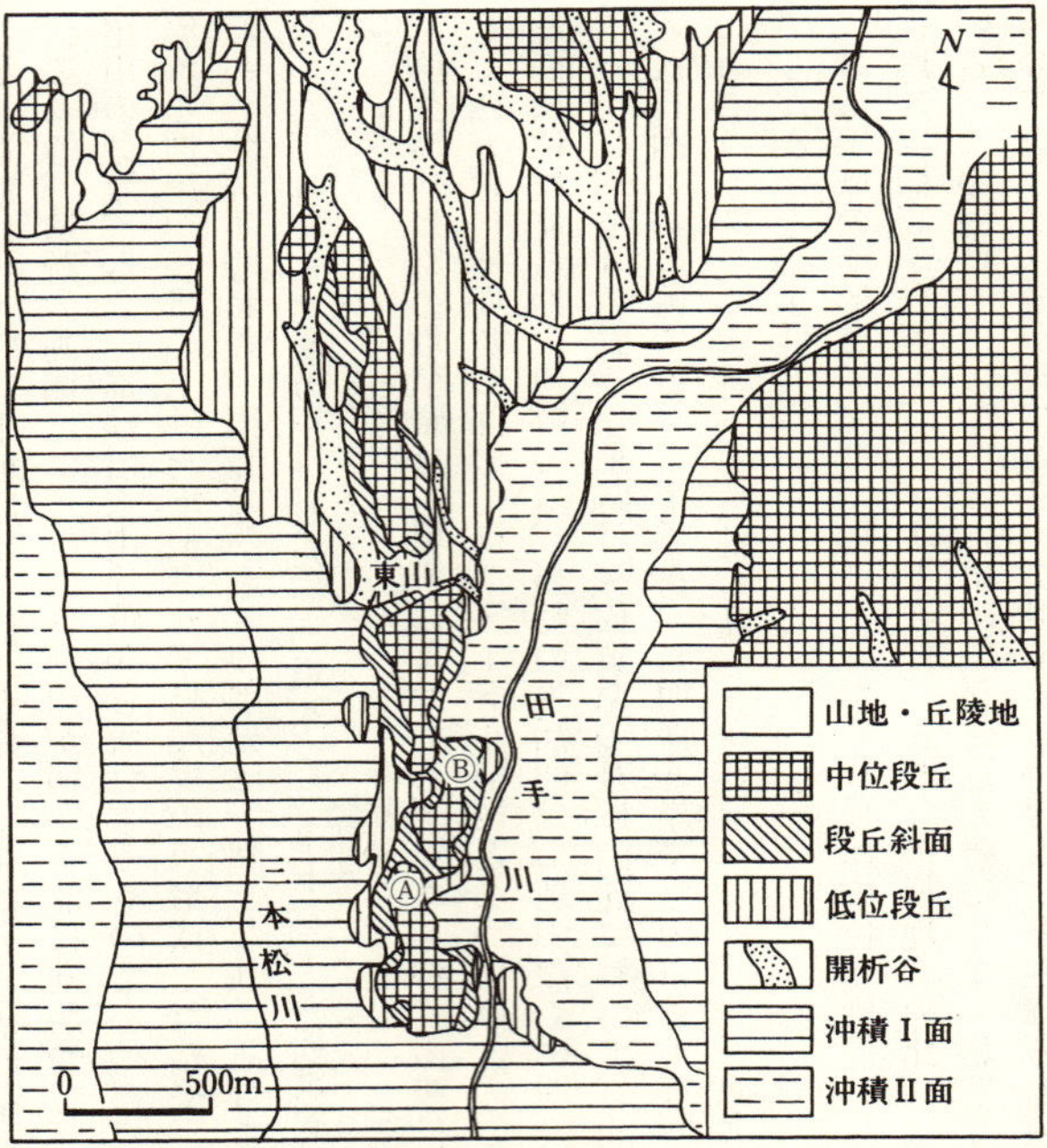

図2－10　吉野ヶ里遺跡付近の地形分類図　沖積Ⅰ面は歴史時代を通じて環境が比較的安定していた。それに対してⅡ面は不安定であったと考えられる。Ⓐは環濠集落、Ⓑは墳丘墓が発掘された地点。

ック、そして墳丘墓《ふんきゅうぼ》は真ん中のブロックの、いずれも北端に位置する。これら中位面のまわりを、さまざまな広さと傾斜をもつ段丘斜面が、エプロン状に縁《ふち》どっている。

低位面の標高は九～二五メートルで、比高は一～二メートルと小さい。東山集落付近より北では、この面が広く展開しているが、南では、その後に改変をうけて幅が狭くなったものが断片的に分布するにすぎない。

まわりよりかなり高くなった段丘面では、当然のことながら、居住や耕作によって土壌の流失と地表面の低下を生ずる。佐賀県教育委員会の関係者によると、弥生時代以降の低下量は最大二メートル、平均一メートル程度となっている。これは墳丘墓、甕棺《かめかん》などの埋積深度の状況から割り出された推定値である。アメリカ合衆国のM・G・ウォルマンらは、森林を耕地に変えると、土壌の損失量は一〇～三〇倍になると述べているが、中位面の南端付近で調べたところ、森林と畑地面との比高は八〇～一〇〇センチとなっており、ウォルマンの説はここでも証明された。

段丘斜面からも土器片が発掘されている。これは中位面からの流出と落下、そして斜面崩壊によって埋没したものと考えてよい。軟らかい火山噴出物からなる段丘は、古くから自然の崩壊作用や人間の働き、たとえば段々畑の造成、採土などによって斜面の改変と後退をくり返してきた。それにしても、当時の中枢部が存在した場としては、その範囲があまりにも狭い。

第三章　『記紀』『万葉集』に自然の景をよむ

1　「水門」と「岸」

古代人にとっての自然

古い時代においては、山麓や海岸など、あらゆるところに〝自然そのままの姿〟が満ち満ちており、当時の人びとは、自然とともに生きていた。とりわけ、陸地と水域が接する渚付近は、生活の場そのものであり、風光明媚、また景の変化が著しいところでもあった。そのため、人びとはことのほか、ここ渚の景に深い関心を持ったようである。

『記紀』や『万葉集』に「浦」「江」「潟《かた》」「岸」「潮」「浜」などといったことばがとくに多いのは、そのためであろう。われわれは、これら古典から当時の景観をある程度までよみとることができる。ここでは、文学者や歴史学者とは少し違った観点から、独自の解釈を試みたいと思う。大きく異なる点は、当時の景をまず復原するというところにある。

「水門」は何を語るか

今急《すみや》かに此の水門《みなと》に往き、水を以ちて汝が身を洗ひて、即ち其の水門の蒲黄《かまのはな》を取りて、敷き散らして、（『古事記』上巻、大国主神）

これは有名な大国主神の「稲羽《いなば》の素兎《しろうさぎ》」説話の一節である。この部分には固有名詞（地名）は示されていないが、鳥取市の西端に近い山陰海岸と考えてよい。現在、このあたりは〝白兎《はくと》海岸〟と呼ばれており、近くの小高い岡の上には白兎神社も鎮座《ちんざ》する。

日本海に面したこのあたり一帯では、風波が激しいため、海岸付近には河口を塞《ふさ》ぐようにして砂洲《さす》が発達している。図3－1によると、国道九号線は、砂洲の上を走っており、その背後に、かつてはラグーン（潟湖《せきこ》）が存在し、汽水《きすい》ないし淡水《たんすい》のところにヨシやガマが茂っていたらしい。現在もそこに小さい河川がみられ、当時の有様が彷彿《ほうふつ》としてくる。少なくとも、『古事記』が編まれたころ、ここが「水門」の景を呈していたことはほぼまちがいない。

水門の　潮《うしお》のくだり　海《うな》くだり　後も暗《くれ》に　置きてか行かむ

（『日本書紀』斉明天皇四年〈六五八〉十月条）

この文章にも固有名詞は付されていないが、この場合の「水門」は、富田《とんだ》川河口付近であろうか。これは、天皇が牟婁《むろ》温湯でよまれたものであり、その温泉は和歌山県西牟婁郡白浜

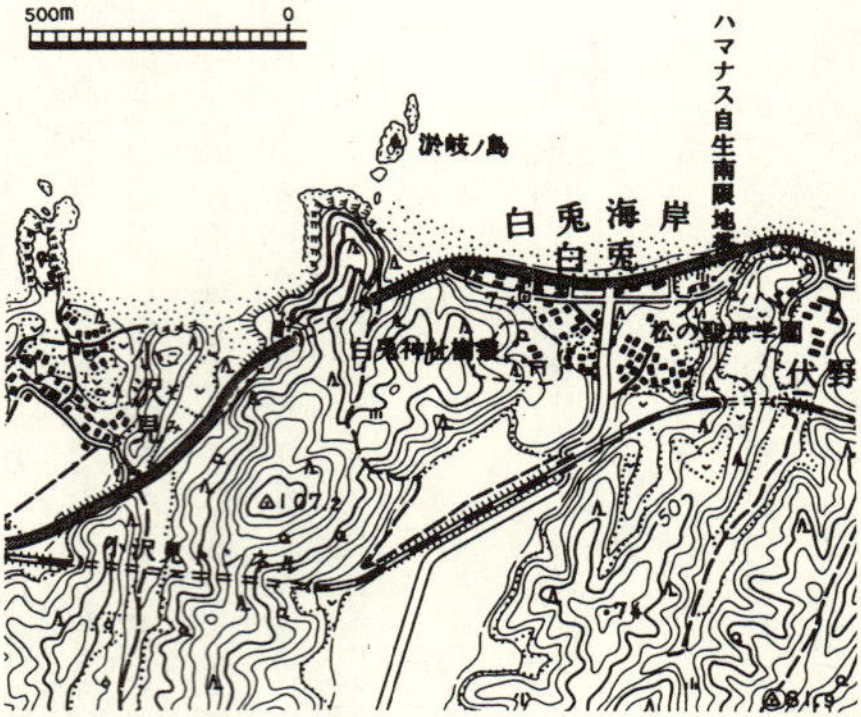

図3－1　白兎海岸（鳥取市）　このあたりでは、砂堆背後のラグーンが埋積された程度で、古代以降の地形変化はあまり大きくない。（国土地理院発行5万分の1地形図より）

町にある湯崎《ゆざき》温泉（湯崎の湯）とされている（『日本古典文学大系』六八）。河川の規模は異なるが、以上ふたつの例から「水門」ということばは、河川の出口、すなわち河口部を指して用いられたと解することができる。

以上に対し、つぎにあげるいくつかの例では、「水門」の前に固有名詞が付されている。この場合は、たんに河口部を指すだけではなくて、そこにあった〃みなと〃をも含めて用いられたように思われる。

たとえば、「横《よこしま》に南海《みなみのみち》より出でて、紀伊水門《きのくにのみなと》に泊らしむ」（『日本書紀』神功皇后摂政元年二月条）の「水門」は、当時の紀ノ川の河口付近と、そこに存在した〃みなと〃を指す。この「紀伊水門」は範囲が広く、そして時代とともに、その場所を移動させたようであるが、その中心は現在和歌山城がそびえる城山の北ないし北西にあったと考えてよい。同じ条の「更に務古水門《むこのみなと》に還りましてトふ《うら》」の「水門」は、兵庫県の尼崎市と西宮市の境を流れる武庫《むこ》川の河口付近と、そこにあった〃みなと〟を指すらしく、応神天皇三十一年八月条では、「武庫水門」という表現になっている。

以上のほか、「便《すなわ》ち播磨の鹿子水門《かこのみなと》に入りぬ。……其の岸に著《つ》きし処を号《なづ》けて、鹿子水門と曰ふ」(『日本書紀』応神天皇十三年九月条)の「水門」は、兵庫県加古川市と高砂市の境付近で播磨灘に注ぐ加古川河口。「丹波国の浦掛水門《うらかけのみなと》に至りて」(『日本書紀』雄略天皇二十三年八月条)の「水門」は、京都府熊野郡(現・京丹後市)の久美浜湾あたりを指すものと解される。これらの〝みなと〟で共通しているのは、海から少し入り込んでおり、河口ともラグーンとも判断しにくいような場所という点である。そこは浅くて、まわりが砂浜となっており、小さい木造船をしばらくのあいだ繫留するのに、安全で都合がよかった。

『万葉集』にみえる「水門」

『万葉集』の場合は、表現内容が多様であり、それの用いられ方も『記紀』とは若干異なる。いくつかの例をあげてみよう。

……　中の水門ゆ　船浮けて　わが漕ぎ来れば　時つ風　雲居に吹くに　沖見れば
とゐ波立ち　辺《へ》見れば　白波さわく　……　（二二〇）
天霧《あまぎ》らひ日方《ひかた》吹くらし水茎の岡の水門に波立ちわたる　（一二三一）
率《あども》ひて漕ぎ行く船は高島の阿渡《あど》の水門に泊《は》てにけむかも　（一七一八）

右の三首にみえる「水門」は、いずれも河口を指すといえる。まず「中の水門」は、香川県丸亀市の金倉川《かなくら》の河口。「岡の水門」は玄界灘に注ぐ福岡県の遠賀川《おんが》の河口にあたり、『日本書紀』(神武天皇即位前紀)には「筑紫国の岡水門に至りたまふ」と記されている。また「阿渡の水門」は、琵琶湖に西から注ぐ滋賀県の安曇《あど》川の河口部を指す。

同じような例として、

……射水《いみず》川　清き河内に　出で立ちて　わが立ち見れば　東《あゆ》の風　いたくし吹けば
水門には　白波高み　……(四〇〇六)
水門風寒く吹くらし奈呉《なご》の江に夫婦《つま》呼び交し鶴《たず》さはに鳴く(四〇一八)

などがあげられる。ただしこの場合は、「水門」のすぐ前に固有名詞が付されていない。

水門の葦の末葉《うらは》を誰か手折《たお》りしわが背子が振る手を見むとわれぞ手折りし(一二八八)

では、その場所はわからないが、当時の〝みなと〟の様子を巧みに描き出している。すなわち、小さい河口の入江にあった船着き場には、アシが一面に茂っており、見とおしはよくなかった。そこで船出していく人(夫か恋人)が手をふる様子を見やすくするために、あらかじめ、アシの穂先を折っておいたというのである。静けさとさみしさのみが伝わってくる。

以上に対し、「門」ということばは、ふたつの陸地が近接した部分にもちいられたようである。『古事記』に「速吸門《はやすいのと》に遇《あ》ひき」（中巻・神武天皇条）、『日本書紀』に「速吸之門に至ります」（神武天皇即位前紀）とあるが、これは豊予海峡と考えられる。また「由良《ゆら》の門《と》」（『日本書紀』応神天皇三十一年八月条）は紀淡《きたん》海峡にあたる。

『万葉集』では「明石の門」という表現がなされているが、これはいうまでもなく明石海峡である。「明石の門」の場合は、きわめて大まかなもちいられ方がされているが、「難波門を榜《こ》ぎ出て見れば神さぶる生駒高嶺に雲そたなびく」（四三八〇）では、「難波堀江《なにわのほりえ》」といった狭い人工水路の景に「門」という語があてられている。『万葉集』では、固有名詞のあとに「門」をくっつけたもののほかに、「河門《かわと》」「川門《かわと》」「島門」「迫門《せと》」「湍門《せと》」など、特定の地形のあとに「門」をつけたものもあるが、たとえば、「河門」は川幅が狭くなったところを指す。

そそり立つ「岸」

さりげなく「岸」という言葉で表現されている景にも、実は、さまざまなタイプの景が含まれている。

磐代《いわしろ》の岸の松が枝結びけむ人は帰りてまた見けむかも　（一四三）

この歌がよまれた場所は、和歌山県日高郡南部町《みなべ》(現・みなべ町)岩代とされている。もしそうだとすると、このあたりの海岸地形から、この「岸」は海に臨んだ、高くて峻《けわ》しい崖を指すことになる。外海の荒波にさらされた美しい岩肌と、青々とした松が目に浮かんでくる。

草枕旅行く君と知らませば岸の埴生《はにゆう》ににほはさましを　(六九)
駒並《な》めて今日わが見つる住吉の岸の黄土《はにゆう》を万代に見む　(一一四八)

この場合の「岸」は、岩肌をむき出しにした硬いものではなくて、半固結《こけつ》の地層(大阪層群と段丘層)からなる崖である。「埴生」と「黄土」は同じものを指し、きわめてソフトな景ということができる。いずれも大阪市内の住吉大社に近い古道(大津道《みち》・磯歯津路《しはつみち》など)や海岸の崖下を通る際にうたったものといえる。

「黄土」は、このあたりの段丘崖や開析谷《かいせきこく》(段丘面を切り込んだ浅い谷)の谷壁に露出している赤黄色の粘土ないしシルト層を指す。一般に、赤黄色土は西日本の段丘部に広く分布し、水はけの良い高位段丘で赤みが強く、中位段丘で黄橙色、低位段丘で黄色を示す傾向がある。また鉄分に富む母岩からは赤色土が、鉄分に乏しい母岩からは黄色土ができやすいといわれている。したがって、浅香山《あさか》から住吉大社に至るあたりは、地形の面からみると黄橙色、母岩の点からは黄色を示す土層を形成する条件のもとにある(日下雅義『古代の『住吉津』について」『古文化論叢』中村弘文堂、一九八三)。

ところで、はじめの「岸の埴生」の場合は、岸の土を実際にとってきて、それで「衣をお染めしましたものを」という願望である(金子晋『よみがえった古代の色』学生社、一九九〇)のに対し、あとの「岸の黄土」の場合は、露頭《ろとう》(地表にあらわれた土)の色があまりにも鮮やかだったので、それを「万代までも見たいものだ」という願いをこめてうたったものといえる。

このころ、流水の浸食と崩壊とによってできた、このような新鮮な崖が、住吉大社のまわりのあちこちに存在しており、砂堆の背後を通る際、あるいは段丘面上と低地の間を行き来するときに、いつもそれを見ることができたのである。「馬の歩み押さへ止めよ住吉の岸の黄土ににほひて行かむ」(一〇〇二)が、そのことを如実にものがたる。この場合の「にほふ」は、実際に「染める」のではなくて「染まっていく」、あるいは「映していく」というように解すべきであろう。

なだらかで若い「岸」

住吉の岸の松が根うちさらし寄せ来る波の音の清《さや》けさ　(一一五九)

春の日の　霞める時に　墨吉《すみのえ》の　岸に出でゐて　釣船の　とをらふ見れば　古《いにしえ》の
事そ思ほゆる　……　(一七四〇)

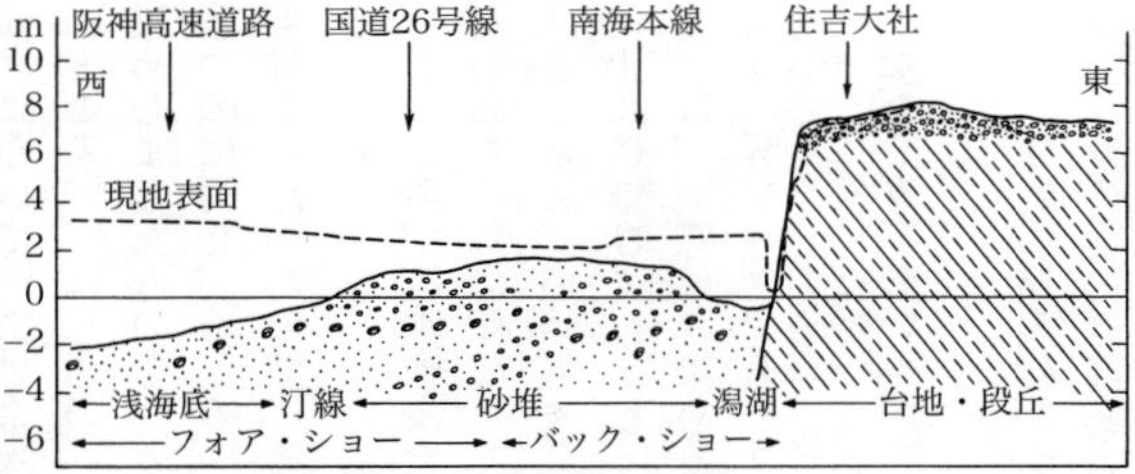

図3−2　住吉大社付近の東西断面図　かつての砂堆は地下深くに埋没されている。砂堆はところどころに貝殻片を含む。高さは水平距離の25倍。（大阪市水道局の資料より作成）

ほぼ南北方向につづく黄土の岸の西方には、所々に狭いラグーンがあり、それを隔てて幅三〇〇〜七〇〇メートル程度の砂堆（礫を含む）が帯状に延びていた。右のふたつの歌にみえる「岸」は、崖や、「黄土の岸」ではなくて、波浪によって打ちあげられてできた新しい砂堆を指すと解すべきである。それは「住吉の沖つ白波風吹けば来《き》寄する浜を見れば清《きよ》しも」（一一五八）や「住吉の浜松が根の下延《したば》へてわが見る小野の草な刈りそね」（四四五七）の「浜」に対応する。同じ景に対し、「岸」と「浜」の二とおりの表現がされているのである（図3−2参照）。

松の根があらわになったのは、風の働きか異常高波（津波か高潮）によるものであり、バック・ショーにおいて浸食と崩壊が生じたのであろう。ふたつ目の歌にみえる「墨吉の岸」は、はじめの「岸」より若干汀線に近いところを指すようである。きわめてのどかな景といえる。すでに述べたように、このような砂堆の背後にはラグーンが横たわっていることが多く、そのまわりには、小さい河川が運んできたり、前方の砂堆から飛ばされてきた砂やシルト（泥）によって、陸化したばかりの低湿な土地があった。そこが水田として開かれたらしいことは、

住吉の岸を田に墾《は》り蒔きし稲のさて刈るまでに逢はぬ君かも　（二二四四）

からも知られる。この場合の「岸」は、段丘崖でも砂堆でもなくて、ラグーン縁辺の満潮位よりわずかに高くなったところを指す。土地は低いがおだやかな環境をなしていた。

悔しくも満ちぬる潮か住吉の岸の浦廻《み》ゆ行かましものを　（一一四四）

右の歌にみえる「岸」は、さらに低いところで、そこは満潮時には水没してしまう。住吉大社の南方、「浅香潟」に近いところには、東側の段丘と西側の砂堆とのあいだに、潮の干満によって見えかくれする場所があった。そこは狭いラグーンの縁辺にあたる。人びとはそこを行ったりきたりしていたので、「残念なことに潮が満ちてしまったなあ、住吉の入江の浜をとおって行くのだったのに」というような、生活体験をストレートに表現した歌が生まれた。

このようにして、当時の人びとは、性格のかなり異なった景に対して、「岸」という語を

あてていたのである。

2　潮の流れと生活

潮の動きをとらえる

方《まさ》に難波碕《なにわのみさき》に到るときに、奔《はや》き潮《なみ》有りて太《はなは》だ急《はや》きに会ひぬ（『日本書紀』神武天皇即位前紀戊午年二月条）。

ここにみえる「難波碕」は、上町台地の先ではなくて、天満《てんま》砂洲の先端を指す。これは船でそこをとおったときの実感をうたったものである。当時天満砂洲の先端付近には、西北の千里山丘陵の末端から東南に向かう吹田《すいた》砂洲が発達しており、そこが狭い水路のようになっていたため、潮の干満の際には、かなり速い流れを生じたと考えてよい。現在もこのあたりは〝垂水《たるみ》の瀬戸〟と通称されている。

海若《わたつみ》は　霊《くす》しきものか　淡路島　中に立て置きて　白波を　伊予に廻らし　座待月《いまちづき》
明石の門ゆは　夕されば　潮を満たしめ　明けされば　潮を干《ひ》しむる　（三八八）

この歌には、潮の干満現象についての経験がうたわれている。ここ明石海峡も狭くなっているので、干満の現象は水位の違いとともに、速い流れとして明確にあらわれる。当時の人びとは、潮の干満という不思議な現象に接し、そのメカニズムがわからなかったこともあって、それを支配する神の存在を感じていたらしい。同じような心情をうたったものとして、

雑賀野《さいかの》ゆ　背向《そがい》に見ゆる　沖つ島　清き渚に　風吹けば　白波騒き　潮干《ふ》れば　玉藻刈りつつ　神代より　然《しか》そ尊き　玉津島山　（九一七）

があげられる。ここは和歌山市の和歌浦《わかのうら》にあたる。当時は、まだ陸地が十分広がっていなかったため、玉津島は離れ小島のようになっていた。そこで「沖つ島」「玉津島山」などと呼ばれたのであろう。図3-3をみるとよくわかるように、現在は妹背《いもせ》山のみが離れ島となっており、それに向けて橋が架けられている。ここでは渚の景だけでなしに、「玉藻刈りつつ」と生活がうたわれている。

潮が退いたあとに生まれた低くて平らな陸地〝干潟《ひがた》〟では、玉藻を刈る乙女の姿のほかに、鶴がエサをついばむ様子が眺められた。ところが、潮が満ちてくると、あたり一面は再び水のなかに隠れてしまう。

若の浦に潮満ち来れば潟を無《な》み葦辺をさして鶴《たず》鳴き渡る　（九一九）

ここでは、玉津島より少し内側の景がうたわれている。干潟に続く紀ノ川の旧河口部の浅いところでは、一面にアシが茂っていた。

現在では、ほとんどの海岸が、高いコンクリートによって境されているため、潮の干満はあまり感じられないが、当時は、水位の上下運動は汀線の水平移動としてもあらわれた。そのような微妙な動きをとらえたものとして、ひとつだけ例をあげておこう。

年魚市《あゆち》潟潮干にけらし知多の浦に朝漕《こ》ぐ舟も沖に寄る見ゆ　（一一六三）

「潟」の意味するもの

潮汐現象《ちょうせき》は、当時の人びとにとってきわめて不思議な出来事であったらしいし、潮の干満によって生まれる渚の景の変化は、とりわけ興味をそそるものであったようである。また船の往来など、生活そのものに直結することも多かった。

「難波潟《なにわ》」「海上潟《うなかみ》」「香椎潟《かしい》」など「潟《かた》」という言葉が、『万葉集』にしばしば出てくるのは、そのことを裏書きする。では当時の人びとは、どのような景に対して、「潟」という語を与えていたのであろうか。はじめに、そのことについて考えてみよう。

「潟」という語は、ラグーン（潟湖《せきこ》）とタイダル・フラット（干潟）の二つの地形（景観）にあてられているといえる。前者すなわちラグーンは、砂や礫《れき》からなる高さ二～五メートル

写真３－１　陸つづきとなった玉津島　中央部の3つの小山が玉津島（沖つ島）で、遠望は名草山。

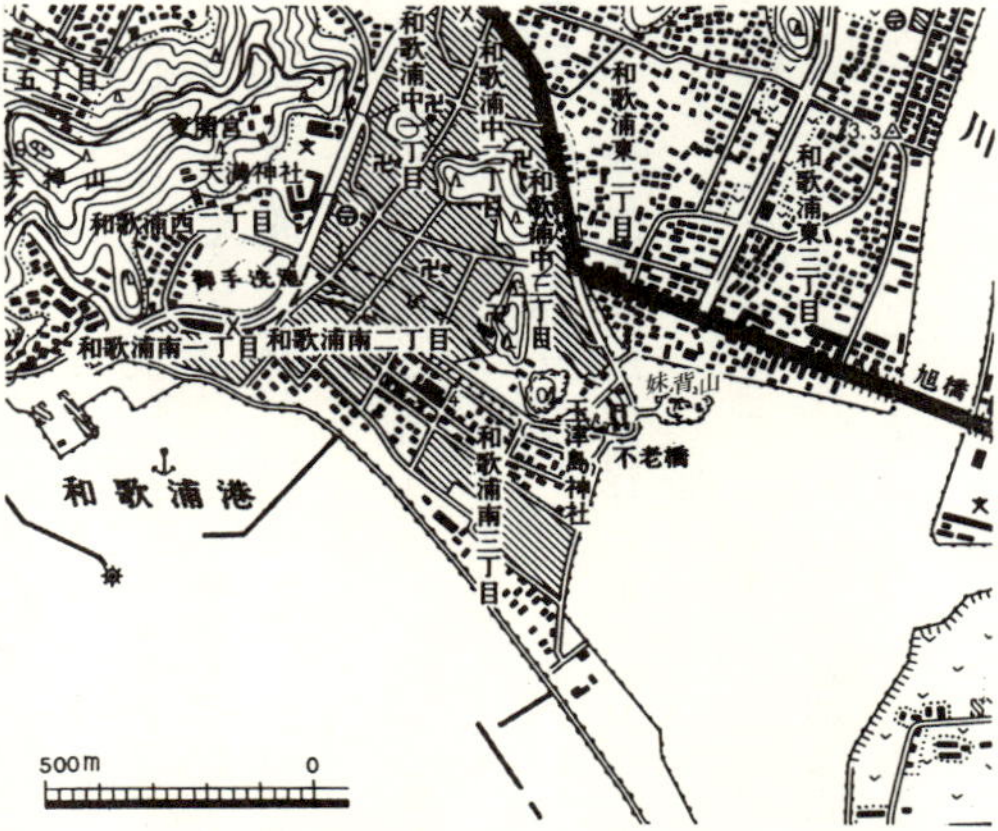

図３－３　和歌浦の現在　かつての「沖つ島」は陸つづきとなっており、片男波砂洲はコンクリートで固められ、干潟は埋めたてられている。（国土地理院発行5万分の1地形図より）

の砂堆（砂嘴《さし》・沿岸洲《す》・浜堤《ひんてい》）によって外海（湖の場合もある）から隔てられた水域である。この水域は海岸線に平行して細長く延びるのがふつうであり、水深は小さいが、干潮時にも完全に干上がってしまうことはない。外海とは河口や狭い潮口《ちょうこう》（砂堆の切れ目）によってつながっていることが多く、外海より海水、そして汽水をへて淡水域へと移る。また潮の干満によって塩分の濃度は絶えず変化する。汀線付近の傾斜が比較的大きいため、潮の干満による汀線の水平的な移動はあまり大きいものではない。

それに対し、干潟は傾斜がきわめて小さいため、高潮時には水没し、低潮時に陸化する潮《ちょう》間帯《かんたい》の幅は、数キロにも達するのが普通である。たとえばフランスの西海岸では、干潟の幅が約一〇キロであり、わが国の有明海も大きい値を示す。ラグーンが、風波の強い外洋型の海岸に発達するのに対し、タイダル・フラットは、波の静かな内湾に形成される。有明海のほか、岡山市の児島湾の例がよく知られている。

もっとも、ラグーンの周辺に幅が狭くて規模の小さいタイダル・フラットが形成されるため、両者を厳密に区別することはむずかしい。『万葉集』では、かなり大雑把な表現となっているものと、景観をかなりミクロにとらえているものとがある。「潟」と「海」の違いについて、もう少し考えてみよう。

難波潟潮干の余波《なごり》委曲《よく》見てむ家なる妹《いも》が待ち問はむ為　（九七六）
直越《ただこえ》のこの道にして押し照るや難波の海と名づけけらしも　（九七七）

はじめの歌の「難波潟」は、上町台地（大阪市）の先端から北に延びる天満砂洲背後の水域を指す（カラー口絵参照）。それに対し、「難波の海」は砂洲の西方に広がる大阪湾にあたる。さらにいえば、「潟」は河内低地の汀線近くを行く（船であろうか？）際に、直接観察した近景であり、「海」は生駒山頂に立って（振り返って）眺めた遠景といえる。したがって、九七六、九七七の順にうたわれたとすれば、そして景の細かい移りかわりからみれば、「大和から難波へ越えるとき」とする従来の解釈（『日本古典文学大系』五ほか）よりは、「難波から生駒山地を越えて大和へ向かう（帰る）とき」と考えるほうがよい。

海上潟と難波潟

夏麻《なつそ》引く海上潟の沖つ洲に鳥はすだけど君は音もせず　（一一七六）

鹿島の崎に　……　夕潮の　満《みち》のとどみに　御船子《みふなこ》を　率《あど》ひ立てて　呼び立てて　御船出でなば　浜も狭《せ》に　……　海上の　その津を指して　君が漕ぎ行かば(一七八〇)

右のふたつの歌に、「海上」という地名がみえる。後の歌の「海上津」は、下総国《しもうさ》すなわち現在の千葉県の利根川河口右岸にあたるといえる。それに対して、はじめの「海上潟」は、後と同じ場所か、それとも上総国《かずさ》、現在の千葉県の養老川《ようろう》河口付近かさだかではない。

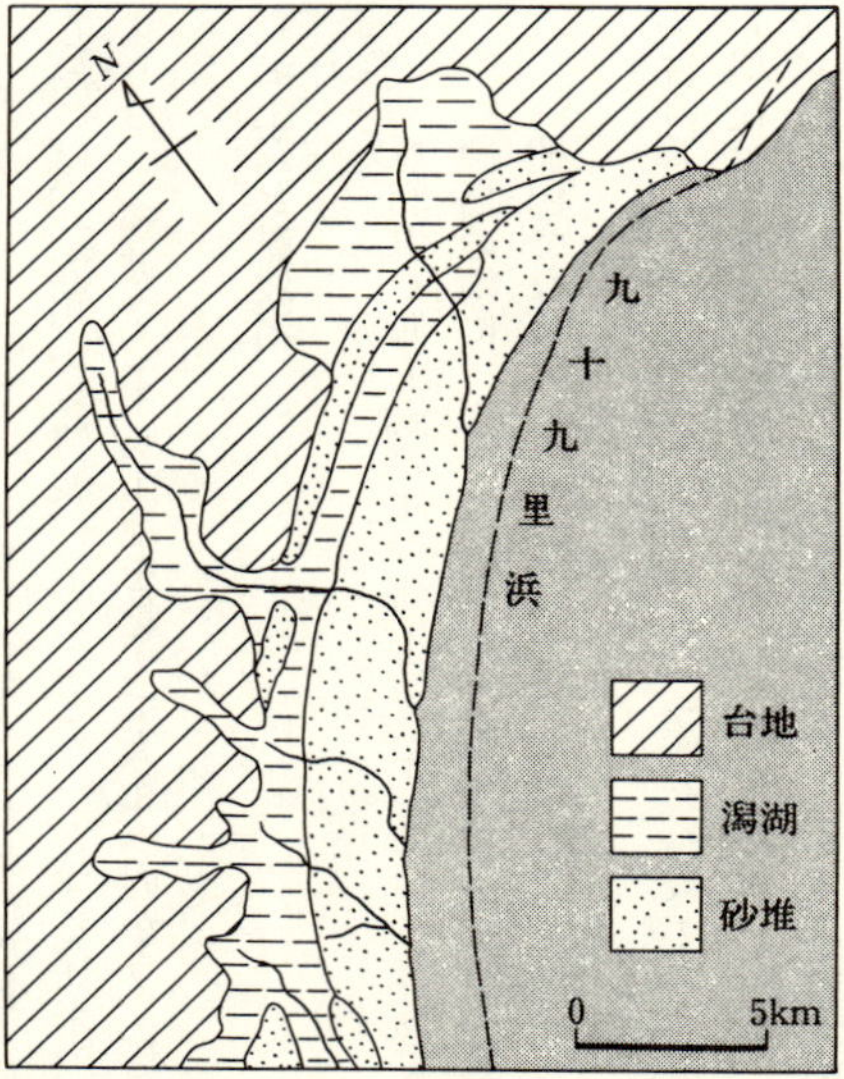

図3－4　海上潟付近の地形環境　古代の「海上津」は、東北端の広い潟湖に成立したと考えられる。破線は現在の海岸線。（森脇広、1979より）

ここでは、同一場所すなわち下総国と解して、当時の景観について少し考えてみよう。

ここは九十九里浜の名で知られているように、海岸には数条の砂洲が汀線に平行して、延々とつづいている。「沖つ洲」はその砂洲（沿岸洲）、そして「海上潟」は、砂洲によって抱かれたラグーンのことである（森脇広「九十九里浜平野の地形発達史」『第四紀研究』一八、一九七九）。

最初の歌は、幅のわりあい狭いラグーンを隔てて、内陸側から砂洲をみて、水際で騒いでいる鳥の様子をうたったものであろう。

すでに述べたように、ラグーンは完全に独立した湖ではないので、砂洲の切れ目から、船の出入りができた。満潮時には、ラグーンの水位が上昇するとともに、潮口（ここの場合は川筋）が広く深くなるので、そのときを見はからって船の出し入れをしていたのであろう。砂洲によって太平洋の荒波から守られたラグーンは、水鳥のたわむれるのに都合のよいおだやかな場所であり、そこは古くから〝みなと〟としても利用された。

渚の景を代表するラグーンをうたった歌は、ほかにも多くみられる。

外《よそ》にのみ見てや渡らも難波潟雲居に見ゆる島ならなくに　（四三五五）

これは、潟の大雑把な景観というよりは、「難波潟」をひとつの固有名詞のような扱いをしている。それに対して、「……　難波潟　三津の崎より　大船に　真楫繁貫《まかじしじぬ》き　白波の高き荒海を　……」（一四五三）では、ラグーンの地形とともに、そこに存在したみなと「難波津」をも含めた表現となっている。後に述べるように、「難波津」は、ふたつの砂洲に挟まれたラグーンに、六世紀の初頭のころ国際港として成立した。

桜田へ鶴《たず》鳴き渡る年魚市潟潮干にけらし鶴鳴き渡る　（二七一）

時つ風吹くべくなりぬ香椎潟潮干の浦に玉藻刈りてな　（九五八）
難波潟潮干に出でて玉藻刈る海未通女《あまおとめ》ども汝《な》が名告《の》らさね　（一七二六）

潮の干満と鶴の動静をうたったものは多い。最初の歌は、ラグーンそのものの景観ではなくて、鶴の飛ぶ姿から潮の退いたことを、間接的にとらえたものである。観察眼の鋭さと経験の豊かさをうかがい知ることができる。またあとのふたつの歌からは、季節感、そして自然と密接に結びついた生活の様子がなまなましく伝わってくる。

潮の干満と港

潮汐現象すなわち水深の変化は、小型船の出入りと、きわめて深いかかわりをもった。当時の人びとは、それをうまく利用して出港や入港をおこなっていた。しかし、注意を怠って自然の法則に反した場合には、予想もしなかった事態に直面し、あえがなければならなかったのである。

皇后、別船《ことみふね》にめして、洞海《くきのうみ》より入りたまふ。潮涸《ひ》て進《ゆ》くこと得ず。……潮の満つるに及びて、即ち岡津《おかのつ》に泊りたまふ（『日本書紀』仲哀天皇八年正月条）。

「洞海」は、北九州の若松半島に抱かれた洞海湾《どうかいわん》を指す。右の記事は、皇后の乗った船が干潮のため動けなくなったので、やむをえず、潮が満ちてくるのをしばらく待って、岡津に向かった（泊まった）というのである。

熟田津《にきたつ》に船乗りせむと月待てば潮もかなひぬ今は漕ぎ出でな　（八）
潮待つとありける船を知らずして悔しく妹を別れ来にけり　（三五九四）

右のふたつの歌に対しては、それぞれ「潮もちょうどよいぐあいになった、さあ漕ぎ出よう」「潮を待つとて、船が出帆せずにいるのを知らず、……」などと解説されている。また「大潮を待ったのであろう」とも注釈がつけられているが、この場合は一日に二回おとずれる満潮と解すべきであろう。

熟田津については、愛媛県松山市北方の和気浜《わけはま》とする説もあるようだが、ここでは三津浜《みつはま》と考えたい。いずれもラグーンであることにかわりはないが。「潮もかなひぬ」は、「出航するのにちょうど都合のよい潮の状況となった」というほどの意味であろう。「月待てば」となっているが、出港には月より潮の方が、より切実な意味をもったはずである。ここでも潮の満ちているときに入港して用をすませ、そのつぎにおとずれる満潮時ないし満潮を少し過ぎたころに出航するという方法をとっていたらしい。満潮を少し過ぎたころを見はからって、船は熟田津を出発し、伊予灘を通って関門海峡へと向かったのである。ここ熟田津については「ももしきの大宮人の飽田津《にきたつ》に船乗しけむ年の知らなく」（三二三）もあり、ここに船がしばしば着いたことが知られる。

あとの歌（三五九四）もほぼ同じ意味をもつ。すなわち上町台地（大阪市）の先端から平行して、ほぼ南北方向に走る二本の砂洲に挟まれた細長いラグーンのみなと「難波津」で、潮が満ちてくるのを待っていた。満潮を少し過ぎるころ、十分な水深を利用して、船はラグーンから「難波堀江」に出て、潮とともに下り、明石の門を越えてさらに西方へと向かったのである。

玉敷く渚

『万葉集』には、「玉」という語が二十数回も出てくるが、これは何を意味するのであろうか。「球形あるいはそれに近い形の美しくて小さい石」「鉱物に限らず、動植物のものも広くいう」「特に真珠をさしていう」などと記されている（小学館『日本国語大辞典』、一九七五）が、ほとんどの場合、「美しい石」を意味すると考えてよい。

丸くて美しい石（玉石・円礫）は、激しい波浪によって岸に打ちあげられ、二〜四メートルの高まりをもつ浜堤の海寄りの斜面に点在する。それに対し、浜堤をうずめる背後の砂丘《さきゅう》の表面や干潟、ラグーンの底などには、より細かい砂や泥が堆積している。

妹がためわれ玉拾ふ沖辺なる玉寄せ持ち来沖つ白波　（一六六五）
妹がためわれ玉求む沖辺なる白玉寄せ来沖つ白波　（一六六七）

写真3－2　外洋に面した砂礫浜（熊野川河口）
高さ数メートルに達する白波がガラガラと音をたてながら、美しい玉石をつぎからつぎへと運んでくる。雄大な景である。

右のふたつの歌はほぼ同じ意味をもつ。場所も同じであろう。これらの歌から、浜に打ちあげられた美しい礫が存在すること、さらに打ちよせる波が、沖の方から礫をつぎつぎと運んでくる様子がよくわかる。形がよくて色の美しい石を集め終わると、またつぎの波が新しいものを打ちあげてくれる。それをしばらく待つというのであろうか。雄大な自然の営みとそれに従順に適応する人間の姿がよくわかる。きわめて単純な景の描写であり、それ以上の意味はない。

松蔭の清き浜辺に玉敷かば君来まさむか清き浜辺に　（四二七一）

右の歌にみえる「浜辺」は、汀線付近ではなくて、少し陸地に入ったバック・ショーを指す。そこでは、前面の汀線付近から風によって飛ばされてきた砂が薄く積もって砂丘がつくられている。かつての浜堤の礫は砂丘の下に埋まってしまっているので、汀線付近から新しくて美しい礫（玉）を持ってきて、砂丘の細かい砂の上に敷きつめるというのであろう。

玉敷ける清き渚を潮満てば飽かずわれ行く還るさに見む　（三七〇六）

右の歌については「潮が満ち船出の時となったので、玉を敷いてあるこのきよらかな渚を、まだ飽き足るほど見ていないが、私は去って行く。帰りにまたよく見よう」とだけ解説されている。この場合の「渚」は、荒波の打ちよせる外海ではなくて、砂洲背後のラグーンの岸と考えられる。「玉」は自然の営みによるのではなくて、上下船の足場をよくするために、人間が敷いたものであろう。そこに潮が満ちてきて、いよいよ船が岸を離れるために、玉を敷いてある渚が見えなくなるという意味のほかに、満潮によって「玉」が水没して見えなくなるということまで含むのかも知れない。いずれにせよ、この歌からも、潮の干満と船出の関係がよくわかるのである。

堀江には玉敷かましを大君を御船漕がむとかねて知りせば　（四〇五六）
玉敷かず君が悔いていふ堀江には玉敷き満《つ》てて継ぎて通はむ　（四〇五七）

ここに「堀江」と記されているのは「難波堀江」のことである。どちらの歌にも、「堀江に玉を敷く」という意味のことがうたわれているが、これは堀江そのものではなくて、堀江のほとりに延びる狭い砂浜を指す。現在の場所では、堀江（大川）とかつてのラグーン（現在の東横堀川）とが接する地点、すなわち天神橋付近にあたる。ラグーンや堀江のほとりは、低くて軟らかい砂や泥で覆われていたため、そこを通行したり上下船するのが困難であった。そこで玉（礫）を敷きつめてとおりやすくしたのであろう。川の渡し場や田舎道の凹地や水たまりには、今でも礫が敷きつめられることが多い。

海岸付近のかぎられた景に対してではあるが、以上のような検討によって、『記紀』や『万葉集』が、当時の景観復原に、かなり有用であることがわかった。自然の景や人びとの素朴な姿の描写には、あまり造作がないため、自然サイドからおこなった分析結果とうまく対応するといえるのである。

第四章　生活の場を復原する

1　水を求め水を避ける

河川に沿う微高地

かつて、人びとは日あたりがよくて平坦なところ、それから水がえやすく、しかも洪水からわりあい安全な場所を選んで住んだ。それは長いあいだの経験から体得した生活の知恵ということができる。

古代都市が、チグリス・ユーフラテス川やナイル川、黄河など、大河川の下流域に発達したのは、やはり水との関係が大きかった。都市を形成しない人びとの集落も、そのほとんどが、河川に沿う低地や海岸付近の微高地に立地する。

河川に沿って発達する微高地の代表は自然堤防であり、ほかにポイントバーやシュートバーがあげられる。自然堤防は、河川に沿って長く連なる高まりで、横断面形は河岸《かがん》が急で、外方に向けて緩傾斜となっている。アメリカ合衆国のミシシッピ川下流域には典型的な自然堤防が認められるが、わが国の場合は規模が小さく、その後分断されたり、変形されている

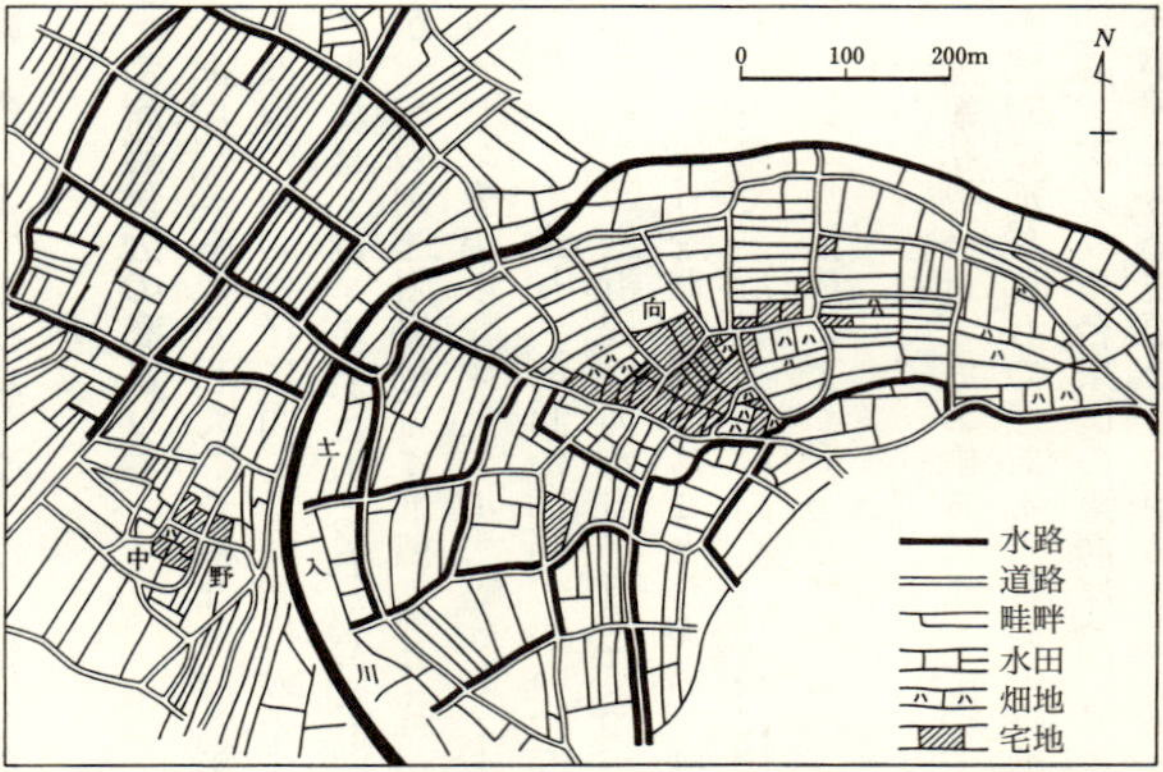

図４－１　ポイントバーにみられる土地割の一例（和歌山市）　水路と畦畔の形から、土入川が東南から西北に向けて少しずつ移動したことがわかる。ポイントバーの高くなったところに向集落と畑がみられる。

ものが多い。

ポイントバーは、洪水の際、蛇行《だこう》のループがしだいに鋭くなるにつれて、その内側（堆積斜面）に発達するものである。わが国においては、急な流れをもつ河川が多いため、このようなポイントバーはあまり発達していないが、たとえば紀ノ川下流域平野には、わりあい明瞭なものが認められる。

図４－１をみると、土入《どうにゅう》川を境にして、東側と西側とで土地割の形が著しく異なっている様子がよくわかる。このことから土入川のルートが東から西に少しずつ移動し、西方の条里型土地割の分布する面を浸食していったことが知られる。ポイントバーのもっとも高いところには向《むかい》集落が位置し、宅地付近には畑地もみられる。シュートバーについては、

第一章の2でくわしく述べたとおりである。

海岸線付近の高まり

海岸でみられる目だった高まりは、浜堤、砂丘、連鎖《れんさ》状砂洲などである。それらは季節風や波浪の強い外洋に面した海岸に分布する。

浜堤は、嵐やまれにみられる高潮時に、波によって打ちあげられた砂、礫、貝殻片などが、波の到達限界付近に堆積し、これが汀線に沿って長く延びる堤状のものである。高さは数十センチから数メートル、幅は数メートルから数十メートルに達する。一本または何本かが平行して走り、前面には幅の狭い砂浜がつねに存在する。

このような浜堤が何本も平行してつづいているようなところでは、内側の、より古い浜堤の上に砂丘を載せていることが多い。砂丘は、細かい砂が風によって運ばれて二次的に堆積したもので、浜堤よりは高く、なかには高さが数十メートルに達するものもある。わが国では、日本海沿岸によく発達しているが、太平洋側の鹿島や御前崎付近にもみられる（図6-3参照）。

連鎖状砂洲は、波の働きによってつくられた細長い島（砂堆）が、海岸線にほぼ平行して断続的に延びるものである。背後の陸地とはラグーン（潟湖《せきこ》）や狭い湾によって隔てられている。アメリカ合衆国の東海岸や、メキシコ湾岸に典型的なバリア・アイランドがみられ、わが国にも小規模なものがある。

2　マウンドをつくって耐える

地中海東部の海岸

河川の下流域や海岸に住む人びとは、周期的に訪れる洪水に絶えず悩まされた。微高地といえども、けっして安全ではなかったのである。しかし、多くの人びとは、その地を去るのではなくて、まわりから土や芝を集めてきて盛土をつくり、執拗《しつよう》に生きつづけた。つぎにその生きかたについて探ってみよう。

ギリシアのペロポンネソス半島の西北部には、エリス平野と呼ばれる小さい低地がある。この土地は海、河川、風などの働きによってつくられた。

アメリカ合衆国のC・N・ラファエルによると、この平野では、先史時代から歴史時代にかけての集落は、おもに自然堤防や浜堤など低地の微高地のほか、若干古い時代に形成された地形面に位置する。そのうち、ヘラディック期（紀元前三〇〇〇〜紀元前一一〇〇年）の遺跡は、〝マグラ〟と呼ばれるマウンドをなしていた。このマウンドは酸化のすすんだ砂と礫よりなり、ローマ時代の集落跡も浜堤、砂丘、自然堤防などに結びついて立地している。

地中海の東端、トルコのイスケンデルン湾の北岸には、ジェイハン川によって形成されたデルタがある。このデルタ面には、古ジェイハン川に沿って自然堤防がよく発達しており、そこはまわりの後背低地の面より数フィート高い。そして、古くからすべての集落はこの自

然堤防の上に立地してきた。そこでは、土壌はもっともたやすく利用できたし、大小さまざまな規模の洪水を避けることが可能であった。ところが、海岸沿いでは地盤沈下がつづいたため、古い時期の自然堤防は湿地の下にもぐってしまっている。

前ヒッタイト期に起源をもつと推測される石製ナイフや人工物を含むマウンドは、この地域一帯に分布する。あるものは少し高くなった段丘面に立地するが、大部分は現在形成されつつある平野面につくられている。このようなマウンドは、疑いなく、デルタの発達史を編むために、多くのヒントを与えてくれる。ジェイハン川の洪水は、この地域の比較的低い部分において、マウンドの築造をはばむのに十分なくらい頻繁に生じていたらしい。古い時代のマウンドや今日の集落が最大の密度を示すのは、このデルタ平野の自然堤防に沿う部分である。そして明瞭な自然堤防が存在しない西方では、マウンドを認めることができない。

メキシコ湾岸にみえるマウンド

アメリカ合衆国南部のルイジアナ州では、白人が到来する以前、少なくとも二〇〇〇年間は、先住民が自然堤防や浜堤（チェニアーと呼ばれている）の上に住居を構えていた。そして彼らの居住していた場所とデルタの発達のステージとの間には直接の関係が認められる。ルイジアナ海岸における先住民居住の物質的証拠としては貝塚、さまざまな形や大きさをもつマウンドなどがあげられる（写真4－1参照）。ここではマウンドから発見された土器片が、海岸線移動の各ステージを復原するために利用され、その特徴やデザインが研究され、

年代決定もおこなわれている。

このようにして、古い時代の人びとは、低地の微高地を選んで住みついた。そして洪水に襲われた際、すぐさまそこを放棄するのではなくて、盛土を築き、ねばり強く生きぬいてきたのである。西ヨーロッパの北海に面したオランダの臨海低地でも、古くから人と海とのたたかいがつづいた。

オランダのテアペン（テルプ）

ローマ時代以前のオランダにおける興味深い景観のひとつとして、臨海低地に点在する〝テアペン（盛土集落）〟をあげることができる（図４－２参照）。イギリスの歴史地理学者Ａ・Ｍ・ランバートによると、この地方の最初の集落は、高潮位上わずか二五センチしかない干潟面につくられた。そのため、その後の洪水や海面上昇によって、ある集落は放棄され、海成粘土の下に埋まってしまった。それに対し、他のものはまわりの粘土や芝でくり返し高められるとともに、水平的にも拡大された。またいっそう大きいマウンドをつくるために、いくつかが合体されたりもした。

フローニンゲンからあまり遠くないところで、ひとつのテアペンが発掘された。それによると、紀元前三〇〇年ころ、最初の集落は干潟の上に直接つくられた。集落は直径三〇メートル以内で、柵によって囲まれていた。そしてその内部には長方形をした土壁の木造家屋二棟のほか、湿気や害虫類からまもるため、干草などを積みあげた上に、もう一棟の納屋が建

写真4－1　先住民の築いたマウンド　ルイジアナ州立大学の構内にあり、高さはさまざま。（1977年3月撮影）

図4－2　テアペン（盛土集落）の景観　円形をした盛土の上に家屋が密に建てられている。（A. M. ランバート、1985より）

てられていた。つぎの段階では、芝生や粘土でマウンドが高さ一二〇センチ、直径三五メートルに拡大された。そしてその上に四棟が冬の強風と洪水をまぬがれるために、密に建てられた。これらの建物はその後もくり返し建てかえられ、やがてマウンドの高さは二一〇センチ、直径一〇〇メートルを超えるまでになった。

ローマ時代以前またはローマ時代につくられたマウンドは、一般に規模が小さく、小村または孤立した農場の建物のみを収容しうるものであった。そして小さいブロック状の耕地のモザイックによってとり囲まれていた。それに対し、新しい時代のマウンドは数がより多く、規模も大きい。そして耕地が放射状に配列しており、平面形は円形の道路と水路によって特色づけられる。

このようなマウンドは、八〜一〇世紀ころにもっとも多かったようであり、その数は一二〇〇あまりに達していた。しかし、燐酸分を豊富に含む肥沃《ひよく》な土壌であるため、肥料の目的で切り崩され、ほとんど消滅してしまった。

3　ナイルデルタの「コム」

デルタの開発

放射性炭素の測定結果によると、ナイルデルタにおける最初の農業集落は、今からおよそ七〇〇〇年前にはじまる。このような農耕の集団が確立されて以来、ここに住む人びとは、デルタの景観をかなり変化させてきた。それのもっとも顕著な例のひとつが、農村地帯に点在する〝コム（テル）〟または低いマウンドである。これは数千年間かかって、人間が積みあげた、いわば歴史の証人である。これについてはアメリカ合衆国のR・K・ホルツの詳細な研究がある。ナイルの河谷やデルタにおいて、人びとは河川の季節的な洪水を避けるために、最初はより高い土地に住んだと考えられる。そのような微高地のひとつが河川に沿って発達する自然堤防である。自然堤防は、デルタにおいてナイル川のいくつかの分流のあいだに分布し、〝タートルバック（カメの背）〟として知られる砂質の微高地をなす。カイロの北北東一〇〇キロあまりのところにあるメンデス遺跡は、そのようなナイル川の旧分流に沿う自然堤防の上に位置していたと考えてよい。

ナイルデルタはきわめて平坦であり、上流のカイロから地中海沿岸のダミエッタ（ディムヤート）までの平均傾斜は一万五〇〇〇分の一となっている。そのため、デルタには点在するタートルバックや水路の急な堤を除くと、起伏はほとんど認められない。メンデス遺跡に近いアルマンスーラでは、年平均降水量が五五ミリであるのに対し、蒸発散量は一一二一ミリと、一〇六六ミリの水不足となっている。

しかしながら、もっとも暑い夏でも灌漑《かんがい》によって緑は豊かである。夏のおもな作物は綿、トウモロコシ、コメなどであり、小ムギ、トマト、キュウリ、玉ネギ、ニンジンなどもつくられる。土壌は約五〇パーセントが黒色粘土であり、ほかにシルト（泥）と微砂が含まれる。肥沃であるが、塩分の集積が問題となっている。

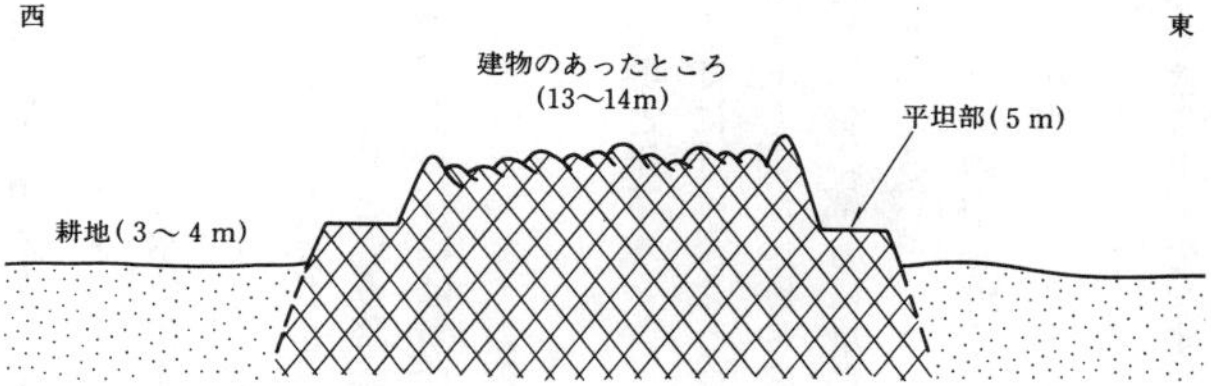

図4－3　コム（盛土集落）の断面図　中心部がより高くなっており、かなりの凹凸がみられる。(R. K. ホルツ、1969より)

「コム」の景観

メンデス遺跡付近のコム（盛土集落）は、荒涼としたマウンドを呈し、デルタのきわめて単調な景観を破って、突然そびえ立っている。そしてこれは三つの地形単位に分けられる。

そのひとつは、まわりの農地とコムのあいだにみられる傾斜の急変部である。この崖は一部で浸食を受けたり、農民が多少改変してはいるが、コムのまわりをぐるっととり囲んでいる。この崖をのぼったところ、すなわち堤のてっぺんのレベルは五メートルの等高線とほぼ一致する。それに対して、まわりの農地のレベルは一メートル低く、標高四メートル前後となっている。

ふたつ目の地形単位は、堤の上端あたりにあるゆるやかな平坦面である。この段丘状の平坦面は、各コムで中心に向かって広がっており、幅は一五ないし三〇メートルを示す。中心に近づくと粗石を積みあげてあるため、コムの表面は高度を増し、不規則となる。そして中心部の最高地点は一三〜一四メートルに達している。平坦面は古い時代の建物のおもな壁の外側にあたると思われる。五メートルのレベルはきわめて重要で、それは古代にこの地方をしばしば襲った季節的氾濫の水位のすぐ上にあたる。

このようにして、コムの外側の平坦部は、少なくともまわりの耕地より一メートル、そして灌漑水路の水位面より一・二ないし一・八メートル高い。そのためコムは夜露と年間わずか五五ミリという降雨を除くと、水を受けることはない。しかし、わずかな夜露の恩恵を受けて、まわりには断片的に雑草が生えているが、中心部の、かつて居住がおこなわれていたところはまったくの荒地となっている。

土壌と地下水

すでに述べたように、デルタをつくる土壌は粘土がほとんどである。それに対し、コムはシルトと細かい砂や礫からなっている。このような粗い物質は、洪水が最高に達したとき、自然堤防の部分に堆積したものであり、建物の土台とするために、近くから運ばれてきたものといえる。

北コムの中心近くで、土器片を混じた粗い砂が、地下一・五〜一・八メートルのところから検出された。そしてさらにその下の三〜四メートルあたりで土壌に湿気が認められ、七〜八メートルのところで地下水位面に達した。この地下水位面のレベルが、遺跡を効果的に発掘できる下限をなす。この地下水位面より下から土器片や石器が検出されたが、このような事実が、過去の居住面に対してきわめて重要な疑問をなげかけることになった。

なぜ現在の地下水位面の下に初期集落の証拠が存在するのであろうか。それに対しては、少なくとも三つの要因が考えられる。

まず第一は、長い歴史をとおして積み重ねられた人工物や、まわりから運んできた石屑（破片）の重さによってコムが沈下したというもの。これは最初の集落が立地した自然堤防が十分には固結していなかったという点で、一応妥当性がある。

つぎは、ナイルデルタそのものが堆積物の重さで沈下しているという考えである。そして第三はナイル川の浸食基準面がかなり変化した結果、現在の基準面（地下水位面）が過去のある時代よりも高くなっているという解釈である。

ナイル川の浸食基準面は、地中海の水位変動によって影響されることは事実である。すなわち、ウルム氷期のクライマックス以降、ナイル川は少なくとも六回、地中海の水位によって影響され、水位変動を生じた。地中海面のおもな動きをみると、①マイナス五〇メートルからゆっくりした海面上昇、これは紀元前九〇〇〇年ころにスタートし、同四〇〇〇年までつづいていた（もっとも古い農業集落がデルタに発達したころ）、②紀元前三五〇〇年ころを中心に数世紀にわたってつづいたプラス四メートルでの静止期、③紀元前四〇〇年ころのマイナス二・五メートルへのゆるやかな低下期、④紀元一世紀までにマイナス二メートルにまで上昇した時期、⑤七世紀ころに現在のレベルにまで上昇、などである。海岸付近に残る景観から、紀元前三五〇〇年ころのわずかな期間を除き、ナイル川の浸食基準面をコントロールする地中海の水位は、現在のレベルより低位にあった。したがって第三の理由、すなわち、当時のナイル川のレベルが現在より低かったため、当時の人工物が最近の地下水位面より低いところに存在することになったとする解釈が、もっともふさわしいことになる。

居住と放棄

メンデス付近の集落の年代は、地下水が浸入していることもあって、正確に決定することはできない。しかしながら、この遺跡のところにつくられた最初の集落が、紀元前三〇〇〇年近くにまでさかのぼることは、ほぼまちがいない。

長いあいだの居住をとおして、人びとはそこにさまざまな文化層を積みあげてきた。それが堤の高さを増し、毎年やってくる洪水からそこをより安全なものとしたといえる。この地はヘレニズム期から紀元六〇〇年ころまでは、依然として重要な位置を占めていた。多分十世紀の末ころまではまだ人が住んでいただろう。

この遺跡がいつ、そしてなぜ放棄されたかを正確に押さえることはできない。ただ、一七九八年にフランスの探検隊が、エジプトに上陸したとき、コムにはもはや人は住んでいなかった。彼らは地図の上に〝テル（小さな丘）〟または〝ルイン（廃墟《はいきょ》）〟と書き残している。今日、コムは自然的にまた文化的にもきわだったひとつの単位として景観のなかにそびえ立っている。そして荒れ果てたコムとまわりのみずみずしく茂った植物とのあいだの鋭いコントラストに、ナイル川の大切な水にたよるデルタ農民の、たゆみない努力の跡をうかがい知

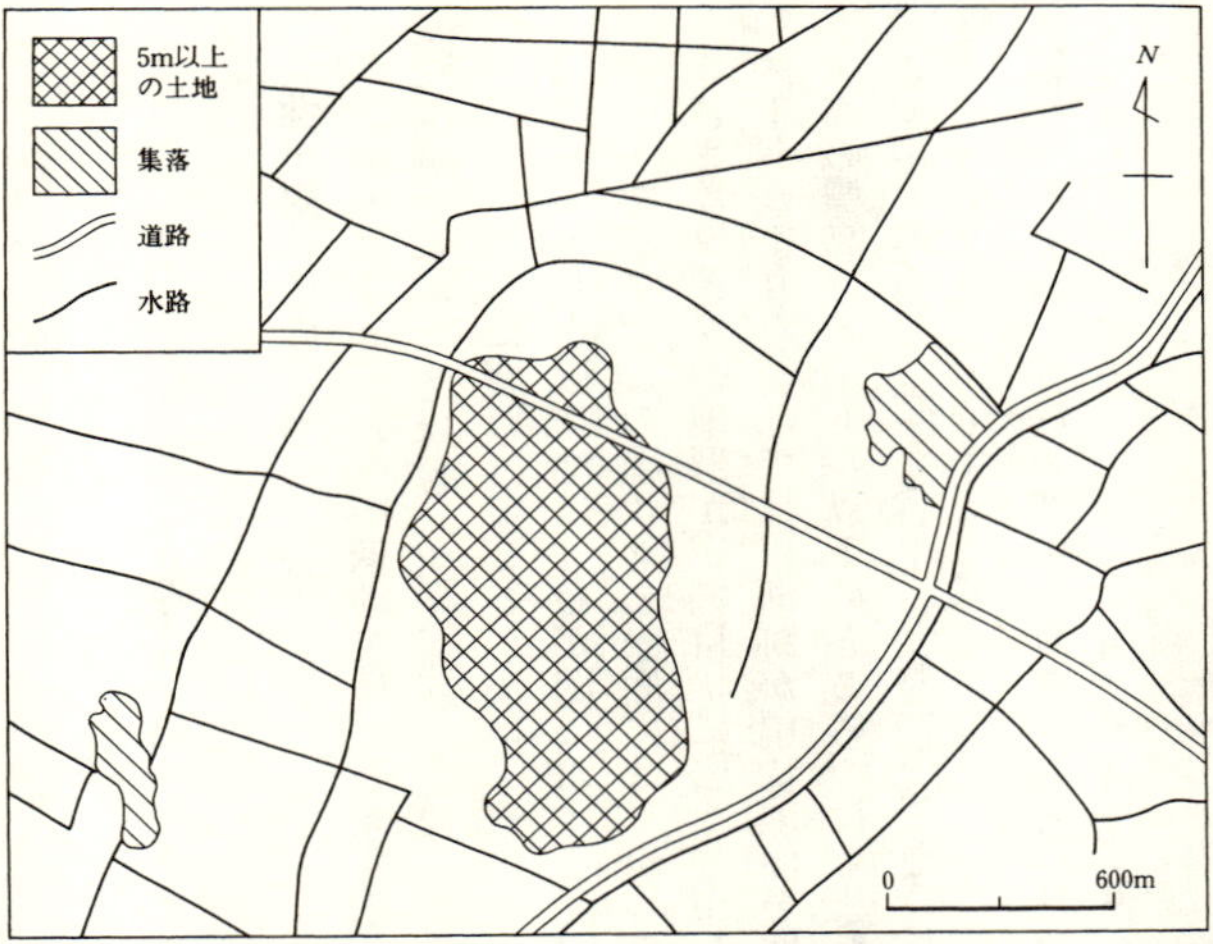

図4－4　メンデス遺跡付近の景観　コム（盛土集落）が孤立して存在し、水路は網目状に走っている。（R. K. ホルツ、1969より）

ることができるのである。

4　三角屋敷と盛土集落

大井川扇状地の洪水

三角洲や海岸砂堆背後の低地では、絶えず水が停滞し、比較的静かなタイプの増水、そして浸水が生ずるのに対し、扇状地では〝フラッシュ・フラッド〟と呼ばれるような、急速で、激しい洪水に襲われることが多い。

静岡県の大井川扇状地は、わが国における河川堆積平野の典型であり、平均傾斜は約二五〇分の一を示す。この扇状地の表面には、かつての川の流れ、そして洪水の跡をものがたるさまざまなタイプの地形が、網目状に広く分布している。少していねいにみると、標高約二〇メートルより上流部では、河跡が扇状地面を切り込んで浅い凹地を残しているのに対し、下流部の標高五メートル以下のところでは、まわりに自然堤防を付着させた天井川《てんじょうがわ》のような形の河川となっている(日下雅義「歴史時代における大井川扇状地の地形環境」『人文地理』二一巻一号、一九六九)。

縮尺一万分の一程度の空中写真をみると、乱流をくり返していた河川の様子がよくわかるが、たとえば、仁治《にんじ》三年(一二四二)の作とされる『東関紀行《とうかんきこう》』(新校群書類従《ぐんしょるいじゅう》第十五巻)に、大井川を見渡したれば、遥々とひろき河原の中に、一すぢならず流れわかれたる川瀬ども、とかく入り違ひたる様にて、……。

とある。これは堤防がまだつくられていなかったころの大井川の景観を、巧みに表している。扇状地に近い高台（牧ノ原）から東をみると、大井川が何本かに枝分かれしてはまた集まるという、網状《もうじょうりゅう》流の典型を示していたのであろう。これは扇状地を流れる河川の特徴である。

一すぢの大河となりて大木沙石をながす事もあり、あまたの枝流となりて、一里ばかりが間にわかるる事もあり、……（『丙辰《へいしん》紀行』続群書類従第十八輯下）

これはある一時の景ではなくて、一定期間における変化についての経験をうたったものといえる。洪水の際の川の流れ方はさまざまであるが、比較的狭い範囲内で流れるときはエネルギーが集積されるため、根こそぎとなった大木や、かなりの大きさをもつ礫や大量の砂を押し流す。それに対して、広い範囲にわたって流れるときには、流れのあいだにいくつもの中洲《なかす》をつくり出していたのである。

以上のような記事や空中写真の判読結果などから、かつての大井川は流れが速く、あばれ

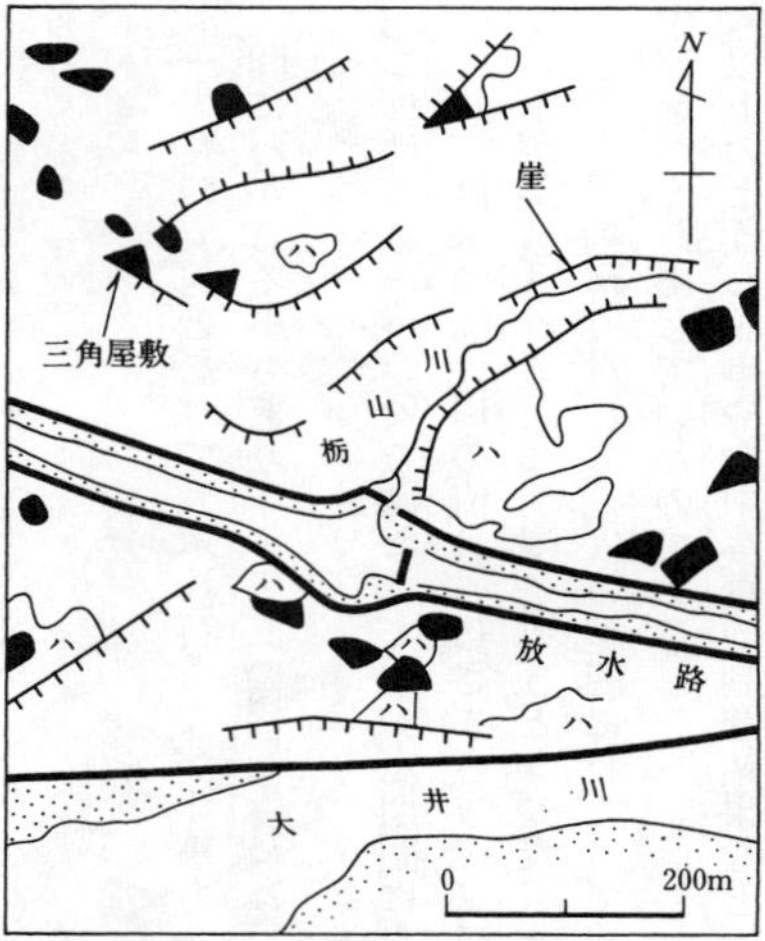

図4－5　三角屋敷と沖積層の崖　ハは畑地、空白の部分は水田、三角屋敷は6～7戸みられる。

川の様相を呈していたことがよくわかる。したがって、この扇状地に住む人びとの生活は、激しい洪水とのたたかいそのものであったともいえるのである。そこで、住民はこの扇状地特有の防御施設ともいえる三角《さんかく》屋《や》敷《しき》を構え、洪水に耐えた。ここではその三角屋敷をとりあげ、激しい洪水に対する住民のなみなみならぬ努力の跡をたどってみよう。

三角屋敷の構造

地元では、三角屋敷のことを「三角宅地」「舟形屋敷《ふながた》」などと呼んでいる。これは屋敷の一角を九〇度以下とし、この鋭角の部分で水を分け、洪水の激しい攻撃を避けようとするものである。この扇状地に頻発《ひんぱつ》する洪水の性格を十分経験した結果生み出された、個人的な対応形態といえる。三角屋敷の鋭角の部分にはマキ、マツ、タケなどの樹木が密に植えられており、高さ一～一・五メートル、幅三～五メートル程度の堤によって縁《ふち》どられているものが多い。三角屋敷の鋭角の部分の向きが、かつて洪水がやってきた方向を示すのもおもしろい。たとえば、JR東海道線沿いやそれ以北のものはほぼ西に向かっており、以南では必ずしも一定しないが、一般に西北西を示す。これは大井川の有力な旧流路「栃山川《とちやま》」の方向に近い。それに対して、現在の大井川右岸では西北方向に向かうのが普通である。

山陰地方の出雲平野にも、美しい屋敷林に囲まれた散居《さんきょ》集落がある。ここの屋敷林はクロマツが多く、卓越風のやってくる西側、および北側に背の高いものがみられる。屋敷は大部分四角形をなしているが、西北角を九〇度以下にしたものも、かなりある。大井川扇状地とちがって、ここの「三角屋敷」は、むしろ風に対する構えを示すといえるであろう。

三角屋敷の立地と分布形態

つぎにおもしろいのは、三角屋敷が扇状地の高位面に分布し、しかも浅い谷（旧河道）の肩の部分に位置するものが多い点である。この扇状地では、古くからの民家の大部分が高位面に存在するため、三角屋敷が同じ高位面に位置すること自体は特異な現象ということはで

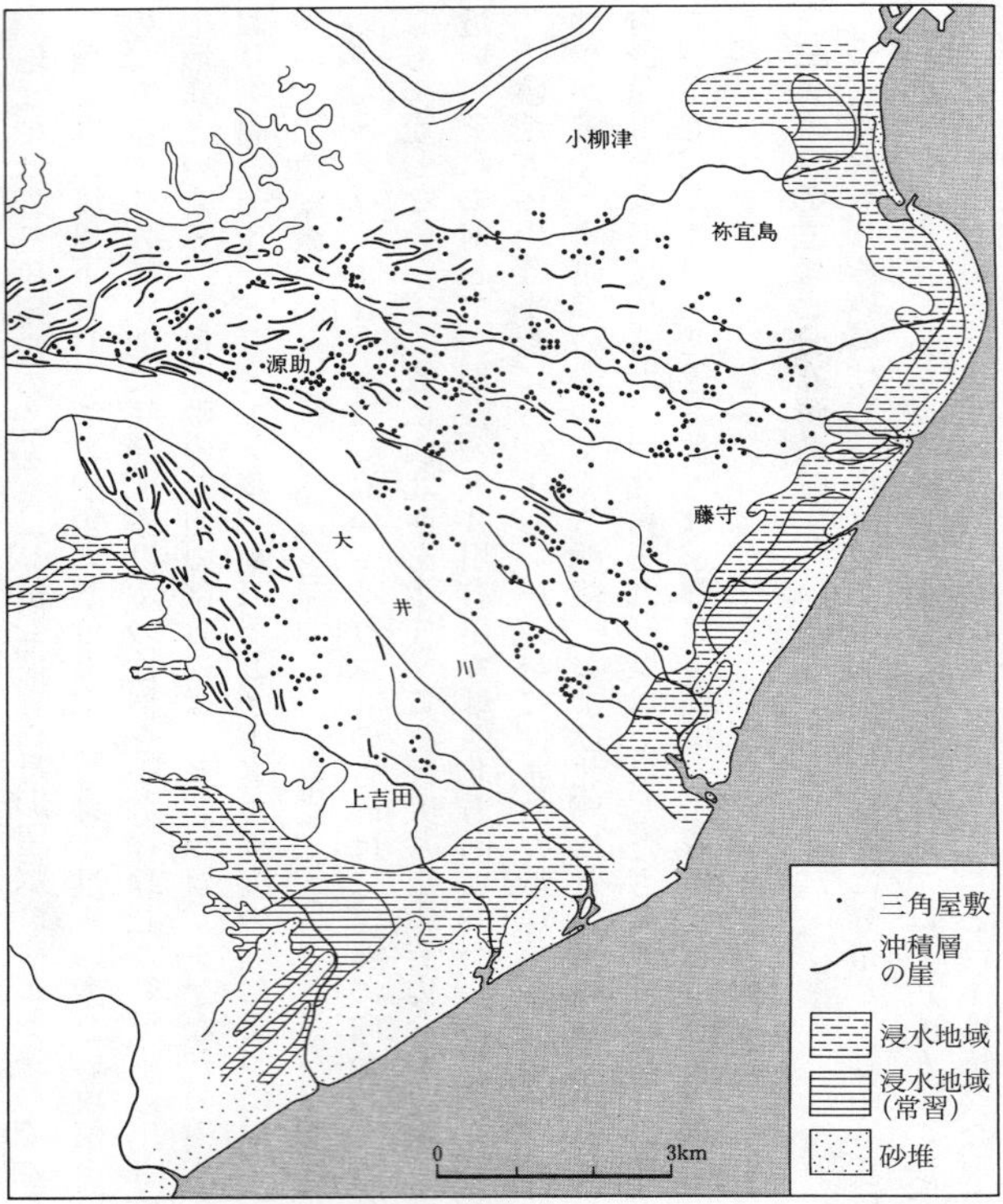

図4－6　大井川扇状地の地形環境と三角屋敷　三角屋敷は、洪水の際にできた崖や現在に残る旧流路付近に集中してみられる。

写真４－２　三角屋敷の景観（大井川町下江留〔現・焼津市下江留〕）
鋭角の部分（左手前）は西北西方向を指しており、マキ、マツ、タケなどによっておおわれている。まわりは水田、手前に積みあげられた稲ワラがみえる。

きないが、それが旧河道との境界付近に多いという事実は注目される。これは三角屋敷がつくられたのちにやってきた洪水が、屋敷に沿って新しい谷を刻んだことを意味するようである。

三角屋敷は、洪水による家屋の被害を防ぐために、優れた役目を果たすとともに、洪水の流れる方向にも、かなりの影響を与えたと考えられる。規模のきわめて大きい洪水が、一ヵ所に集中して襲ってきたときには、どのような形態の民家も、ひとたまりもなかったが、かなり細かく分かれた洪水に対しては、三角屋敷が有効であったといえる。

一九六一年に撮影された縮尺一万分の一の空中写真から読みとりうる三角屋敷の数は五四四戸にのぼる。そして扇状地の扇頂部から扇央部にかけて密度が大きく、そのほかに有力な、そして長期にわたって存在した旧河道に沿って、かなり下流部にまで分布している（図４－６参照）。もっと

写真4－3　浜新田の集落（西から東をみる）　屋敷地はまわりの水田の面より3.5mほど高い。北側に屋敷林がみえる。

も、一九七〇～八〇年代になって新しい住宅や工場などが、扇状地面に進出するようになり、三角屋敷は形を変えたり、あるいは消滅したものも多い。

　このようにして、先人の洪水とのたたかいの跡をものがたる遺構は多いが、オランダのテアペン、ナイルデルタのコム、大井川扇状地の三角屋敷などは、時の流れとともに姿を消しつつある。

木津川低地の「浜新田」

〝フラッシュ・フラッド〟と呼ばれるような、激しい洪水に襲われる大井川扇状地では、人びとは三角屋敷を構えてそれに耐えた。それに対し、洪水が停滞しやすいところでは、一戸または数戸が共同して屋敷地を盛りあげ、そこに住みつづけることが多かった。これはオランダの北海沿岸につくられたテアペンやナイル川の下流域に残るコムと同じような性質をもつ。わが国では「水屋《みずや》」「水塚《みつか》」などと呼ばれ、濃尾平野の輪《わ》中《じゅう》地帯をはじめ、大河川の中・下流域やいくつかの河川が合流する排水不良地にこのような高まりが多くみられる。

山城（京都）盆地では、桂・宇治・木津の三川の合流点に近い「勝竜寺《しょうりゅうじ》」「東一口《ひがしいもあらい》」「川口」などの集落がよく知られているが、ここでは少し南寄りの綴喜《つづき》郡田辺町（現・京田辺市）「浜新田」を取りあげてみよう。

浜新田は、木津川左岸堤に近い氾濫原に位置する。近くにはかつての木津川の流路跡のほか、洪水の際に土砂が一気に堆積してできた微高地、洪水によってえぐり込まれた凹地〝落《おっ》堀《ぼり》〟などが数多く残されており、この集落は、荒海に浮かぶ孤島の感が強い。

まわりには水田が多く、微高地は茶畑および蔬菜《そさい》畑となっている。家屋の位置する盛土の頂部（Ｋ家の庭）は、まわりの水田面より三・五メートルほど高くなっており、山城盆地で最大の高さ（比高）をもつものと思われる。母屋は標高二一・六メートルの面に建てられているが、西隣りの倉庫の床は、さらに一メートルほど高い。屋敷の北および東側を中心に、カシ、クス、スギ、ヒノキ、ツバキなどの樹木がうっそうと茂り、風に対する防衛の様子もうかがえる。ただ何回か建てかえがおこなわれたため、古い家屋の面影はなく、かつて屋根裏に釣りさげられていたといわれる小舟も、今はとりさらされている。

河床の上昇と屋敷の嵩上《かさあ》げ

この盛土集落は、いつごろ、どのようにしてつくられたのだろうか。このＫ家に残る過去帳その他の史料から判断すると、ここに居住がはじまった時期は、少なくとも寛永《かんえい》八年（一六三一）よりは古い（谷岡武雄『平野の開発』古今書院、一九六四）、江戸時代初頭のころであろう。なぜ、このような盛土を構える必要があったのであろうか。

山城大和伊賀三ケ国の山に木の根掘候ニ付、洪水の節淀川大和川へ砂押流埋候間、向後木根を掘らざる様、……

右の史料は、万治《まんじ》三年（一六六〇）に、幕府が京都町奉行など畿内の奉行に出した布令の一部である。これをみると、山地の荒廃が淀川や大和川の上流域に広くおよび、洪水の際に土砂が川に流れ込んで、河床の上昇を引き起こしていたことがよくわかる。その模様は、天《てん》明《めい》八年（一七八八）に吉田屋藤七が書き残した左の文章からも知られる。

淀川筋の支流の水源の山々では、土砂留工事が毎年春秋二回行われていますが、それでも土砂の流出が多いので、年々川床が高くなります。……

木津川上流に花崗岩《かこうがん》の多い木津川は、淀川流域のなかでも河床上昇がとりわけ激しかった。木津川の河床が上昇すると、当然のことながら、そこに注ぐ数多くの支流も、天井川化を余儀なくされた。つまり、山麓付近から支流の河床の高さを保ったままで木津川にまでもっていかないと、うまく合流させることができなかったのである。その結果、木津川と支流に囲まれた低地では、洪水の際の滞水期間や水深が著しく増大されるとともに、いったん破堤が起こると、被害は甚大なものとなった。

そのような河床上昇と滞水を背景に、低地の集落は、自主防衛のひとつの方法として、屋敷地を少しずつ高めていったと考えてよい。浜新田は、木津川の左岸堤に近く、両側を防賀《ぼうが》川と天津神《あまつかみ》川のふたつの天井川によって囲まれているため、屋敷を嵩上げする必要が、とりわけ大きかったのである。

盛土の歴史を探る

図4－7は、浜新田の盛土の東西断面を示している。盛土が厚いところでは長さ五メートルのハンドオーガー、低地では一・五メートルの検土杖を用いて調べた。屋敷内を避けたため、調査地点が西方に片寄っているが、盛土のおおよその様子はつかむことができる。①は、屋敷の面から七〇センチばかり低くなった畑地にあたる。そこにはキュウリ、カボチャ、マメなどが栽培されており、ウメ、モモといった樹木もみられた。畑地の耕作土は約三〇センチであり、その下一一五センチまでは褐色の粗砂で、そのなかに有機物のほか木炭片が少し含まれていた。そして深さ一一五～一三八センチのところに、均質な砂が堆積していたが、これは洪水による自然堆積といえる。一三八センチから下は、小礫を含む褐色の粗砂であり、そこに土師器《はじき》の破片が認められた。摩滅が激しいので、二次堆積と考えられる。

地表面下二二〇センチのところで、自然堆積層（地山）に達した。これは褐色をした均質

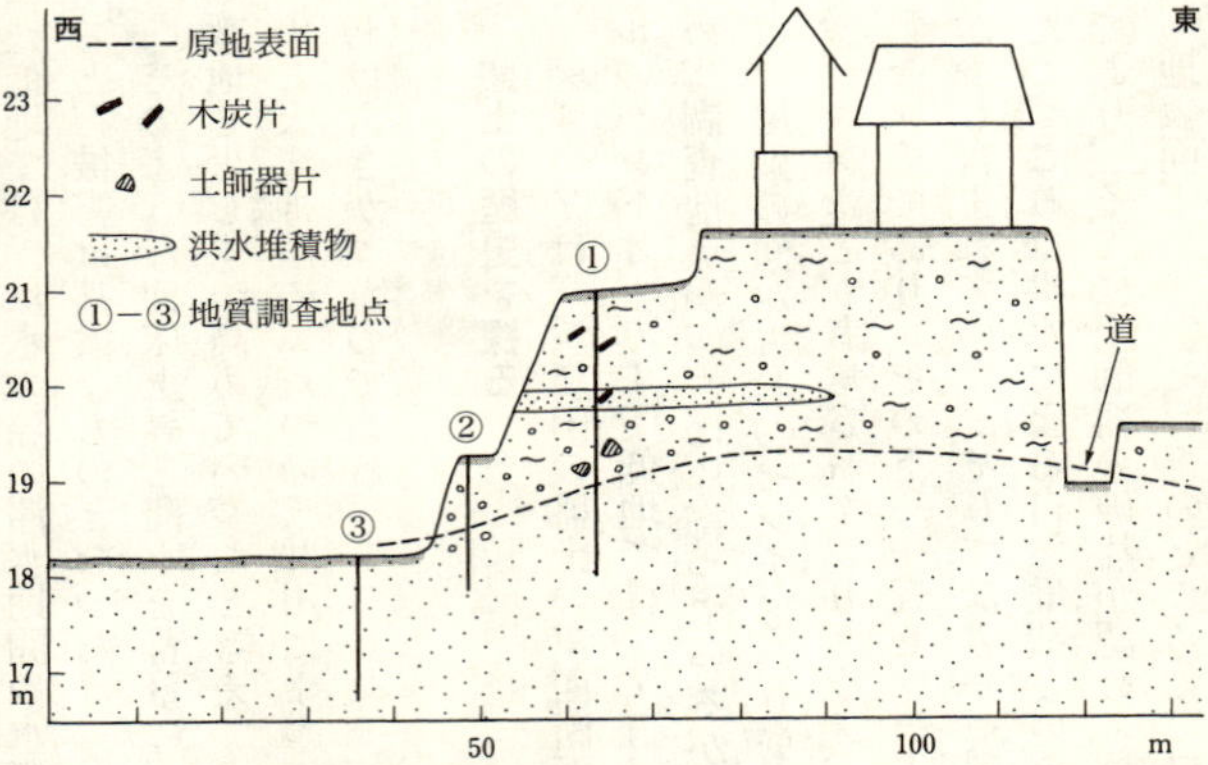

図4－7　浜新田（K家）の東西断面　この集落は、もともと微高地につくられたが、その後、洪水が起るたびに、盛土を少しずつ高めていったと考えられる。高さは水平距離の10倍。

な中砂ないし粗砂で、下方に向かって細かくなっている。そして二七〇センチ以下は、青灰色をしたシルト質細砂が堆積していた。地下水との関係で青灰色を呈するようになったといえる。

②は、さらに一段下がった畑地で、地表面のレベルは一九・三メートルを示す。西にゆるく傾斜する面にはカキ、ミカン、ブドウなどが植えられている。ここも耕作土約三〇センチで、その下は黄褐色ないし暗褐色を示すシルト混じり砂である。この砂層では、小礫が若干含まれる。そして地表面下一〇〇センチ足らずのところから自然堆積物に移行する。自然堆積物と解される地層は、褐色から褐灰色に移るシルト質の中砂ないし粗砂よりなる。

③地点は水田にあたる。ここは耕作土

が二〇センチ前後で、その下方はシルト混じり中砂ないし粗砂をなす。土層の色は上から暗褐灰色・褐色・褐灰色へと移っている。低地では、この地点のほかにも、検土杖を数ヵ所打ち込んだが、ほぼ同じ傾向を示していた。

以上のような地層の性質から、つぎのような推測ができる。すなわち、この地にはじめて居住がおこなわれるようになった十七世紀初頭ないし前半のころ、ここは田辺丘陵の末端に広がる扇状地から少し離れた、木津川の中洲状の微高地であった。

そのころ、木津川は上流から運ばれてくる土砂で、河床を少しずつ上昇させていた。浜新田の地は標高が一九メートル前後であり、まわりより七〇～八〇センチは高かった。しかし何年かに一度は訪れる洪水によって、屋敷を嵩上げせざるをえなかった。まわりから土砂がかき集められたが、そのなかに土師器片も含まれていたのである。

盛土面が高さ一九・七メートルのレベルにあったとき、一度激しい洪水に見まわれ、褐色をした花崗岩の砂が二〇～三〇センチ堆積した。このときの洪水位は二メートル以上に達したものと思われる。このような激しい洪水を経験した結果、この地はさらに一・五メートルほど盛土され、現在のようなきわだった高さを示すようになった。

近世から明治時代にかけて、木津川沿いの低地では、洪水がしばしば発生し、堤防の決壊によって、まわりは泥の海と化したが、浜新田は海中に浮かぶ島として、遠くから眺めることができたらしい。

その後、木津川の上流部では、大正八年（一九一九）に発電用のダムが完成し、また昭和二十年代末から河床の砂利採取がおこなわれるようになったため、河床はすっかり低下した。現在、木津川の河床はまわりの低地より二メートルあまり低く、その差が五メートルに達するところもある（日下雅義「山城盆地南部における内水災害」『地理学評論』四一巻八号、一九六八）。木津川左岸の堤防も頑丈なものとなったため、もはや高い盛土を構えて住む必要はない。しかし、低地に生きた人びとの苦労を示す尊いモニュメント（記念物）として、この盛土集落は長く保存されるべきであろう。

第五章　生産の場を復原する

1　灌漑のおこり

ナイル河谷の灌漑

われわれの祖先は、自然のままに流れる水を、どのように利用しつつ生産の場を広げ、また栽培作物の種類を増やしてきたのであろうか。ここでは、開発の歴史の古いナイル河谷をまず取りあげ、初期の灌漑《かんがい》様式を探ることからはじめよう。

ナイル川の河谷平野は、季節的な氾濫《はんらん》とたび重なる流路変遷によってつくりあげられた。この河谷に人が集まり住むようになったのは、旧石器時代（およそ一万四五〇〇年前）である。集落は水没しやすい低地を避けて、まわりより一〜三メートル高くなった自然堤防上に集中して立地した。河川に沿う平坦な土地を利用した耕作は、紀元前五〇〇〇〜紀元前四〇〇〇年のころ、すでにおこなわれていたが、当時の農業景観を特色づけるのは、流れる水をそのまま利用した自然灌漑のみであった。そのころは人口が希薄《きはく》だったし、毎年のように洪水が発生するため、人工灌漑はあまり必要ではなかったのである。すなわち、人工灌漑の必要性は、耕地面積を拡大しようとするとき、それから年による収穫高のちがいをなくそうとするときにのみ生まれた。

この地域において、人工灌漑がはじまったのは紀元前三一〇〇年ころといわれている。当時の灌漑の模様は、先王朝期最後の王の一人とされるスコルピオン王の権標《けんぴょう》に、たんねんに刻み込まれた絵画から推測することができる（図5－1参照）。これには、堤防を切断する素朴な姿が、象徴的に描かれており、あいまいではあるが、水路を掘削《くっさく》する絵もみえる。それから長方形をした四列の灌漑耕地や、王が大きい鍬をもっている様子なども描かれている。この貴重な記録から、先王朝期の末、すなわち紀元前三一〇〇年ころまでに、自然灌漑から若干修正を加えた水路へと進み、最後に人工的に統制された灌漑システムへと移りかわっていった様子を知ることができる。

初期の灌漑方法のおもなものは、①いくつもに分岐している自然の流路を、毎年浚渫《しゅんせつ》したり掘りさげたりする。②自然堤防の低い部分に破れ目をつくって短い溝を掘る。③土のダムをつくって集まってくる流れを堰《せ》き止める。④バケツのようなものを使って、溜《たま》り水や自然流路から隣りの耕地に、人の手で水を揚げる、などである。

このような人工灌漑によって、洪水のあとの凹地に溜った水をしばらく保つことができたし、耕地面積を増やし、そこに新しい作物を栽培することも可能となった。また従来は一年一作であった土地に、第二・第三の作物を植えつけることができるようになったのである。

さらに、水門《すいもん》を用いて計画的に灌漑と排水をおこなったり、堤防で水を貯えたりする施設は、第一王朝期までに確立されていた。そして紀元前三三〇〇年代には、運河を設置するために土地を掘っている様子を示す証拠が残されている。

アマルナ期（紀元前一四世紀頃）には、〝シャドーフ〟と呼ばれるはねつるべによって、水が一メートルほど揚げられていた。そのことは墳墓《ふんぼ》の壁画《へきが》から知ることができる。灌漑水路からシャドーフで揚げられた水は、いったんタンクのようなものに貯えられ、ナツメヤシ

図5−1　スコルピオン王の権標に描かれた絵画
上方に方形をした耕地、下方に掘削（切断）する様子が描かれている。中央で大きい鍬をもつ人物は王である。(K. W. ブッツァー、1976より)

その他の果樹に灌漑されていたらしい。家畜が引く揚水機〝サーキヤ〟は、グレコ・ローマン期に現れる。これはかなり多量の水をほとんど連続して三・五メートルあまりの高さにまで揚げることができた。

ナイル河谷は幅が狭く、河床傾斜がきわめてゆるやかなため、メソポタミア地方やペルーのモチェ川下流域平野で見られるような、放射状の水路形態を示してはいない。この地方で、整然とした人工水路による灌漑が広くおこなわれるようになるのは、十九世紀に入ってからのことである。

中国の「渠」と「陂」

ナイル川流域やメソポタミア地方とともに、土地開発の歴史の古い黄河流域では、殷《いん》の時代（紀元前一七〇〇〜紀元前一一〇〇年）において、木製品や土器を使用した農業が、すでにおこなわれていた。しかし人工灌漑はまだ認められない。そのころの耕作は、わずかに山麓の湧水《ゆうすい》地帯、あるいは氾濫のおそれの少ない河岸《かがん》の土地でおこなわれるにすぎなかった。主要な作物としてアワ、キビ、ライ、大ムギなどがあげられるが、生産力はきわめて低かったといってよい（西嶋定生『中国古代の社会と経済』東京大学出版会、一九八一）。

春秋・戦国時代（紀元前七七〇〜紀元前二二一年）になると、鉄器が出現する。そして鉄製農具の使用と牛耕によって、華北の農業生産が著しく発展した。これによって深耕《しんこう》が可能となり、耕作面積が拡大された。さらに当時の農業生産力を高めたものは、水利灌漑事業の発達である。その結果、耕地は従来の山麓の湧水地帯や河岸の低地から、広大な黄土平原にまで広がった。

このようにして、中国における灌漑の技術は、春秋・戦国時代に顕著な発達を示したが、当時の灌漑方法は大きくふたつに分けることができる（佐藤武敏「古代における江淮地方の水利開発―とくに陂を中心として―」『人文研究』一三巻七号、一九六二）。そのひとつは「渠《きょ》」と呼ばれる。これは河川の上流部で水の一部を堰き止めて、そこから耕地に水を導く用水路方式であり、黄河中流域において、戦国時代にはじまった。主として華北陸田農業を対象とし、国家の手によっておこなわれる大工事がほとんどをしめた。その代表は「鄭国渠《ていこくきょ》」である。

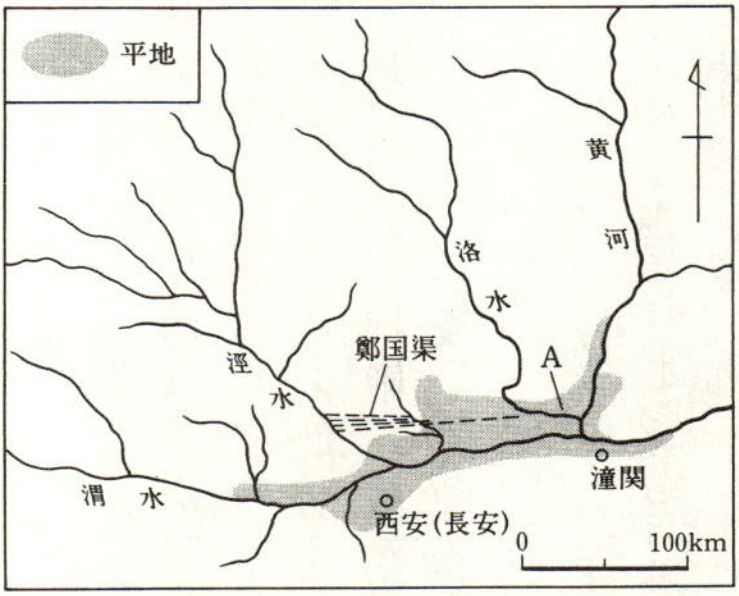

図5－2　中国秦代の鄭国渠　水路は渭水平原の北をかぎる山地の麓を西から東に走っている。これの完成によって4万頃（けい。1頃は約6ha）のアルカリ性の土地が灌漑され、畝当たりの収穫量が増大した。現在の洛水（洛河）は、A地点付近から渭水（渭河）に流入し、直接黄河にはつながっていない。（J. ニーダム、1979より）

「鄭国渠」は、紀元前三世紀の中葉に、西安（長安）の北部において、涇《けい》水《すい》と東方の洛水《らくすい》とのあいだに建設された。長さ三〇〇里余に達する長大なものである（ジョセフ・ニーダム『中国の科学と文明』一〇、思索社、一九七九)。しかし、その後、泥土による水路の埋積と浸食にともなう河床低下によって、水の取りいれ口をしばしば上流部へと移さざるをえなかった。これには、上流域における開発がかなりの影響を与えたといえる。取りいれ口の主要な移動工事は紀元前九五年、紀元後三七七年、八二三年、九五八年、一〇七四年などに実施されたが、秦《しん》や漢代につくられた最初の取りいれ口は、今では現在の水面より、少なくとも一五メートルあまり上方にある。

長い用水路の掘削《くっさく》を特徴とする「渠」に対して、華中の水田農業では、谷間の出口に堤を築いて、その背後に水を貯える用水池方式がとられた。水は「陂《ひ》」と呼ばれる用水池から、水門で調節しながら灌漑される。「陂」はさらに①傾斜地の谷を堰き止めてつくるダム形式の「坡《は》」(淮河水系)と、②平坦なところのわずかな凹地に周辺から流れてくる水を貯留する「塘《とう》」(揚子江南)に分けることができる(西山武一『アジア的農法と農業社会』東京大学出版会、一九六九)。いずれも「渠」にくらべて規模が小さく、地方の豪族によるものが多い。平坦地につくられた「塘」は、「坡」よりも貯水量が少ないため、灌漑範囲は狭いものであった。

「渠」より若干のちに現れたこのような貯水池は、灌漑にかぎらず、水災害の防止や軍事上の目的も兼ねていたらしい。それから養魚その他の天然資源の採取もおこなわれていたとされる。これが灌漑用として重視されるようになるのは、前漢時代中期ころからである。

わが国の弥生時代

わが国の水田は、どのような技術をもって、またどのような地形環境のところからスタートしたのであろうか。縄文時代の晩期後半とされる佐賀県の菜畑《なばたけ》遺跡が、その歴史を語ってくれる。ここは背域が小さいため、洪水の危険が少なく、しかも山麓付近には、細流が常時みられる。初期の水田は、住居址のある山麓付近と矢板列で画され、中央部に幅五五～一三五センチの水路が設けられていた。水田は幅四メートル、長さ七メートル程度の小型のものであり、水際に沿って、また水田のまわりに土を盛った畦《あぜ》がつくられていた。弥生時代前期初頭には、幅一・五メートル、深さ〇・二～〇・五メートルを示す水路のなかに木材、木製品などを充塡《じゅうてん》した堰《せき》が設置されていた。そして、水路の両側には、矢板と杭《くい》で補強された畦《けい》畔《はん》が並行して走り、その周囲に水田が広がっていたのである（中島直幸「唐津市菜畑遺跡の水田跡・農工具」『歴史公論』七四、一九八二）。

このようにして、菜畑遺跡では、縄文時代晩期後半の山ノ寺期から夜臼《ゆうす》期、板付《いたづけ》期を経て弥生Ⅲ期に至る水田跡や水路が重層して検出されたが、これはこの地域の埋没条件のよさをものがたる。

以上に対し、岡山県の百間川《ひやっけん》遺跡は、旭川の堆積作用によって形成された氾濫原《はんらんげん》（江戸時代につくられた放水路の河床）に位置する。水田址は、住宅址、墓などとともに、弥生時代終末期ころに発生した洪水堆積物によって埋没されている。この遺跡では、微高地（河間洲、中洲）に乾田《かんでん》ないし半乾田が、そして低地に半湿田《しつでん》が同時に存在したことが知られる。

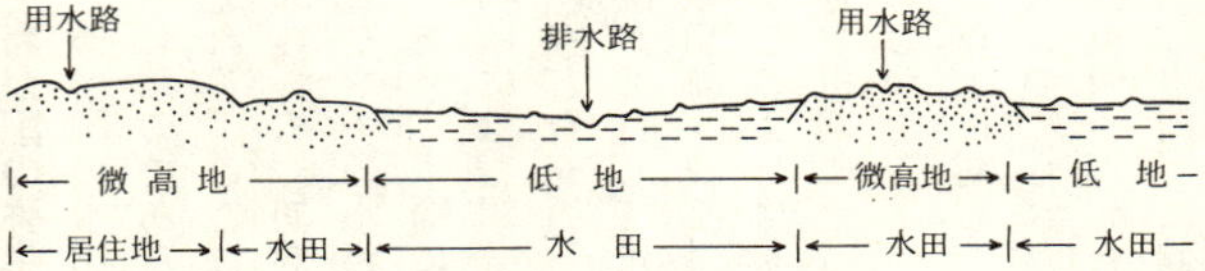

図5－3　百間川遺跡の模式断面図　微高地に用水路と集落があり、低地は水田となっている。（正岡睦夫・柳瀬昭彦、1978より）

しかも水田一区画の面積は、土地の性格に微妙に対応している。すなわち、微高地縁辺部に存在するものは小さくて、平均面積二五平方メートル程度であるのに対し、微高地と微高地に囲まれた低湿地に展開する水田は規模が大きく、単位面積は約五〇平方メートルと推定される（正岡睦夫・柳瀬昭彦「岡山市百間川遺跡の水田址」『月刊文化財』一八一、一九七八）。

ここでは、微高地の上に溝（用水路）が走っているのがひとつの特色といえる。この溝は幅二・五メートル、深さ一・一メートル程度で、微高地の周辺に展開する「島状高まり」遺構を含む水田址に灌漑していた可能性が大きい。

さらにこの地域では、水路の幅員の小さい所に堰が設けられ、そこから水路が分岐する形式のものもみられた。堰は中央部を通水口として九〇センチほど残し、両側に五〇〇本以上の杭が打ち込まれていたのである。

近年における大規模な発掘によって、水田址が各地でつぎつぎと検出されるようになった。ここでは、そのなかから、時代と性格の異なるふたつの例を取りあげるにとどめたが、これらを含むいくつかの事例から、つぎのようなことがいえる。

すなわち、農耕開始期に、すでに一定の水路や堰がつくられていたという点である。当時大陸からもたらされた農耕技術は、かなり高度なものであったため、低湿地のみならず、わりあい高燥な微高地にも、同時にそれを適応させることができた。したがって、弥生時代初期の低い技術が徐々に進化したとする通説や、開発地が湿田から半湿田、半乾田を経て乾田へと次第に移行したという考え方は改める必要があろう（TSUDE Hiroshi : Land exploitation and the stratification of society : a case study in ancient Japan, in Studies in Language and Culture, Joint Research Report No. 4, 1988. 広瀬和雄「堰と水路」『弥生文化の研究』二、雄山閣、一九八八）。

縄文時代晩期後半にあたる菜畑遺跡の水田では、規模は小さいながらも、すでに水路がつくられていたし、福岡県の板付遺跡からは、水路、堰、水田がセットで検出されている。ここでは集落が立地する低い段丘の縁辺に掘削された幅二メートル、深さ一メートル程度の水路に堰をつくって水位を上昇させ、その上流側につくられた取りいれ口から水田に水が送り込まれていたのである。

百間川遺跡では、水田一筆あたりの面積を小さくするという方法で、土地の性格に対応しているが、同じようなことは、滋賀県の服部《はっとり》遺跡についてもいえる。ここの水田址は弥生時代の前期末から中期初頭のものとされるが、ここでは大小二種類の畦畔《けいはん》が検出されており、大畦《あぜ》は幅八〇～一五〇センチ、高さ一五～三〇センチである。これは水の流れを変えたり、安定した滞水をはかる施設としてばかりでなく、農作業用の通路としても利用されたと考え

写真５－１　「古市大溝」の現在の景観　開削の目的や年代について、多くの謎を秘めながら、今では地中に静かにねむっている。

られる。それに対し、小畦は幅二〇～六〇センチ、高さ五～二〇センチで、微高地側面の傾斜に対応させて、その大きさが決定されている。水深を考えての処置であろう。

水を段丘の上に導く

弥生時代後期から古墳時代前期（二～四世紀）までに、鉄器が普及した結果、より大きい水路や井堰《いぜき》の築造が可能となり、先進地において沖積《ちゅうせき》平野の広域な開発がおこなわれた。当時の代表的井堰をもつものとして愛媛県の古照《こでら》遺跡をあげることができる。また奈良県の纒向《まきむく》遺跡では、幅五メートル、深さ一メートル程度の水路が、ふたつの小河川を結んで延々一三〇メートルもつづいていた。

洪水の際に、浸水と水没の危険にさらされる沖積平野から、一～三メートルの比高をもつ段丘面上へと開田が大規模に進むのは、四世紀末のころとされる。初期の例として、福岡県の那珂《なか》川中流域右岸があげられるが、ここには『日本書紀』神功皇后摂政《せっしょう》前紀にみえる「裂《さく》田溝《たのうなで》」が今も残されており、現在は「裂田水路」と呼ばれている。延長二キロ以上に達するこの大溝の開削によって、一三〇町歩の原野が一挙に開田可能となった（森貞次郎『北部九州の古代文化』明文社、一九七六）。

近畿地方では、大阪府下に五世紀ころの開発とされる池溝の例が多い。通称「古市大溝《ふるいちおおみぞ》」は、開削年代、開削の目的や範囲などについての議論が絶えない。すなわち、開削年代については、五世紀説と七世紀説があり、開削目的については、灌漑のほかに水運説が出されている。

「古市大溝」の西方には、段丘面の灌漑をおもな目的として築造された「針魚大溝《はりおのおおうなで》」（針魚溝、針魚の溝谷）のほか、「依網池《よさみいけ》」「住吉堀割《すみよしほりわり》」などがある。これらはその痕跡をほとんどとどめていないのに対し、六世紀中葉以降の築造とされる「狭山池」は、何回かの改修を経て、昭和初年に、現在のような景観を示すに至った。

『日本書紀』にみえる田と池溝

考古学的な成果を中心に、わが国の縄文時代末以降の水田と灌漑施設について一瞥《いちべつ》した。このあたりで視点を変え、『日本書紀』のなかから、関係する事項を少し取り出してみよう。

『日本書紀』神代上第七段に、

……、三処有り。号《なづ》けて天安田・天平田・天邑幷田《あまのむらあわせだ》と曰ふ。此皆良き田なり。霖《ながめ》旱《ひでり》に経《あ》ふと雖《いえど》も、損傷《そこな》はるること無し。……亦三処有り。号けて天樴田《あまのくいだ》・天川依田《あまのかわよりだ》・天口鋭田《あまのくちとだ》と

池溝名	所在国名	記載年・月
依網池	河内	崇神 62.10.
苅坂池		崇神 62.11.
反折池		〃
高石池	河内	垂仁 35.9.
茅渟池	河内	〃
狭城池	大和	垂仁 35.10.
迹見池	大和	〃
坂手池	大和	景行 57.9.
韓人池		応神 7.9.
剣池	大和	応神 11.10.
軽池		〃
鹿垣池		〃
廐坂池		〃
和珥池	河内	仁徳 13.10.
磐余池	大和	履中 2.11.
高市池	大和	推古 15.冬
藤原池	大和	〃
肩岡池	大和	〃
菅原池	大和	〃
掖上池	大和	推古 21.11.
畝傍池	大和	〃
裂田溝	筑前	仲哀 9.4.
栗隈大溝	山背	仁徳 12.10.
感玖大溝	河内	仁徳 14.11.
石上溝	大和	履中 4.10.

表5－1 『日本書紀』にみえるおもな池溝　国名は比較的明確なもの、年月は最初のもののみを記した。

曰ふ。此皆磽地《やせどころ》なり。雨《あめふ》れば流れぬ。旱《ひで》れば焦《や》けぬ……

とある。これはこのころの水田を、土地がもつ固有の性格にもとづいて使い分けて記したものといえる。「天安田」と「天平田」は、多雨や旱魃《かんばつ》に遇っても被害を受けることがなかったとある。それは地形や水の条件がよかったためであろう。小河川のつくる扇状地、沖積段丘、比高の小さい低位段丘などがこれにあたる。このような地形のところでは、水が得やすく、洪水の際に浸食を受けたり、土砂が厚く堆積することはほとんどない。

それに対し、「天織田」「天川依田」「天口鋭田」などは、条件がよくなかった。織は杭《くい》を意味する。開拓後間がないため、木の株が多く残っていて不良なのか、それともたくさんの杭を打って溝や井堰《いぜき》をつくらないと灌排水ができない土地であったのかはっきりしないが、いずれにせよ、不良田であったことはまちがいない。「天川依田」は、かなりの傾斜をもつ幅の狭い谷底平野や開析谷《かいせきこく》の水田を指すのであろう。そこでは川が増水するとすぐ浸水し、表土（耕作土）はしばしば押し流されてしまう。「天川依田」が、激流に襲われる水田であるのに対し、「天口鋭田」は滞水しやすいところの水田であろう。くちとを「朽ち速」と解すればそういうことになる。もしそうだとすると、後背湿地、旧河道、ラグーンが干上がったところなどの水田がこれにあたる。

以上の推測が正しいとすれば、当時開田されていた地形環境がほぼあきらかとなる。それは起伏の小さい低位段丘から海岸砂堆背後のラグーンにまでおよんでいたのである。

表5－1は、『日本書紀』にみえるおもな池溝《ちこう》を取り出したものである。溝渠《こうきょ》はすべてその所在があきらかであるが、溜池の場合、わかっているのは七〇パーセント程度にすぎない。「裂田溝」を除くすべてが畿内に位置するのも、当時の事情を暗示させる。畿内に絶対数が多かったのは事実といえるが、他の地域にまったく存在しなかったわけではない。『古事記』には、これらのほかに、「狭山池」「血沼池《ちぬのいけ》」「高津池」などの名が記されている。「栗《くり》隈大溝《くまのおおうなで》」については、谷岡武雄氏が木津川の下流右岸を南から北に流れる古川に比定している（谷岡武雄『平野の開発』古今書院、一九六四）。すなわち「木津川の分流を整理し、

あるいは水が通じない旧河道を掘りおこし、現在の古川にほぼ一致するよう直線状にしたのが、栗隈大溝ではなかったか」と。これは吉田東伍の見解（吉田東伍『大日本地名辞書』上方、冨山房、一九三八）に近い。以下に、これらのなかから「裂田溝」と「依網池」、『住吉大社神代記《じんだいき》』にみえる「針魚大溝」と、『古事記』に記されている「狭山池」を取りあげ、具体的に検討してみよう。

2　初期の大溝「裂田溝」

安徳台と裂田神社

爰《ここ》に神田《みとしろ》を定めて佃《つく》る。時に儺《な》の河の水を引《まか》せて、神田に潤《つ》けむと欲《おもお》して、溝《うなで》を掘る。迹《とど》驚岡《ろきのおか》に及《いた》るに、大磐《おおいわ》塞《ふさが》りて、溝を穿《とお》すこと得ず。皇后、武内宿禰《たけしうちのすくね》を召して、剣鏡を捧《ささ》げて神祇《あまつかみくにつかみ》を禱祈《いの》りまさしめて、溝を通さむことを求む。則ち当時《とき》に、雷電霹靂《かむとき》して、其の磐《いわ》を蹴《ふ》み裂《さ》きて、水を通さしむ。故《かれ》、時人《ときのひと》、其の溝を号《なづ》けて裂田溝《さくたのうなで》と曰ふ（『日本書紀』神功皇后摂政前紀）。

右の説話から、溝渠の開削がきわめて困難であったことがよくわかる。初期の巨大溝渠「裂田溝」はどこにつくられたのであろうか。どうして〝雷電霹靂して〟というような表現をおこなったのかなど、興味はつきない。

「儺の河」は、福岡県の那珂川町を南から北に流れ、博多湾に注ぐ那珂川と考えてよい。「迹驚岡」は、那珂川右岸の安徳台を指すのであろう。この台地の標高は六〇メートル前後、頂上は平坦で、まわりが急崖をなすため、〝岡〟ということばがピッタリする。『記紀』などにみえる溝渠の多くは、その痕跡を現在にあまりとどめていないが、那珂川の右岸には、同じ名の水路「裂田水路」が、二キロ以上にわたって流れている。そして安徳台の麓《ふもと》には、照葉樹につつまれた裂田神社が鎮座する。裂田神社がいつ造営されたかは定かではないが、説話の舞台はここにほぼまちがいない（柳田康雄「北部九州の古墳時代」『日本の古代』五、中央公論社、一九八六）。

写真５－２　安徳台と城山　左方は火山砕屑物よりなる安徳台、右は花崗岩よりなる城山である。中央の低くなったところに裂田神社が鎮座する。裂田水路は右から左に進み、安徳台の崖下を手前からむこうに流れる。遠望は炭焼山である。

この水路は、山田の西方「一の堰手《いで》」から低い段丘面に揚げられ、東北に向かってしばらく流れたのち、裂田神社に至る。この間の土地は平坦で、地層も軟らかく、古代の用水路の場としてまことにふさわしい。ところが、裂田神社をすぎると、今度は狭くて、きわめて深い谷を穿《うが》つようになる。峡谷の長さはおよそ五〇〇メートルで、針口付近から西に曲がって、再び平坦部に出る。現在、この水路は上流部の山田集落のほか、峡谷の下流では安徳・東隈《ひがしぐま》・炭焼などいくつかの集落を潤《うるお》している（図5－4参照）。

この水路が開削された際、山田付近で那珂川の水を段丘面に揚げる地点と裂田神社あたりから針口に至る約五〇〇メートルのあいだが、かなりの難工事であったはずである。現在、「一の堰手」付近では、河床が低下し、段丘面との比高は四メートル前後となっている。河川が自然の状態にあった当時としても、一・五メートル前後の嵩上《かさあ》げは必要であったであろう。今では立派な堰堤《えんてい》がつくられ、その面影はまったく認められないが、当時は流れに斜行するような形に巨石を敷きつめたり、何本かの杭を打ち込んで、井堰をつくったと思われる。それに対し、裂田神社と針口のあいだでは、逆に北から南に向かってゆるく傾斜する地表面を、深く掘り下げる工事が必要であった。溝の深さは二メートルから最大四メートルにおよんだといえる（図5－5参照）。

雷・磐・溝

峡谷部を切り開くにあたって、なぜ「雷」のはなしをもってきたのであろうか。それにしても気になるところである。

平安時代の初期に編集された『日本霊異記《にほんりょういき》』に、つぎのような説話がある。

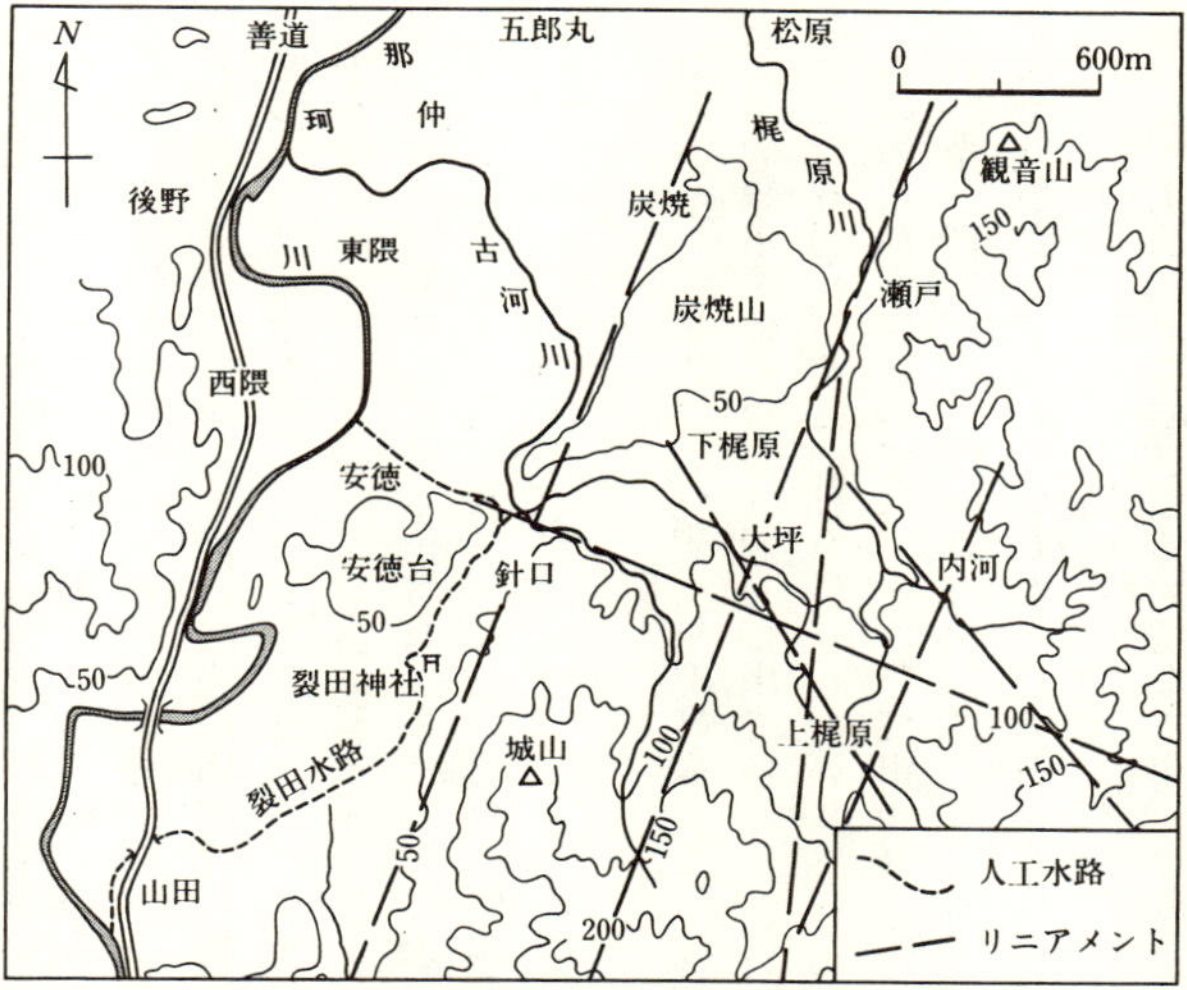

図５－４　那珂川右岸の地形と裂田水路（数字はｍ）　裂田水路は、図西南角の山田から裂田神社付近を通って安徳台の北に至っている。古代の「裂田溝」も、ほぼこれに近いルートをとっていたと考えられる。縦横に走るリニアメント（線状構造）が、古くから河川の流れや人工水路の開削に、影響を与えたらしい。

むかし、敏達天皇の御世に、尾張国愛知郡片蕝《かたわ》の里（現在の名古屋市中区古渡）に一人の農夫がいた。田をつくり、水を引きいれていると小雨が降ってきたので、木の下に雨宿りして、金の杖を地について立っていた。そこで農夫は恐れて杖を持ちあげて立った。すると雷は農夫の前に落ちて、子供の姿になった。……その寺では、田をつくって水を引きいれていた。ところが諸王たちが邪魔して水をいれさせないので、田の水が乾《ひ》あがったときに、その優婆塞《うばそく》（子供・童子）が、「わたしが田の水を引きいれましょう」といった。……優婆塞はまた一〇〇人以上もかかって引くような石をとって、水門をふさぎ、寺の田に水をいれた。王たちは優婆塞の力を恐れて、それきり邪魔をしなかった。それで寺の田は水が涸《か》れないでよく稲が実った（上巻第三）。

引用が少し長くなったが、右のはなしと「神功紀」とを読みくらべてみると、雷、磐（石）、灌漑水路の三つが共通して出ていることに気がつく。このころには、困難な土木工事をおこなう場合、雷に助けを借りるという風習（願望）があったのかもしれない。

当時の人びとにとっては、どうして雷が発生するのか、そのメカニズムがわからず、すさまじい光と音に、ただ恐れおののくばかりであったにちがいない。地震の場合は、発生する場所や回数がかぎられていたが、夏の日の雷は毎日のように襲ってきた。そのため、農夫たちにとっては、もっとも怖いものであったにちがいない。そこで、灌漑用水路の開削というような、生活に直接結びつく大切な工事、とりわけ難工事を成しとげた際には、その功績を

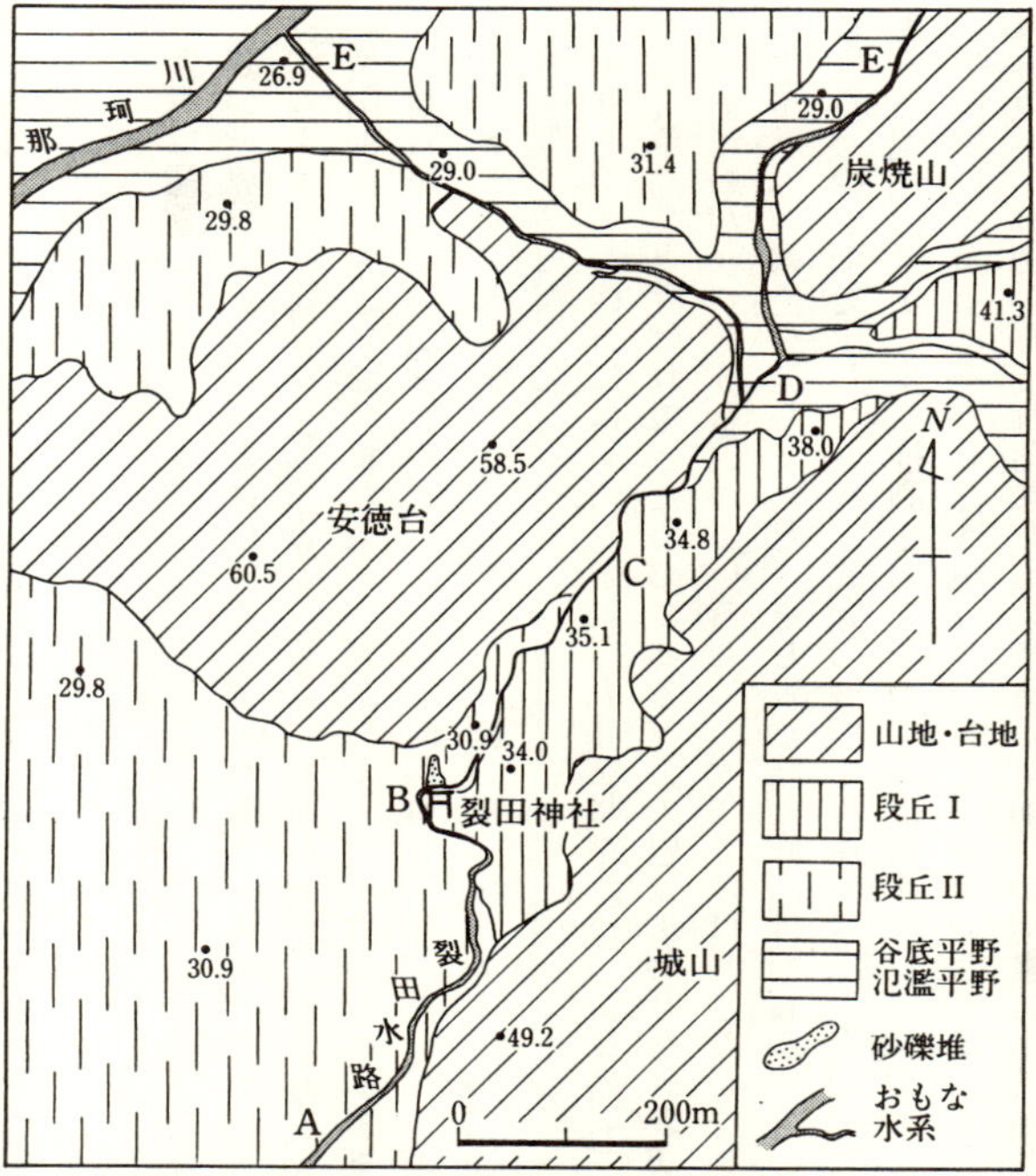

図5－5　裂田神社付近の地形（数字はm）　安徳台と城山とのあいだは地溝状の地形をなす。そこに広がる段丘Ｉ面はＤ付近からＢに向かって徐々に低下しているが、「裂田溝」は表面傾斜とは逆の方向に掘られた。その結果、新しい谷はＣ－Ｄ間でもっとも深い。Ｄ地点付近およびその下流では、「裂田溝」開削後の下方浸食が著しく、Ｄ－Ｅ間でも段丘Ⅱ面と谷底平野面との比高は2mあまりとなっている。

雷に帰し、喜びと感謝の気持ちをもって書き残したのであろう。今でも雷が鳴ると豊作だという伝承が各地に残されている。

雷電は霹靂したか

〝夢の世界〟から、いっきに現実の世界に移ることになるのだが、やはり問題の場所に出かけてみよう。地元では、「裂田溝」にまつわる雷伝承を、あまり疑ってはいないようである。「裂田神社の裏手に砕《くだ》かれた大きい岩があるよ」と教えられるままに、そこへ行ってみた。はたせるかな、裂田神社の裏には、溝に向かってそそり立つ二つの岩があった。ゴツゴツと角ばった岩は、幅が五メートルあまり、高さは二・五メートルに達する。割れて間もないという岩肌をみせている。

水路を隔てた西方には、角がとれ、丸味を帯びた巨岩（花崗岩）が横たわっていた。古くから〝亀島〟と呼ばれてきたものである。この岩はまわりを砂礫層によってカバーされており、また草がうっそうと茂っているため、大きさははっきりしない。よく締まった砂礫層は風化が進み、褐色を呈していた。そして水路の底には転石《てんせき》がことのほか多く、そのあいだから岩盤が少し顔を出していた。問題の個所の現在の景は以上のとおりである。そこで、このような現在の景から少し推測をおこなってみよう。

裂田神社の裏手にそそり立つ角ばった岩や、水路の西側に横たわる巨岩〝亀島〟は、いずれも東方の城山から崩れ落ちたものである。崩壊が地震によるのか、それとも豪雨の際に起

写真5－3　安徳台東麓の裂田水路（図5－5のC地点）　このあたりでは、水路が火山砕屑物およびその二次堆積物（段丘Ⅰ面）を深く切り込んでいる。谷幅は狭く、両側にスギやヒノキがうっそうと茂り、開削当時がしのばれる。

こったのかはわからない。もし地震だとすると、安徳台の東を炭焼から針口を経て南南西に走るリニアメント（線状構造）の形成と関係がありそうである。「裂田溝」の素地は、古い時期の地震にともなう断層運動によって生まれていたということになる。裂田神社の裏手に立つ岩に対し、〝亀島〟は低地にまでころがり落ちたため、その後流水によって角が削りとられ、また砂礫によって大部分が埋められてしまった。

「裂田溝」が開削されたころ、低地（段丘Ⅱ）と裂田神社の鎮座する面（段丘Ⅰ）との比高は五メートル前後、そしてそこから安徳台に向けて北に延びる砂礫堆は、高さが約一・五メートル、幅が一〇メートルあまりであったと思われる（図5－5参照）。

「一の堰手」からここに至るあいだは、火山性の二次堆積物や新しい河成層であるため、工事は容易であったが、この砂礫堆はよく締まっており、しかもなかに巨岩をつつんでいたため、水をとおすのに困難をきわめた。そこに、「雷の話」が必要となるのだが、タイミングよく落雷があり、それによって裂田神社の載る面と〝亀島〟とのあいだが裂けたとは考えにくい。むしろ、激しい光や地鳴りとともに地震が発生し、それにともなって裂田神社付近から針口に至る構造谷が再度動いて、水路を切り開きやすくしたと解する方が、まだしもよい。鮮やかに残る急崖がそのことを暗示させる。古代においてこの地方に地震が多かったことは、『日本書紀』天武天皇七年（六七八）十二月条の「筑紫国、大きに地動る」からも知られる。

それはともかくとして、当時の技術からすれば、ここがきわめて難工事であったことはまちがいないため、「雷が人を助けた」という美しい話は、いつまでもロマンとして残したいものである。

3 「針魚大溝」のルートを探る

「針魚川」と「針魚大溝」

大阪府下、大和川の南には、自然灌漑の困難な段丘面が広く分布する。これらは三つの系統に分けられる。面積は東ほど小さく、西に向かうにつれて大きくなっている。これから述べようとする「針魚大溝」は、真ん中の段丘面およびそれより西方の土地を灌漑する目的で開削されたと考えられる（日下雅義『歴史時代の地形環境』古今書院、一九八〇）。

『住吉大社神代記の研究』（田中卓著作集七、国書刊行会、一九八五）に、左のような記載がある。

我が田我が山に、潔浄水《きよらけき》を錦織《にしごり》・石川・針魚《はりお》川より引漑《ひきかよ》はせて、榊《さかき》の黒木を以て能く吾を斎祀《いわいまつ》れ。仍《よ》りて御田《みた》に引漑《ひきそそ》がむと欲《おぼ》し、針魚《はりお》をして溝谷《うなで》を掘り作らしめむと思召す。大石小石を針魚、掘返して水を流し出でしむ。亦《また》、天野水《あまのの》あり、同じく掘り流す。水の流れ合ふ地を川合と云ふ。

ここにみえる「山」は、マウンテンではなくて、段丘上の未開墾地を指す。また、「針魚川」は、羽曳野《はびきの》丘陵の西斜面の水を集めて北に流れていた小河川と考えてよい。近世の史料に「廿山《つづやま》川」として現れるものである。「針魚大溝」は、この細流を段丘面に導くため、針魚氏という豪族によって掘削された新しい用水路と解される。

つぎに「天野水《あまのの》」とあるが、これは南方の、標高一二〇メートルほどの天野山に源を発し、現在の狭山池・太満《たいま》池付近をとおったのち、北野田あたりからほぼまっすぐ北に流れていた、かつての天野川にあたる。そして「川合」は、現在の西除川の左岸に存在する「河合」を指すと解することができる。地名に対する検討はこれくらいにして、それを現地に探ってみよう。

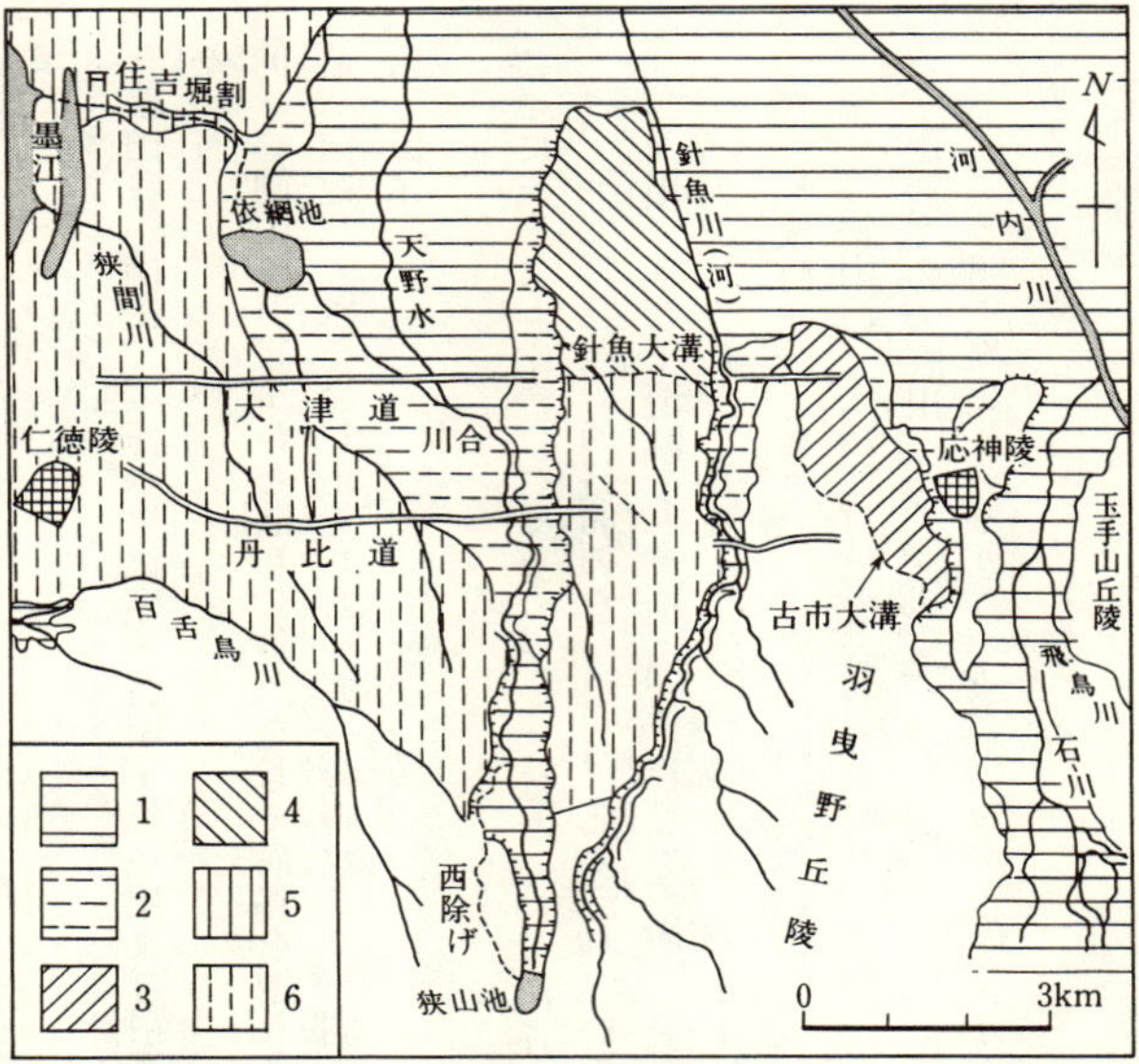

図5－6　古代における水利系統の推定図　1：自然灌漑が容易だったところ　2：簡単な井堰によって灌漑が可能だったところ　3：「古市大溝」によって灌漑が可能となったところ　4：「針魚大溝」の開削によって灌漑が可能となったところ　5：「住吉堀割」によって灌漑が可能となったところ　6：「狭山池」の築造によって灌漑が可能となったところ。（小規模な開析谷に基づく灌漑範囲は除く）

ルートを探る

図５－７は、空中写真から読みとった大溝の痕跡を等高線図の上に落としたものである。これをみると、「針魚大溝」の跡は、標高二三〜二三・五メートルの段丘面（中位段丘）で認められる。ここは南から北に向かってゆるく傾斜する面が、二六〜二七メートルのレベルから二二〜二三メートルのレベルに移る部分にあたる。中位段丘（TM）から東におりたところは、現在沖積段丘（TA）となっており、中位面との比高は上流側で約三メートル、下

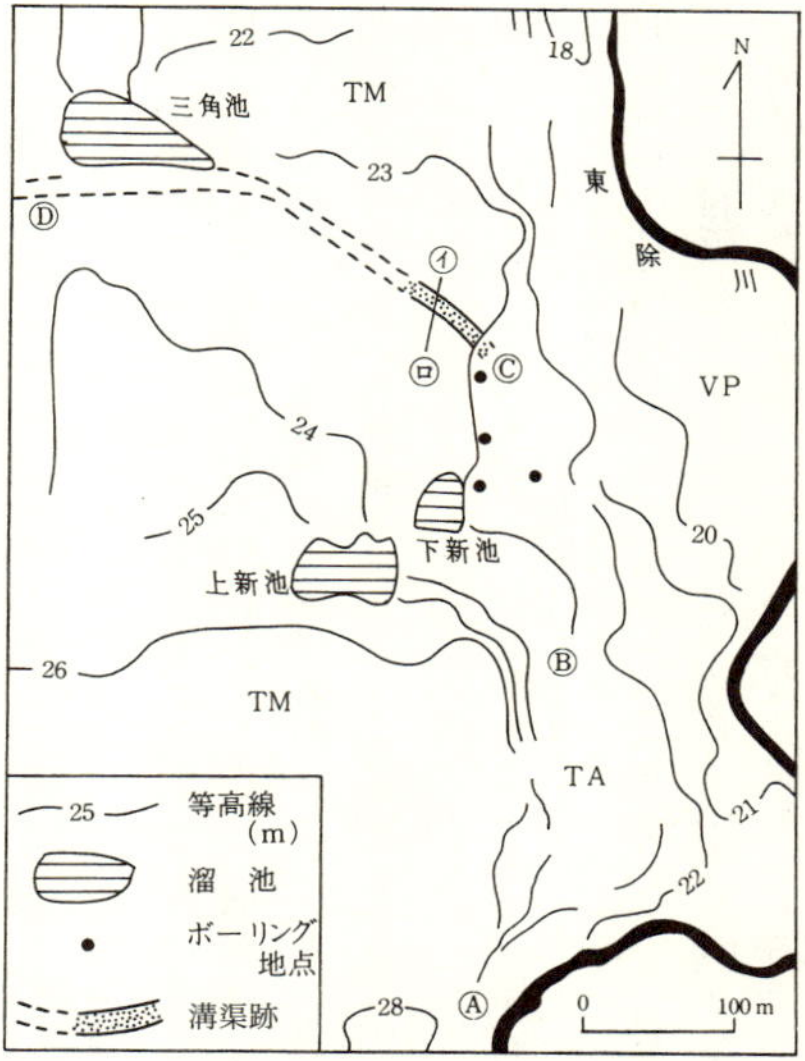

図５－７　微地形と溝渠の推定位置　TM…中位段丘　TA…沖積段丘　VP…谷底平野　水はⒶ地点で取りいれられ、ⒷをとおってⒸ地点から段丘の上に揚げられた。

流部の©地点で一メートルあまりとなっている。そしてさらに東の東除川《ひがしよけ》沿いには、標高一九〜一九・五メートルの谷底平野（VP）が発達する。

このようにして、現在では大溝の痕跡が残る面と東におりた東除川沿いの低地との比高は、三メートル以上になっているが、現在の河床は、大溝築造期の幅や深さを、そのまま示すものではない。上流域の開発にともなって大量の洪水や土砂が一気に流下してきたため、側方への浸食による川幅の拡大や下方へのえぐり込みによる河床低下が進行したはずである。とりわけ、慶長年間（一五九六〜一六一五）の狭山池改修後、この池の水が東除げを経由して、廿山川（現東除川）に導かれた結果、河床の低下がいっそう進行した。

五〜六世紀ころの河床の高さは、一九・五〜二一・五メートルであったと推測される。それは現在の沖積段丘面とほぼ同じレベルである。「針魚川」の水は、約四五〇メートル上流のⒶ地点付近から取りいれられ、段丘の崖下をⒷからⒸにまで導き、ここで段丘面の上に堰《せ》きあげられた。Ⓐ地点では、小さな井堰《いぜき》をつくるだけで、新しい水路に比較的たやすく水を導きいれることができたはずである。またⒸ地点の比高は、一・五メートルあまりに達するが、ここでは右側の堤を強固にする一方、段丘面を少し切り込むことによって、段丘面に水をとおすことが可能であった。

東方の「古市大溝」の場合は、段丘面と低地との高度差が六メートルもあったため、そこに水を導くため、延々三〇〇〇メートル以上におよぶ水路をつくる必要があったが、ここでは、わずかに四五〇メートルでそれが可能となったのである。なお、Ⓒ地点のすぐ西の段丘

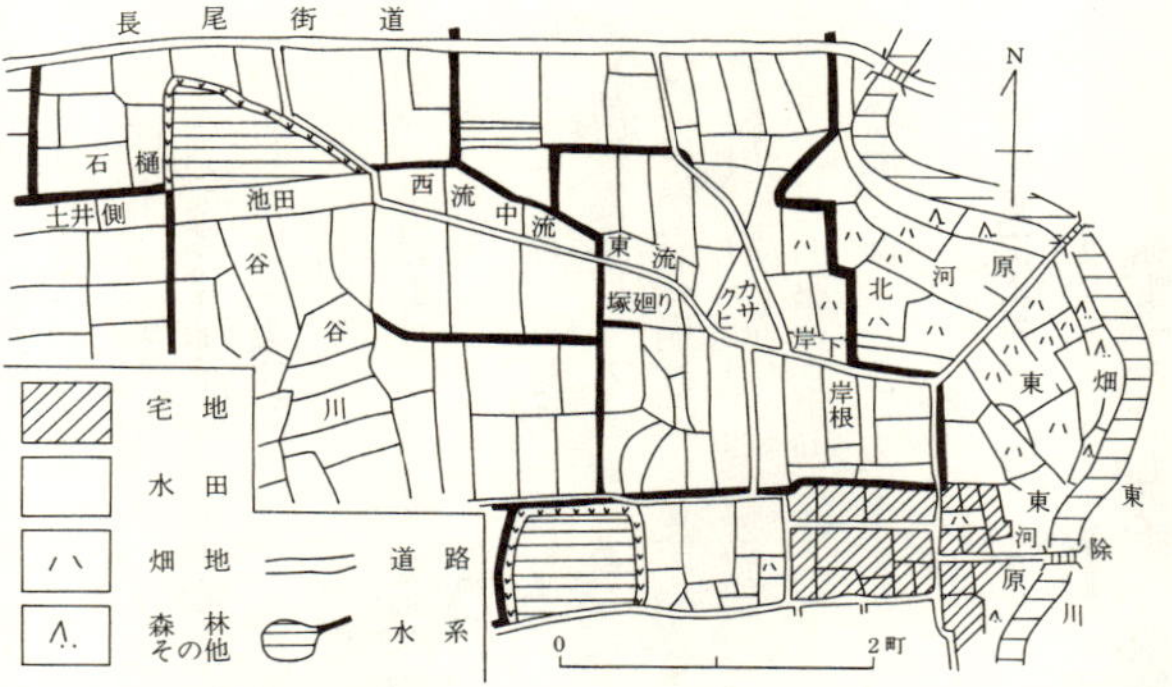

図5－8　旧西川村の地引絵図（地籍図）　段丘の上には池田、石樋など、かつての水路を暗示させる小字名が多い。東除川沿いは洪水が頻発するところであった。

上の小字は「塚廻《つかまわ》り」となっているが、ここは水路が迂回《うかい》する場所にあたる。また当時は、見はらしのよいこの地に小さい塚（古墳）があったため、このような名が生まれたのかもしれない。

土地割と小字名から

図5－8は、明治十年（一八七七）に描かれた地引絵図《じびきえず》（地籍図）である。これをみると、東除川沿いから西北西ないし西に向かって、細長い土地割がつづいている様子がよくわかる。このような特殊な形態をとる土地割が、古代にはじまったという確かな証拠はないが、①段丘面の上は、洪水に曝《さら》されることがほとんどないため、土地割景観が長く保存されうること、②より新しい時代に、このような規模の大きい溝渠が掘られたという記録が残されていないこ

と、などの理由から、これを『住吉大社神代記』に記された「針魚大溝」の一部と解することが許されるであろう。

ひとつづきの細長い水田の幅は、一五〜二五メートルであり、南から北に向かってゆるやかに傾斜する地表面に、斜めないし直交する方向で切り込まれている。溝渠を暗示させる小字名としては「東流」「中流」「西流」などがあり、「土井側」の西約一〇〇メートルのところ（図の範囲外）には、「長溝」という小字名も存在する。小字「カサクヒ」は、ちょうど低地から段丘上に移るところにみられるが、これは「カサ杭＝嵩杭」と解してよい。かさ（嵩）は、「高いところ」、「かさなり」などの意味がある。これまでにみてきたように、ここは段丘縁辺の「高いところ」にあたるため、東の低地からこの面まで、水を一メートル前後嵩上げする必要があった。また水路をここで左に曲げるために、たくさんの杭を打って、堤が右へ崩れるのを防いだことであろう。

東除川に沿う低地は、幅の狭い谷底平野の地形をなしているが、畑地や竹林が多いこと、「河原」「北河原」「東河原」のような小字名がみえることなどから、ここが洪水の頻発する崖下の地であったことがよくわかる。

表層地質による裏づけ

微地形や土地割に現れた景観、小字名などを検討した結果、ここが「針魚大溝」のルートの可能性が強まった。もう少し確実な証拠を得るために堆積物の性格についても調べてみよう。そこで図5－7の㋑―㋺断面において六地点、Ⓑ―Ⓒ間では四地点を選び、一五〇センチの検土杖を打ち込んだ。

㋑地点、すなわち小字「東流」では、水田の南北幅が一三・四メートルである。北の畦畔《けいはん》から三・一メートル南に寄った地点では、厚さ三五センチの耕作土の下は黄灰色のシルト質細砂が、深さ一五〇センチまでつづいており、よく締まっている。これに対し、南の畦畔（狭い農道）からほぼ一・四メートル北へ寄った地点では、耕作土二五センチの下は、褐色を帯びた黄灰色のシルト質砂層で、チャートの細かい礫をところどころに混入していた。そして深さ一五〇センチまでは全般に軟らかく、深さ一〇〇センチのところから木炭のかけらが出てきた。このような堆積物の状況や木炭片が混入する事実が、洪水あるいは人為による二次堆積とする有力な証拠となった。そして、この地点からさらに二メートルおよび四メートル北寄りのところでは、表層地質は、ほぼ同じような傾向を示していた。他方、南部の㋺付近、すなわち少し高くなった小字「塚廻り」では、二地点とも、「東流」の最北端と同様、耕作土約二〇センチの下はよく締まった、そして均質なシルト層となっていた。

以上の事実から、つぎのような解釈ができる。すなわち、この地域では、段丘の表層はよく締まった黄灰色のシルトからなっている。小字「東流」において、現在の水田の幅は一三・四～一五メートルとなっているが、シルト層を切り込んでつくられた、かつての大溝「針魚大溝」の幅は六～八メートルであり、現在の地表景観として認められる水田の広さの半分前後である。もっとも、溝が深いため、長さ一五〇センチの検土杖では、溝の底にたまった二次堆積物のすべてを調べることはできなかった。

したがって、ここではシルト層の硬さのちがい、層相《そうそう》のさまざまな特徴、木炭片の混在状況などから、埋没する溝渠を推定したにとどまる。段丘東側低地（沖積段丘）との比高から、少なくとも、このあたりでは、溝渠の底は現在の地表面から二〇〇～二五〇センチ下がったところにあったと考えてよい。当時の技術をもってすれば、嵩上げと段丘面の切り込みによって、その程度の比高は克服することができたはずである。ここが礫層でなくて、シルト層であったこともさいわいしていた。

大溝の寿命を考える

地元では、今でもこの付近を「流れ」という名で呼んでおり、小字名や土地割の形態などから、ここに水路を想定することは可能である。しかし、上流から運び込まれた物質でかなり厚く埋まっており、また埋没した溝渠の幅と地表の畦畔の位置が大きくずれている点などから、この水路はわりあい早い時期に、機能を失ったと考えざるをえない。

東方の「古市大溝」について、森浩一氏は、七世紀ごろにしだいに機能を失い、八世紀には埋没した部分もあったと述べている（森浩一「古墳文化と古代国家の誕生」『大阪府史』一、一九七八）。「針魚大溝」の場合、機能を失った時期として、六世紀末がまず考えられる。このころ、上流部に狭山池が築造され、この池の水を一時的に貯えるための小さい溜池が、段丘面上にいくつもつくられた結果、下流での大溝の必要度が低下した。また段丘面の

写真5－4　「針魚大溝」のルート付近の現景観
地表面は右から左にむかって低下しており、中央の水田の下に「針魚大溝」が埋没している可能性が大きい。

開発にともなって、廿山川の浸食が増大し、河床が低下したため、取水《しゆすい》が著しく困難となった。いっぽう段丘面では、シート・フラッド（布状洪水）によって、大量の土砂が大溝のなかに一気に押し寄せたことも考えられる。

もうひとつの時期として、慶長年間（一五九六～一六一五）があげられる。後述するように、このころ狭山池では大改修がおこなわれ、それにともなって針魚川の上流につながる「東除げ」が新しく掘削された。その結果、洪水の際には、「東除げ」から送り込まれた大量の水によって、廿山川の河相《かそう》がいっそう悪化した。したがって、大溝がこのころまで存続していたとしても、取水口や崖下をとおる水路の部分がたびたび破壊され、やむなく放棄されるようになったのである。

すべての水は西へ

「古市大溝」は、石川の水を西方の段丘面に導くことを目的として開削されたとされている。この水は、「仲哀陵《ちゆうあい》」の西あたりまで、段丘を横ぎったり、また斜行して進み、そこからは、段丘を刻むかなり深い谷（開析谷）に流れ込んで、北ないし北北西に向かう。水は真ん中の段丘面にまで至ることはなかった。

それに対して、「針魚大溝」は、段丘面をおりたのちも、やはり大津道に沿って西に流れた。そこは「天野水《あまののみず》」のつくる狭い谷底平野が、北に向けてラッパ状に広がるところである。「川合」は、低地の西側の段丘面に位置する集落であるが、このあたりでは、段丘面と低地との比高はほとんどない。「針魚大溝」は「川合」のすぐ北で、「天野水」と合流し、今度は北に向かって流れたのち、西に分かれて「依網池《よさみいけ》」に注いでいたらしい。この大溝の範囲を、「川合」までとすべきか、あるいは「依網池」への流入地点と考えるのがよいか一概にはいえないが、いずれにせよ、「針魚川」（廿山川）の水の一部が「依網池」にまで達していたことは、ほぼまちがいない。「依網池」の水が「住吉堀割」をとおって住吉大社の門前にまで至っていたとすれば、「針魚大溝」の水を、住吉大社門前の水田（御田）にも〝引漑《ひきかよ》はせる〞ことができたといえるのである。

段丘の上に水を導くという、このような一連の工事がおこなわれた際、河川の部分的なつけかえもなされたらしい。そのひとつが、「針魚川」下流部のものである。

五世紀ころまでの「針魚川」は、段丘東側の崖下を北に向かって流れていた（図5－6参照）が、大津道と交わったあと、段丘と低地の比高がわりあい小さくなったところから、西方の段丘の上につけかえられた。長吉川辺《ながよしかわべ》では、六世紀初頭ころの水田が、灰色をしたシルトでかなり厚く埋まっている。これは「針魚川」の西へのつけかえ後の洪水によるものである。その後も開田と埋積がくり返されたが、灰色ないし灰褐色をしたシルトや細砂の厚さは、九〇センチ前後となっている。埋積土砂の厚さや流れの方向は、場所によって異なっているが、川辺付近のかつての段丘面は、つけかえ後に発生した洪水によって、地下に埋められてしまった。

もうひとつは、「天野水」の下流部である。ここでも、川の西への転向がみられるが、この場合は、平坦な氾濫原であるため、大土木工事というほどのものではない。あるいは、洪水の際、自然に西へ移動したのかもわからない。いずれにせよ、十八世紀初頭におこなわれた大和川つけかえころの天野川のルートは、弥生時代から古墳時代初頭にかけてのものとは考えにくいのである。

4　「依網池」のナゾ

どこにつくられたのか

是の御世に、依網池を作り（『古事記』中巻）

冬十月に依網池を造る（『日本書紀』崇神天皇六十二年十月条）

「依網池」については、『記紀』にしばしば記されている。しかしその景観を現在にとどめていないため、池が立地した場所や輪郭を解きあかすことはかなりむずかしい。

これまでの研究では、大阪市住吉区庭井《にわい》町から堺市北区常磐《ときわ》町に至る付近一帯を、「依網池」の範囲とする見解が大勢をしめている。しかし、これをその西方約一五〇〇メートルのところ、すなわち堺市北区東浅香山町付近に比定する見解もある。いずれにせよ、旧湖岸線を地図上に示すかたちで、具体的に復原されていないため、はっきりしたことはわかっていないのである。

池の面積については、『河内志』をもとに「丹北郡池内池、在二池内村一。広三百余畝。或曰二依網池一」とある（『日本古典文学大系』六七、一九七四）。いっぽう、『松原市史二』（一九八五）は、その面積を三五万平方メートルとしている。段丘面に位置する皿池《さらいけ》であるため、時代により、また季節によって、その輪郭をかなり変化させたことはまちがいないが、それにしても、両者間のひらきは大きすぎる。池の築造年代については、五世紀初頭とする点で、見解がほぼ一致している。

古地図と地名から

池の所在や輪郭を解明するために、三つの方法が考えられる。そのひとつは、池が存在していたころに描かれた古地図に対する検討である。時代はかなりくだるが、十七世紀中葉ころに描かれたとされる「狭山池流域図」が、まずあげられる。これはきわめて広範囲を示すため、細かい部分をあきらかにするのに適当ではないが、池のおよその位置関係を知ることはできる。これをみると、「依網池」が北花田の北方において、庭井と我孫子《あびこ》を結ぶ線の南に存在することがわかる。そして池の東北角に神社がみえる。この神社は現在の「大依羅《おおよさみ》神社」と考えられるため、ひとつの重要な決め手となる。なお、「網」と「羅」については、古くから二とおりの使い方がされてきたようである。たとえば『古事記』では「依網池」であるが、『延喜式』（九六七年施行）は「大依羅神社」と記している。

図5－9は、大和川のつけかえがおこなわれたころ、すなわち宝永《ほうえい》年間（一七〇四〜一七一一）に書き残されたと推定できる。これには「依網池」付近の様子が、かなり詳細に描かれている。まず、池の東北角に「依網大明神」が鎮座し、その西方は水田となっている。そして東から苅田《かりた》、庭井、我孫子《あびこ》、杉本、山内の各村がつづいている。これらは現在の町名とほぼ一致するため、絵図の信頼性は高い。「狭山池流域図」には、下流の水路は一本しか描かれていないが、この地図では、樋門《ひもん》が四ヵ所にみえる。池の西寄りは、土地（段丘面）が高くなり、水深が小さかったためか、一部は水田となっている。

大川床（新大和川）は、「依網池」のほぼ中央を切って、東北東から西南西に向かい、除《よけ》川筋《がわすじ》（現在の西除川）が、池の南をかぎっている。古代において、「天野川」のルートが若干西に移されたことについてはすでに述べたが、この時代になって、さらに西に転向され、浅香山（現在の浅香山町）付近から新大和川とともに、大阪湾に注ぐことになった。苅田村付近から西では、新大和川のルートは、北に向かって低下する地表面の傾斜に逆行している。しかも、段丘面を切り込むかっこうになっているため、悪水排除が、当初から必要だっ

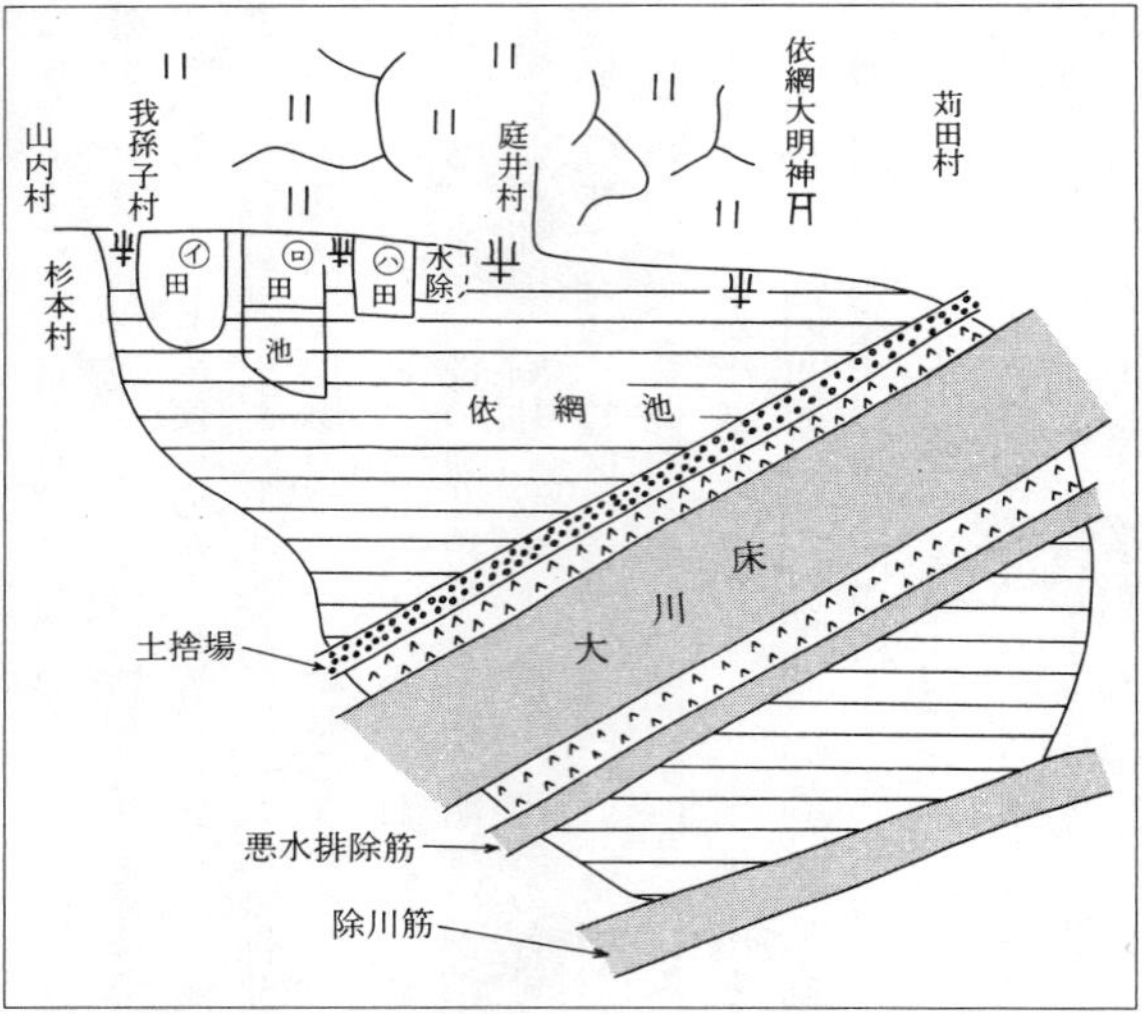

図5－9　大和川池中貫通見取図　㋑杉本村田地　㋺我孫子村田地　㋩苅田村田地　この地図はかなり模式化されている。

たのである。図５－９の悪水排除筋が、そのことをものがたる。

念のため、関係史料を少しあげてみよう。これらは「依網池」の東方二キロ足らずの城蓮《じょうれん》寺《じ》村に残されているものである。

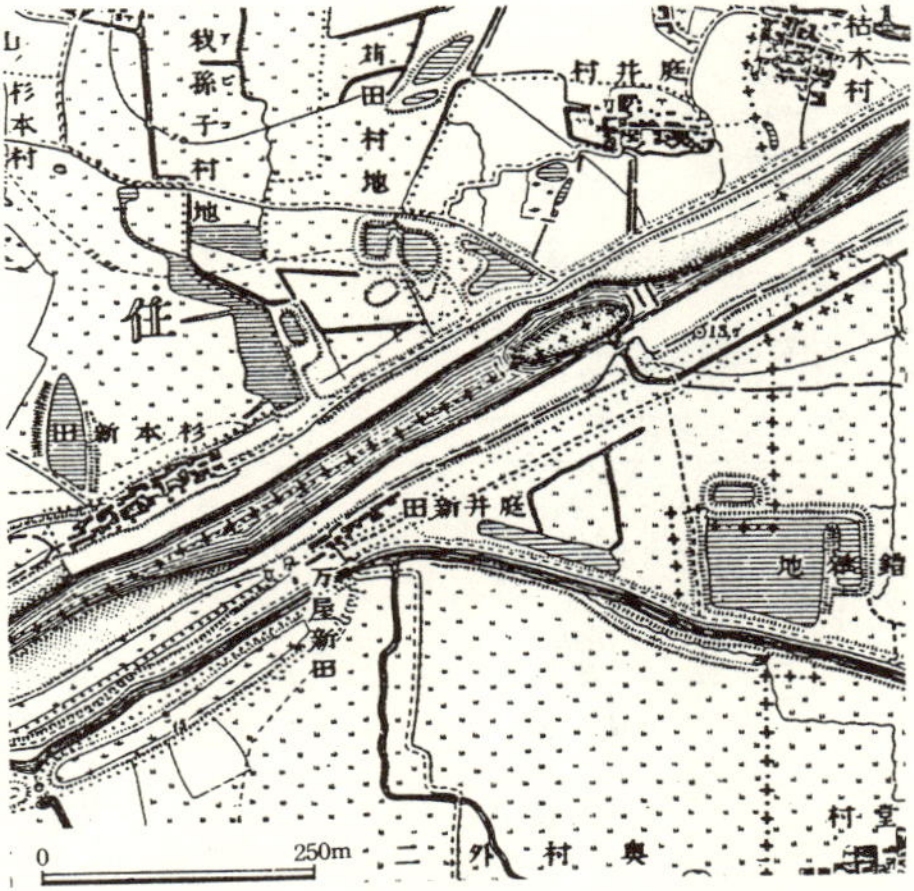

図５－10　明治20年（1887）の地形図（仮製）　測量の精度に問題は残るが、当時の景観をとらえるのには都合がよい。

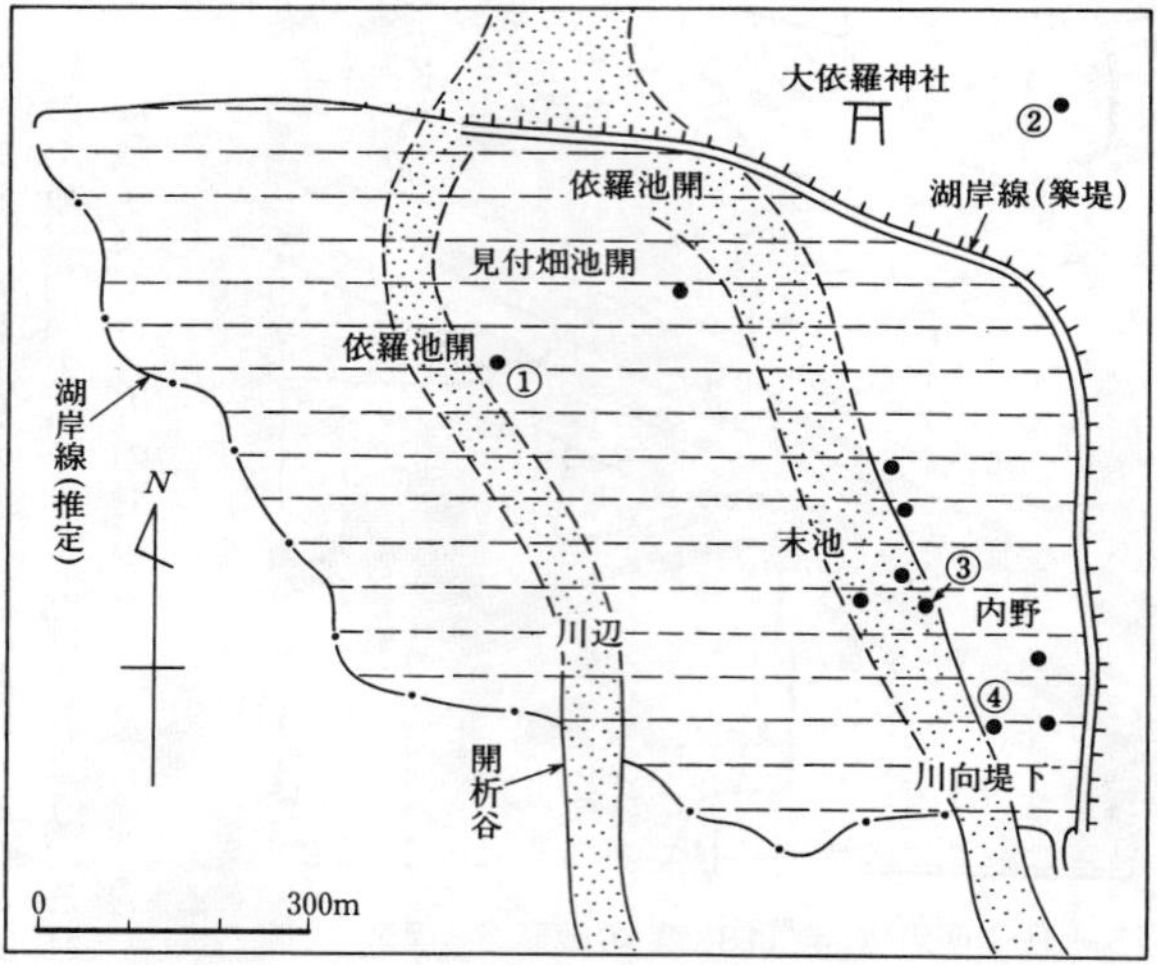

図5－11　「依網池」の復原図　東側と北側の一部に堤防が築かれており、堤の北に「大依羅神社」が鎮座する。黒丸印は検土杖で調べた地点。

当村ヨリ西東共地高ニて御座候故、小時之雨ニも御田地ハ不及申上、居宅迄水湛申候、（元文元年『城蓮寺村明細帳』）

大和川東西之堤ニせかれ、南表狭山西除川・東除川間凡壱万八九千石程之悪水落込申候ニ付、御田畑者勿論、居村へ茂水入、……（寛保三年『村方盛衰帳』）

右の史料に「西東共地高ニて」とあるが、西の地高は旧天野川が形成した自然堤防の高まり、そして東の地高は段丘崖を指す。断片的な記述であるが、これらから城蓮寺村における水害が、水田にかぎらず住宅にまでおよんでいたことがわかる。しかも、それは大和川つけかえ後に発生するようになったものである。

ここで話を元に戻し、現存する地名から、池のおおよその範囲を推定してみよう。明治二十年（一八八七）測量の二万分の一地形図（仮製）をみると（図5－10）、西除川（除川筋）が大和川の左岸堤と接するところ付近に、「庭井新田」「万屋新田」「杉本新田」など、近世の新田開発を思わせる地名がある。これは、大和川がここを通過するに至った際、かつての池沼が排水され、耕地にかわったところを指す。図5－11には若干の小字名を示したが、これをみると、ほぼ同じ場所に「依羅池開」「見付畑池開」など、新しく造成した土地を思わせる小字名が存在する。「末池」は池の名ごりを暗示させるし、「川向堤下」は、大和川のつけかえにともなってつくられた西除川の新しいルートの右岸堤との関連が考えられる。

微地形と表層地質

大和川つけかえの際、ここでは大規模な地形改変、たとえば掘削、採土、盛土などがおこなわれたため、池築造当時の地形の特徴を細かく把握することはむずかしい。そこで、概略的に述べると、「依網池」が立地したのは、北方の上町台地へとつづく段丘の東端である。ここは南の狭山池付近から北の大坂城付近にまで延びる段丘面が、ゆるくたわみ込んだ部分にあたるため、東につづく氾濫原との境界付近には、崖が存在しない。そして、地表面は、南と西が高く、東北に向かってゆるく傾斜している。そのことは、文明《ぶんめい》年間（一四六九～一四八七）に描かれたと伝えられる「依羅池古図」の堤防の状況からも裏づけられる。この絵図には、北側の東半分と東側にしか堤防が描かれていないが、地表面のかたむきからいって、この部分以外には、強固な堤防は必要でなかった。なお、東の堤防の上は道路としても利用されていたようであり、北堤のほぼ中央部以西は、畦畔《けいはん》程度のものであったと考えてよい。

すでに述べたように、大和川つけかえころの地形改変が著しいうえ、近年の開発にともなう盛土が激しいため、場所が限定されたが、可能な地点を選び、検土杖を打ち込んだ（図5－11参照）。まず①の地点では、耕作土三五センチの下一四五センチまでは、灰色―灰褐色をしたシルト質粘土よりなっている。そしてその下は細砂を少し混入していた。つぎに②は大依羅神社の東約二〇〇メートルの大和川右岸にあたる。ここでも耕作土二五センチの下方一五〇センチまでは、灰色のシルト質粘土であり、よく締まっていた。④の地点も①や②の地点に近い傾向を示したが、いずれも大阪層群である。

以上に対し、大和川左岸の③の地点では、耕作土一五センチの下は、一五〜七五センチまでがあずき色をしたシルト質粘土ないしシルトとなっている。この層は何回となく攪乱《かくらん》された可能性がある。その下の七五〜一一二センチは黒泥であり、一一二〜一三五センチは灰色をした軟らかい砂質シルト、そしてその下はシルト質砂層となっている。土層のこのような傾向は、③の地点の西につづく試掘地点およびボーリング調査地点においても認められた。

表層地質の性格、および西除川以南に昭和三十年代まで残されていた微地形の特徴から、つぎのような推定をおこなうことができる。すなわち、池築造当時、この地域には、やや屈曲した二本の開析谷（浅い谷）があり、大依羅神社の西方で合流したのち、北に向かって流れていた。東のコースは、地表景観および小字「末池」や「内野」付近でおこなったボーリング調査からほぼ確認しうる。ただし、「末池」の西の限界付近は住宅地となっており、確定しえないため、南からの谷を延長させることにした。小字「依羅池開」付近の開析谷の位置は、最近までわずかに残されていた「依羅池」から推定することができた。古老の話によると、この池の中心部の深さは三〜四メートルに達していたらしいが、これは開析谷の残存を暗示させるし、また池沼の人為的縮小によって、水深が増大した可能性もある。

いっぽう、西方の開析谷は、西除川以南の段丘面において、連続性がより大きいものの北の延長部にあたり、「狭山池流域図」に示されている流路に該当する。小字「川辺」は、たえず水をたたえる開析谷の存在を暗示させ、昭和三十六年（一九六一）撮影の空中写真ともよく対応する。ただし「依羅池開」付近の谷の位置は、明治二十年（一八八七）の地形図によらざるをえない。

小字「見付畑池開」付近や、ふたつの開析谷の両サイドでは、土地が相対的に高かったため、水深は小さかった。冬季には池底が顔を出していたことであろう。①およびその東方において、耕作土の直下によく締まった大阪層群のシルト層が伏在することが、それを傍証する。③の地点において、深さ一一二〜一五〇センチのところに堆積する砂質シルトおよびシルト質砂層は、開析谷を埋めた二次堆積物であり、その上層をしめる厚さ三五〜四〇センチの黒泥は、まぎれもなく「依網池」の底に静かに沈積したものである。水草や上流から流れてきた落葉などがまじりあって腐敗し、黒色の土壌を形成するに至ったのである。

空中写真に残る旧湖岸線

これまでの分析によって、「依網池」の立地した範囲や地形環境が、かなりあきらかになった。そこで、湖岸線について、もう少し詳細に調べてみよう。空中写真をみると、東方の今池の西北角付近から、ほぼまっすぐ北に延びる水路を境にして、東西で土地割の形態が著しく異なることがよくわかる（写真5－5参照）。

すなわち、この水路の東では、わりあい整然とした土地割が、東西南北方向をとって走っているのに対し、西側では、北一五度西に向かう、かなり小さい土地割となっている。東は条里型地割、そして西は新田地割と解してよい。大和川以北の「依網池」の輪郭は、わずかに残る小さいふたつの池の配列状態、および大依羅神社と池との位置関係から推定せざるをえない。

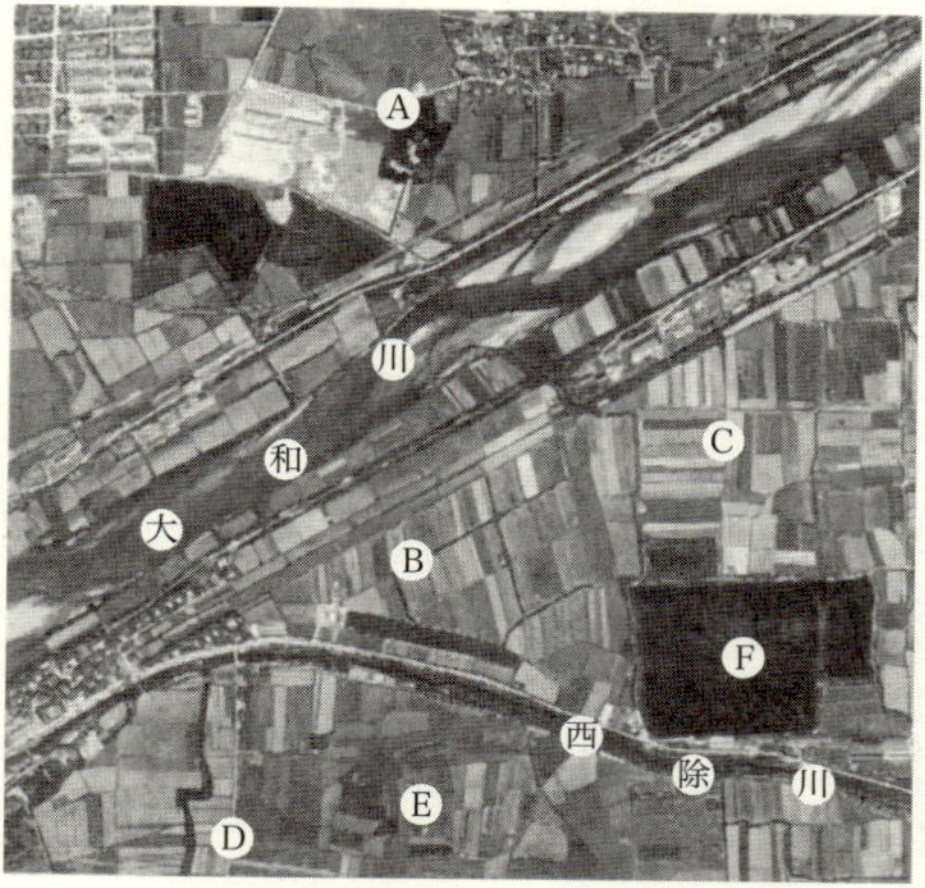

写真5－5　旧「依網池」付近の景観　Ⓐ大依羅神社　Ⓑ新田地割　Ⓒ条里型地割　Ⓓ開析谷　Ⓔ旧湖岸線　Ⓕ今池（1961年撮影）

これに対し、西方は大和川の河川敷のしめる割合が大きく、また操車場、住宅団地などとして、著しく改変されているため、現景観から旧湖岸線を押さえることはできない。そこで西の汀線は、文明期および宝永の絵図を参考にして描くことにした（写真5－6参照）。

なお、宝永期の作と考えられる絵図では、除川筋が「依網池」の南をかぎるように描かれている。しかし、空中写真から微地形の特徴を少しくわしく検討すると、当時の湖岸線がそこより若干南にまで広がっていたことがわかる。すなわち現西除川の南に、旧湖岸線をものがたる崖が残っており、それをたどると、旧湖岸線は図5－11に示したようになる。宝永期に、池そのものが、若干縮小していたのか、それとも除川筋以南の池の部分を描くことを省略したのかは不明である。旧湖岸線以南の開析谷は、今もなお細流をとどめており、小字「川向堤下」付近には、開析谷から運び込まれた土砂によってつくられた小さい河口洲らしいものが存在する。

このように復原してみると、「依網池」の面積は、図上計算で六〇ヘクタールにおよぶ。もっとも、これは築造当時の広さを示すものではないし、すでに述べたように、水位のわずかな変動によって、その面積を著しく変化させたはずである。いずれにせよ、『河内志』に記された三〇〇畝は、ちょっと小さすぎる。池底の起伏などを考えると、『松原市史一』にみえる三五万平方メートル（三五ヘクタール）が妥当な値といえるであろう。

〝ジュンサイ〟は語る

水渟《たま》る　依網池に　蓴繰《ぬなわく》り　延《は》へけく知らに　堰杙築《いぐいつ》く　川俣江《かわまたえ》の　菱茎《ひしがら》の　さしけく知らに……（『日本書紀』応神天皇十三年九月条）

これは、「依網池」の南岸付近で、ジュンサイ（沼縄《ぬなわ》）を手繰《たぐ》っている情景をうたったものである。沈水植物であるジュンサイは、水深一〇〇～二〇〇センチ前後のところに生育するのが普通であるため、この記事から、池築造後間もないころには、この程度の深さを示す部分が、湖岸とりわけ南や西に広く存在したことがわかる。浅いという点で、地形環境の復原結果とも、うまく対応する。

「川俣江」については、地名と解し、現在の東大阪市川俣付近にあてられている（『日本古典文学大系』六七）が、そうではなくて、これは当時の景を示す普通名詞とすべきである。「依網池」の景に対する表現のなかに、突然北へ一〇キロ以上も離れたところの話をもってこなければならない理由はない。

すでに述べたように、「依網池」の南岸には、南から流れてきて「依網池」に注ぐ二本の浅い谷があった。「川俣」は、川の分流、分岐を指すのが一般的といえるが、「応神紀」では、小さいふたつの川が並行して池に流れ込んでいる様子に対し、「川俣」という字をあてたのであろう。あるいは、池に流入したのち、細流が分岐して小さいデルタを形成していた様子を指したのかもわからない。『古事記』には、「川俣江」という表現はなく、「水溜る

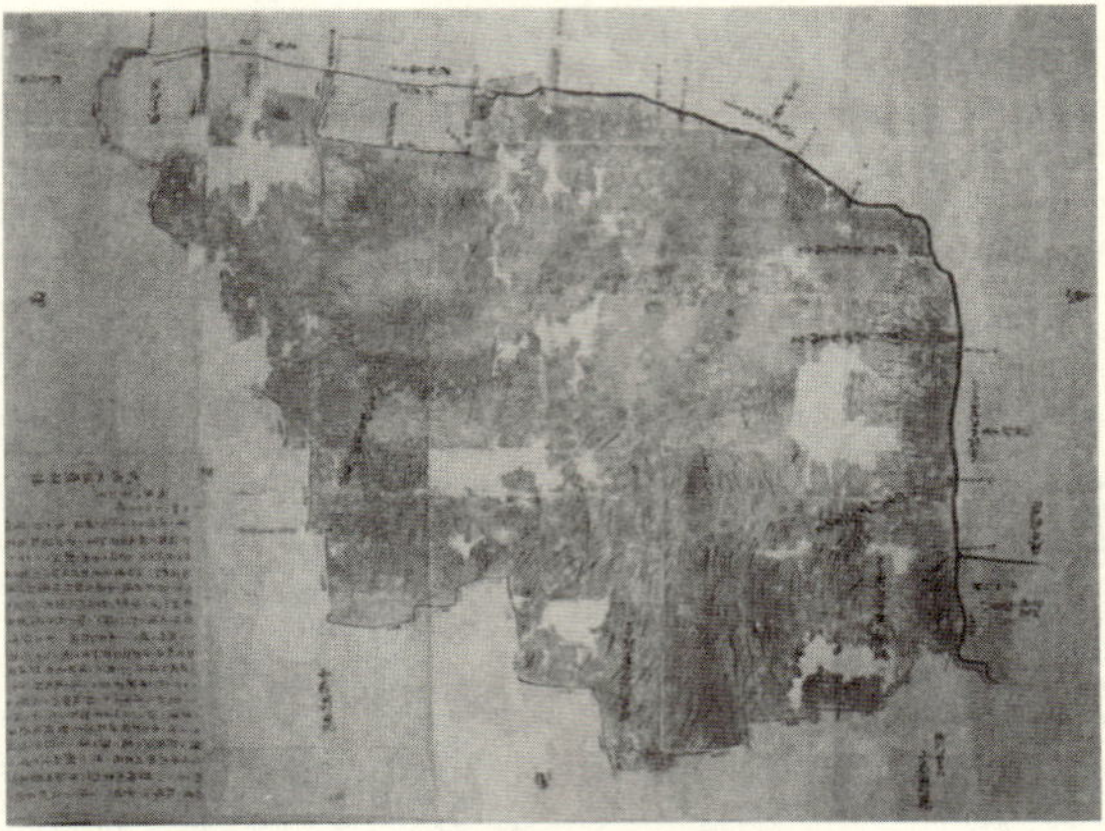

写真5－6　依羅池古図　中央やや北寄りにジュンサイもしくはハスが、そしてまわり一面にヨシが描かれている。黒色は堤防の部分。（大依羅神社蔵）

写真5－7　大依羅神社　古くから「依網池」の近くにあり、大依羅神社、依網大明神などと呼ばれてきた。まわりの景観は著しく変化しているが、境内は今なお静かなたたずまいを示す。

依網の池の　堰杙打ちが　挿しける知らに　蓴繰り　延へけく知らに」となっている。「江」は入江を指し、ここではふたつの谷の入口、小字でいうと「川向堤下」付近にあたる。十五世紀末ころの作と伝えられる「依羅池古図」には、ヨシがほぼ全域に、また中央やや北寄りのところにジュンサイもしくはハスが、詳細に描かれている。したがって、このころには、池の中央から少し北に寄ったところを除くほぼ全域にわたって、水深は一〇〇センチ以下であったことが知られる。「針魚大溝」および二本の谷から運び込まれた細かい土砂や水草、落葉などによって埋められ、水深は徐々に小さくなっていた。

池の築造年代と目的

『記紀』には、「依網池」をつくったという事実しか記されていないため、それの築造目的が何であったかはっきりしない。「裂田溝」や「針魚大溝」と異なるところはそこにある。これまでのところ、狭山池に連なる灌漑用水を、一時的に貯えるところにあったとする考え方が出されている。この説にしたがえば、「依網池」は、狭山池とほぼ同じころにつくられたということになる。

しかし、狭山池と「依網池」では、池が立地する地形環境や地理的位置がまったく異なるため、同一時期につくられたと考えるべきではない。後述するように、狭山池は、ひとつの河川を全面的に堰《せ》きとめてつくるという、きわめて難工事であった。それに対し、「依網池」の場合は、北ないし北北東に向かってゆるく傾斜する段丘面につくられたため、工事はわりあい容易であったと考えてよい。また住吉から上町台地に至る難波の中枢域とも至近の距離にあるため、池築造の必要性が、より早く生まれたはずである。

以上のような理由から、「依網池」は「針魚大溝」および天野水（天野川）の水の一部、それから天野水以西の段丘面を流れくだる水を一時的に貯えることを目的として、狭山池よりは、かなり早い時期につくられたと解する。その時期は五世紀の前半から中葉ころであろう。このころ朝鮮半島から新たな技術が伝えられ、河内や和泉地方では、開発の場は低地から段丘の上にまで広がった。「裂田溝」の開削は、四世紀末のころと推定されており、それより遅れること約半世紀ということになる。

「依網池」は、灌漑目的のみでつくられたのであろうか。あるいは、灌漑のみに利用されていたのであろうか、最後まで残る疑問である。すでに述べたように、このあたりでは、天野川の水を段丘面に揚げることは容易であったし、段丘面にも二〜三本の細流があった。そこで、わざわざ溜池をつくらなくてもよかったのではなかろうか。中国古代の溜池には、最初水草や魚類を育てるために利用され、のちになって灌漑目的が加えられた例がある。住吉大社に近い「依網池」の場合、当初は灌漑のほかに、ジュンサイやコイ、フナなどを育てていた可能性が大きい。少なくとも、「応神紀」や「依羅池古図」はそのことを強く暗示するのである。

「依網池」に貯えられた水の一部は、段丘面を刻む水路「住吉堀割」によって北に導かれ、段丘を西に横ぎったのち、細井川となって住吉大社の門前付近にまで至った。

5　狭山池と除げ

一本の川を堰きとめてつくられた池

「依網池」は、段丘面の東と北の一部に堤防を築くだけの、きわめて浅い池であった。それに対し、狭山池は低地を流れる一本の河川（天野川）を、完全に堰《せ》きとめるかたちをとっている。そのため、たいへんな難工事であったと想像できる。

池の築造年代については、湖岸の段丘崖においておこなわれた須恵器《すえき》生産の時期から、六世紀中葉以降とする説が有力である。「依網池」の築造年代から遅れること約一五〇年という計算となる。段丘開発のプロセス、狭山池が立地する地形環境、築造方式などから考えて、妥当なところであろう。

湖岸線の変遷については、「おおまかな位置と形は昔とかわりのないものと思われる」、あるいは「現在の狭山池は築造当時とも大差のない規模をもつと考えたほうがよいのではないか」といったような、かなり概略的な見解しか示されていない。研究の余地が残されているといえるのである。

この池の特徴は、両サイドに排水を目的とした「除げ」をもつ点である。そこで、これらふたつの除げのつくられた時期やルートについても、湖岸変遷と結びつけてとらえてみたい。「依網池」とくらべると、まわりはかなり複雑な地形環境を示すため、地形の概略につ

写真5－8　狭山池とその周辺地域の景観　Ⓐ西除川　Ⓑ副池　Ⓒ蓮池　Ⓓ東除げ　Ⓔ今熊川　Ⓕ天野川　狭山池北堤東端の細長い池「御庭池」は東除げにさきだって掘られた一時的な除水路かもしれない。（1961年撮影）

いて、はじめに述べてみよう（写真5－8参照）。

まわりの地形環境

狭山池の東方には、主として大阪層群よりなる羽曳野《はびきの》丘陵が、ほぼ南北走する。これは東寄りに分水界をもち、標高は一三〇～一六〇メートルを示す。それに対し、狭山池の西南部に位置するのは、陶器山（狭山）丘陵であり、これも大部分は大阪層群よりなる。

天野川は、大阪層群と領家花崗岩《りょうけかこうがん》が接する地点、すなわち天野山付近に源を発し、両側に低い段丘をつくり、また小規模なメアンダー（蛇行《だこう》）をくり返しながら北北東に流れて伏山《ふしやま》の南に至る。そしてそこから北ないし北北西に向きを変え、今熊川（三津屋《みつや》川）との合流点付近において、狭山池に注いでいる。狭山池築造以前の天野川（旧天野川）は、ここから北に向かい、余部《あまべ》付近に至っていた。

中位段丘は、旧天野川のつくる狭い谷底平野によって、いくつもに分断されている。低位段丘は、狭山池北堤の西端付近、西除川右岸の北野田、東除川沿いの加田《かだ》（加太）、菅生《すごう》付近などに、断片的に認められるにすぎない。

中位段丘が形成された年代が、数万年のオーダーであるのに対し、沖積（完新世）段丘は数千年ないし数百年のオーダーといえる。この面は、狭山池から太満《たいま》池を経て北野田、余部付近に至るあいだと、太満池東方の大鳥池から裏池の北にかけてみられる。前者すなわち、狭山池下流部の沖積段丘は、狭山池の築造に伴い、新流路「西除げ」に旧天野川の水を流した結果、取り残されたかたちで二次的に形成されたものであり、段丘化の歴史は新しい。

この面の標高は、狭山池の北堤直下で約七〇メートル、北野田の東で五〇メートル前後となっている。面の平均傾斜は二二〇分の一程度であり、現在では、中央やや西寄りの部分が開析されて若干低くなっている。すなわち、狭山池と太満池のあいだにおいて、沖積段丘面と浅い谷との比高は一・五～二メートルを示す。太満池以北では、谷の幅が狭く、そしてより深くなっている。地形分類図に開析谷として示してある部分が、この谷にあたる（図5－12参照）。この谷は幅が四〇～八〇メートルで、北野田の東方では二メートルあまりの比高をもつ。北野田北部において、この沖積段丘面と新しく形成された西除川沿いの谷底平野面との比高は、三～四メートルに達するが、開析谷の底は一メートルあまりの崖をもって谷底平野に移行している。

つぎは、大鳥池《おおとり》の北方に位置する沖積段丘である。この面は、標高五五～六一メートルの範囲に広がっており、狭山池下流域のものより、規模はかなり小さい。幅は二〇〇メートル前後、長さ五〇〇メートルあまりで、大鳥池の部分を含めても、一〇〇〇メートル足らずである。この面の形成要因は、狭山池下流部の場合と同様、人工的なものである。

すなわち、もともと羽曳野丘陵から流下したふたつの小河川は、大鳥池の若干上流部で合流し、そのまま北に向かって流れていた。ところが、近世初頭の狭山池大改修の際、一連の除水工事にともなって、大鳥池東南角付近から東に向かう新しい流路が開削されたため、それ以北の区間が取り残され、段丘化することとなったのである。したがって、この面が形成

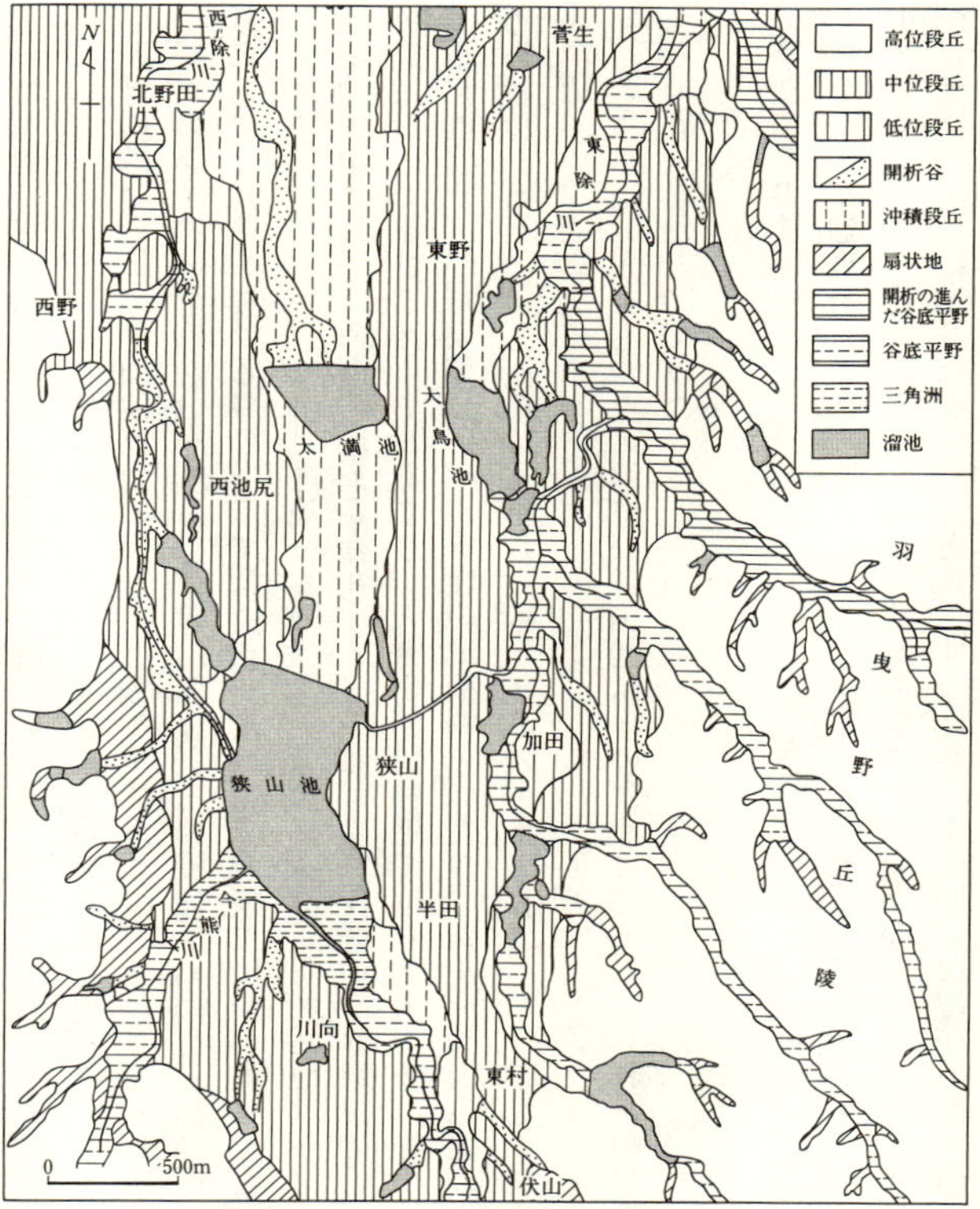
N
西除川
北野田
菅生
東除川
東野
西野
大満池
大鳥池
西池尻
狭山池
狭山
加田
羽曳野丘陵
今熊川
半田
川向
東村
伏山
0
500m
高位段丘
中位段丘
低位段丘
開析谷
沖積段丘
扇状地
開析の進んだ谷底平野
谷底平野
三角洲
溜池

図5－12　地形分類図

された歴史はさらに新しく、十七世紀以降といえる。

このような段丘によって東西をかぎられ、南北方向に細長く延びるのが谷底平野である。旧天野川沿いでは、狭山池以南の天野川と今熊川に沿って、それから西野以北の西除川沿いに、このタイプの地形が分布する。東除川およびその支流沿いにも、幅の狭い谷底平野がわりあいよく発達している。こちらでは開析が進み、小規模な段丘の集まった地形面を示すところがある。これらは、谷底平野というより、規模の大きい開析谷とすべきかもしれない。

狭山池の南には、三角洲の地形が存在する。これは慶長年間の改修以降の堆積面といえる。今熊川沿いで厚さ二メートルあまり、天野川河口付近では六メートル前後の粘土ないしシルト層が堆積するが、大部分はデルタ性の堆積物といえる。狭山池や大鳥池の下流部に発達する沖積段丘と同じく、この地形面は、環境の人為的改変によって生じた人工地形（二次的地形）ということができる。

このような背景をもつこの地に、狭山池はどのようにしてつくられたのであろうか。つぎにその歴史をたどってみよう。

築造ころの狭山池

狭山池が築造されたころ、この付近では南南東から流れてきた旧天野川が、今熊川と合流したのち、若干方向をかえ、かなり屈曲しながら北に向かっていた。推定される当時の地表面は、図5－13に示したとおりである。すなわち、上流側では現在の地表面より四〜五メー

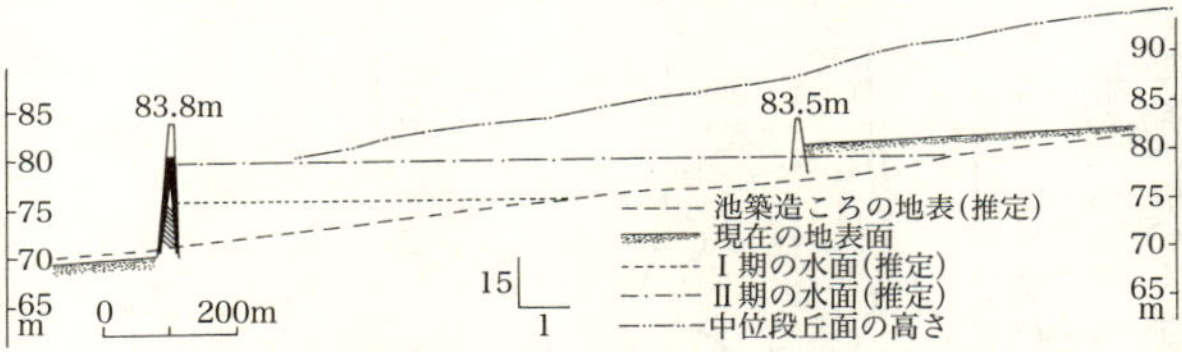

図5－13　狭山池付近の縦断面図（推定）　池の築造後、下流側では浸食が、上流側では堆積が起こっている。

トル低位にあるのに対し、下流側のレベルは、現在より若干高かったと思われる。堤防は下流部のみに築かれたが、そこは旧天野川が方向を転じ、しかも谷底平野の幅がもっとも狭くなっている地点にあたる。堤防の長さは、約三〇〇メートルであったが、それは当時の谷底平野の幅と一致する値である。

堤防の高さは、あきらかになしえない。しかしながら、当時の土木技術の発達段階から考えると、堤防の頂部は西側の低位段丘、すなわち七七メートル面と同じかそれより若干低位にあったことが推定される。そこで、かりに標高七一メートルを示す谷底平野面に、高さ六メートルの堤防を築き、深さ四・五メートルにまで水を貯えたとすると、池の面積は二〇ヘクタール前後となる（図5－14参照）。この場合、水面は東側の段丘崖の頂部より四・五〜六メートル低かったはずである。

ところで、一定の流量をもつ河谷を全面的に堰《せ》きとめた場合、灌漑用水を導き出すための樋《ひ》のほかに、洪水による堤防の崩壊を防ぐための除水路「除げ」が、どうしても必要となる。これらが池築造と同時につくられたかどうかは不明であるが、少なくとも、天平《てんぴょう》年間の行基《ぎょうき》による改修（七三一年）のころま

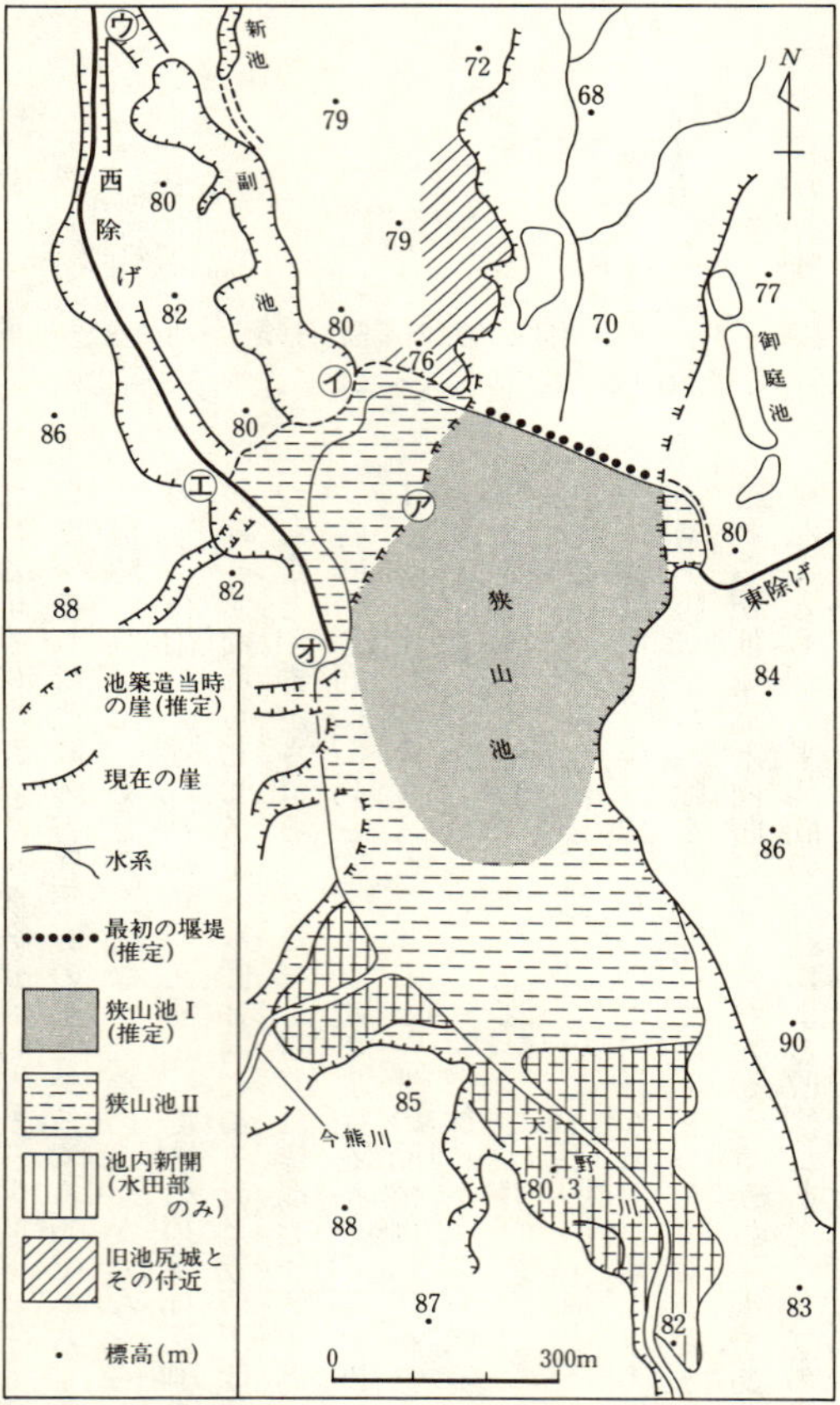

図5－14　狭山池の湖岸変遷　㋐は池築造ころの西除げ口、㋓は慶長のころの西除げ口、㋔は現在の西除げ口。

では、ひとつの樋とひとつの除げが完成していたと考えてまちがいない。

最初につくられた樋の位置は、現在とさほどかわりなく、北堤のほぼ中央部にあったと考えてよいが、除げの場合は、現状と大きく異なる。最初の西除げ口は、図5－14の㋐のとこ

元　号	西暦	事　　項	元　号	西暦	事　　項
天平 3	731	行基が池を修築	享保 14	1729	西除一部崩壊
〃 4	732	下池を築造	〃 15	1730	西除、北堤修復
天平宝字 6	762	決壊した堤防修理	〃 18	1733	西除修繕
建仁 2	1202	俊乗房が池を修復	〃 20	1735	西除修繕
慶長 13	1608	狭山池改修	元文 5	1740	東西両樋修復
元和 6	1620	狭山池堤切れ	〃 5	1740	北堤決壊、西除崩落
寛永 4	1627	東西の底樋修復	寛保元	1741	西除復旧、北堤復旧工事
〃 10	1633	東西の樋御普請	延享 5	1748	浚渫計画、不許可
〃 11	1634	堤かさ置御普請	〃 5	1748	西除流失
〃 16	1639	東除石垣御普請	明和 2	1765	東西両樋修繕
〃 17	1640	東樋及東除石垣御普請	安永 7	1778	東西両樋修繕
〃 19	1642	西樋・中樋御修繕	天明 2	1782	西樋修繕
正保 3	1646	西樋修復	寛政 4	1792	東西両樋修繕
〃 4	1647	西樋・中樋修復	享和 2	1802	西除大破
慶安 2	1649	石腹付御普請	文化 11	1814	西除修繕
明暦 2	1656	西樋・東樋修復	〃 12	1815	西除流失
寛文 6	1666	へまくり繕御普請	文政 3	1820	西樋大破
延宝 2	1674	西除石垣破損、橋流去	〃 8	1825	東樋修繕
〃 3	1675	西除石垣と橋御普請	〃 12	1829	中樋大破
〃 3	1675	西除石垣流失	安政 4	1857	西除崩落
〃 4	1676	西除石垣工事	〃 5	1858	西除修復
〃 5	1677	西除石垣御普請	〃 6	1859	西除普請
〃 8	1680	西樋、中樋御普請	慶応 2	1866	北堤崩落 167 間
貞享元	1684	東除橋御普請	〃 3	1867	北堤修繕
元禄 7	1694	西除大破	明治 7	1874	西樋普請
〃 7	1694	西除口御普請	〃 17	1884	西除堤崩壊
〃 9	1696	西除刎橋おちる	〃 18	1885	西除堤復旧
〃 10	1697	西除尻御普請	〃 18	1885	新築堤決壊
享保元	1716	西除石垣御普請	〃 19	1886	堤防竣工
〃 4	1719	西除御普請	〃 23	1890	西除落口天石まで掘れる
〃 8	1723	東西両樋及東除川橋修繕	〃 26	1893	西除修繕
〃 11	1726	東西両樋修繕	〃 36	1903	西除全部崩壊

表5－2　狭山池の決壊と改修　『狭山池改修誌』その他による。

ろにあったと考えられるが、ここは当時旧天野川沿い低地の西をかぎる段丘崖にあたり、面の標高は七八〜八〇メートル、崖の高さは五〜七メートルであったと思われる。㋐の地点から㋑を経て新池あるいは㋒に至るルートが、最初の排水路として掘削《くっさく》されたが、その際㋐の地点では、段丘面が三〜五メートル掘りさげられたものと思われる。

比較的よく締まった段丘層を、一〇〇〇メートル前後にわたって掘削するのは、かなりの難工事であったが、西方から東北に下る浅い開析谷がすでに存在し、それが㋓の東を経て㋑の近くに至り、そこから北北西に向かっていた可能性もある。そうだとすると、まったく新しいルートの掘削は㋐—㋑間の約三〇〇メートルでよかったのである。

狭山池の西側は、地質条件がきわめて悪い（地すべりが起こりやすい）うえ、ひとつの河川を全面的に堰きとめて、巨大な池をつくったため、その後西除げ沿いの異常な浸食と崩壊、北堤の崩壊と修復とが、絶えずくり返されることになる（表5－2参照）。

慶長年間における池の拡張

慶長十三年（一六〇八）ころの改修は、旱損《かんそん》から農民をまもるためにおこなわれた。堤防の延長と嵩上《かさあ》げ工事によって、狭山池の面積は二倍以上に拡大され、景観が一変する。また灌漑範囲は増大して五十数ヵ村にわたるようになり、収穫高は五万石におよんだ。

堤防は、従来の長さ三〇〇メートルから、西へ約五〇〇メートル延長された。それと同時に、平均四メートルの嵩上げがおこなわれたが、これによって堤防の頂部は東の段丘面のレベルにほぼ等しくなり、西方では段丘面上にも若干盛土されることとなった。これら一連の工事によって、池の東西幅は平均三〇〇メートルから最大六三〇メートルに拡大された。南北幅は水位の変動によって必ずしも一定しないが、湖面の水位を七九メートルと仮定した場合、図5－14（狭山池Ⅱ）からもわかるように、約六〇〇メートルから一二〇〇～一三〇〇メートルに拡大され、池の面積は五二～五三ヘクタールに広げられたことになる。『狭山池改修誌』（一九三二）には、当時の池の面積五一町五反と記されているが、これは地形条件から判断して計測した値五二・七ヘクタールとほぼ一致する。水深三二尺五寸（九・八メートル）は、若干過大な値という気がしないでもないが、天野川や今熊川による埋積が、北堤付近にまではおよんでいなかったこと、そして改修時に堤防背後を浚渫《しゅんせつ》したとすれば、この値でもよい。

このあたりで、新しい湖岸線を推定した根拠について、少し述べてみよう。まず西方への拡大範囲は、慶長十三年の『河州丹南郡岩室村狭山池土取水入御検地帳』の、つぎの記事によっている。

池底水入土取分
川はた　上田一反五畝　一石九斗五升
四右門
上田八畝十八歩　九斗四升六合

彦右門

中略

しりけ　上田一畝　一斗三升

藤右門

ここには「川はた」「しりけ」などの小字名が記されているが、いまは存在しない。これらの水田は、狭山池の拡張期以前までは、池西方の段丘上に存在したが、築堤に用いるための採土がおこなわれ、やがて池の敷地として消滅してしまったのである。

つぎに、池の西北付近に小字「狭山池」が集中して残っているが、この部分は当時の拡張によっていったん池敷となり、のちの時代に池が縮小された際、再び陸地に復した範囲と考えることができる。その範囲をトレースして描いたのが、西方の新しい湖岸線である（図5-14）。『狭山池改修誌』は、当時の西方への拡張面積を約六ヘクタールと推定しているが、これはかつての崖の位置、小字名などを勘案しておこなった図上計算の値に近い。

南部の場合は、復原されうる低地の断面形および周囲の微地形から一定の推測をおこない、さらに元禄年間（一六八八〜一七〇四）に開かれた「池内新開」をものがたる小字名を台帳から抽出して、大縮尺の地図上に描き、およその輪郭を決定した。それによると、旧岩室村と旧池尻村において、あわせて三〇ヘクタールの土地が水没したことがわかる。

樋と除げの新設

池敷の拡張にともなって、樋と除げの改修と新設をおこなう必要が生じた。『狭山池改修誌』には、「工事の程度種類等は東西両樋管を除きては、記録の徴すべきものなきを以て明に之を知ること得ず……」とあるが、ここでは、図5－14の㋑の地点、すなわち従来の西除げを堰きとめて、その下部に樋（西樋）をつくり、西に延長した堤防の西端に、西除げを新設したと考えたい。この時期に西除げは西南西方向に二〇〇メートル近く移され、北（中）樋のほかに西樋が新しく敷設されたことになる。そして新しい除げ口の下流部は、約六五〇メートルにわたって開削された。

空中写真をみると、東の崖に近いところに東樋が、一時的に存在していた可能性もある。寛文《かんぶん》五年（一六六五）の樋改帳には西、中、東として三ヵ所の樋の名が記載されているが、寛保《かんぽう》元年（一七四一）の絵図には、東樋がなく、中樋のところに東樋と書いてある。さらに、安政四年（一八五七）の『狭山池之由来』に、東樋の名が出ている。

このようにして、東樋は継続性に乏しく、必要に応じて一時的につくられたのか、あるいは北樋を東樋と呼んだこともあると考えざるをえない。

ところで、旧天野川の形成した谷底平野が、北北西から北北東に方向をかえる地点において、①河谷に直交させないで、西方が若干下流部にずれる角度で堤防がつくられたらしいこと、②地質・地形の両面で、より不安定な西方に池が拡張されたこと、そして③水勢が殺到する西端に西除げと西樋が新設されたことなどの理由により、この付近では、崩落《ほうらく》と決壊がいっそう頻繁《ひんぱん》に生ずるようになる。その状況は、表5-2からもうかがい知ることができる。すなわち、慶長十三年から寛保元年までの約一三〇年間に発生した災害とそれの修復三〇件あまりのうち、六〇パーセントは西樋と西除げについてであった。たとえば、元禄年間には西除げが大破し、下流部の〝落口〟が深く浸食されて滝壺を生じ、原形をほとんどとどめないほどになった。

寛保元年ころの狭山池

このようにして、池の北端では堤防の決壊と樋門や除げの流失がくり返された。いっぽう、南部では天野川と今熊川によって土砂が運び込まれ、新しいデルタが形成されつつあった。図5-15は、精度に問題があるため、厳密な考察はできないが、古記録や微地形と比較対照することによって、つぎのような解釈が可能である。

すなわち、元文《げんぶん》五年（一七四〇）八月の洪水によって、北堤が九ヵ所あわせて六六間（一二〇メートル）にわたって崩壊した。この図からは、北（東）樋の両側において、堤防の内側が崩壊しているらしいことがわかる。さらに西樋の西方では、堤防の屈曲が慶長のころにくらべて、かなり大きくなっており、西除げ口の位置が一五〇メートルばかり上流側に移動していることが知られる。これは慶長期に西除げが新設されて以来、崩壊するたびに排水口を少しずつ上流に移した結果である。

池の上流側をみると、天野川と今熊川が狭山池に流入する河口付近に、広域にわたって砂堆を発達させている様子がよくわかる。土砂の堆積については、延享《えんきょう》五年（一七四八）の「河内国丹南郡狭山池浚目論見絵図」に添えられているつぎの文章から理解される。

狭山池内天野川年々埋り池内江土砂夥鋪流込其上新開床よりも所により川床高く罷成洪水

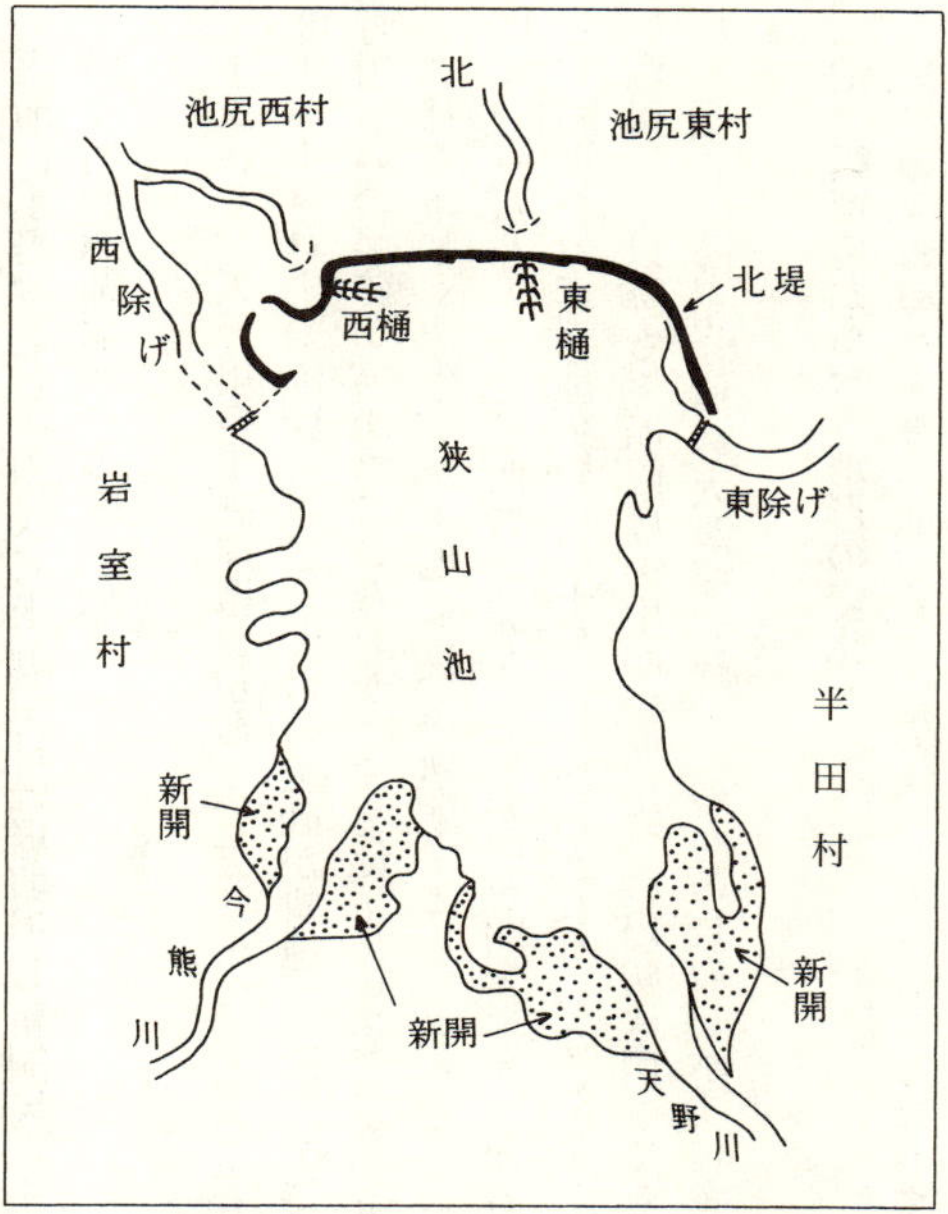

図5－15　寛保元年（1741）ころの狭山池　精度に問題は残るが、重要なところはうまく描かれている。（「修築狭山池絵図」より）

之節は小堤惣越しに相成其上近年打続堤切損し新開場江土砂はせ込毎度荒場出来新開場段々地面悪鋪罷成作人難儀仕候……

すなわち、天野川の土砂運搬量が多く、天井川の傾向を示していたため、洪水の際には、オーバーフローや破堤が生じ、多量の土砂が耕地に流れ込んだのである。この地図には、天野川沿いの堤防が描かれていないが、すでに小規模のものがあったらしい。

これら新しく陸化した土地には、「新開」という名称がつけられているが、これは元禄年間（一六八八〜一七〇四）に開かれた池内新開を指す。西方の湖岸線はかなり屈曲しており、開析谷の末端部がいまだ十分には埋積されていないことをものがたる。

寛保元年以降も、西除げを中心に北部での堤防決壊をくり返しつつ、安政五年（一八五八）、そして昭和初期の大改修を経て、現在の景観を示すに至るのである。

池の築造にともなう地形の変化

規模のきわめて大きい池であったため、それにともなってさまざまな地形変化が生まれた。ここでは直接的変化のいくつかについて述べてみよう。

まず第一にあげられるのは、谷底平野を横断する大規模な堰堤の建設と、そのための土砂採取である。すでに述べたように、堤防の長さは約三〇〇メートルと考えてよい。築造当初の幅はあきらかになしえないが、鎌倉時代において一三〜一六メートルであったとする見解がある。そこで、当初の堤防の長さ約三〇〇メートル、平均幅一五メートル、高さ六メートルと仮定すると、合わせて二万七〇〇〇立方メートルの土砂が移動させられた計算となる。採土地として、①築堤地点に近い上流側の谷底平野面、②現在の北堤西北方の段丘面、③図5-14の㋐から㋑に至る西除げのルート沿いなどの可能性が大きい。①の場合、谷底平野の表層部約二メートルを構成する細粒物質（砂・シルト・粘土）、およびその下に堆積するより堅い砂礫層の一部を掘り起こして用いたと考えられる。

堤防の西北端の段丘面において、当初、築堤用の土砂の一部が採取された可能性は大きいが、ここは正平《しょうへい》年間（一三四六〜一三七〇）に池尻《いけじり》城が築かれたところでもある。したがって、築堤にともなう採土と築城による地形改変がどのように関連しあって現在のような景観を示すに至ったかは、あきらかではない。③の場合は、西除げが池築造と同時期に開削されたと解するときにのみ、その可能性が生まれてくる。いずれにせよ、①を中心に、②③の両地区から採土されたと解すべきであろう。

以上に対し、慶長期の採土地は、検地帳や現在の微地形から推定することが可能である。すなわち、狭山池の北堤に近い西方の中位段丘が、おもな採土地となり、採土跡は池敷の拡張にともなって水没してしまった。

第二の地形変化としては、東西両除げの開削があげられる。西除げの場合は、中位段丘面の傾斜にほぼしたがったルートが選ばれた。開削の時期は池築造のころ（第一期）と慶長年間（第二期）に大きく分けられ、総延長は約三〇〇〇メートルに達する。

いっぽう、東除げは、慶長年間の改修時に、新しく開削されたと考えてよい。これは狭山池の東に接する中位段丘面約六〇〇メートルを切りひらく区間と、さらにその下流部において、大鳥池東側の段丘面を、五五〇メートル前後にわたってV字形に切り込む区間の二ヵ所に分かれている。前者については、『狭山町史二』に、開削当初の幅が二間（三・六メートル）と記されているが、その後における浸食と崩壊の結果、現在では下流寄りで幅が一〇～一五メートル、深さは七～八メートルに達する。

大鳥池以東の除げは、規模がかなり大きい。すなわち、谷幅は四〇～七〇メートルに達し、深さは上流側で約一〇メートル、下流側で一五メートル前後となっている。もっとも、これは開削当時の規模そのままを示すものではない。西除げに対し、東除げの場合は、北ないし北西にゆるく傾斜する段丘面に、ほぼ直交するかたちで谷が切られており、地形の点で不適合な人工谷ということができる。

除げと除川

狭山池の維持管理にとって、除水路「除げ」の果たした役割はきわめて大きい。そこで両除げについてもう少し述べてみよう。

西除げ（西除川）は、天野川中・下流部の水の一部を、一定の区間だけ、別のルートを流している点に、大きい特徴がある。これは部分的人工河川ということができる。西除げという名称は、狭山池築造後に、池より下流部の一定区間に対してつけられたもので、せいぜい北野田までのあいだではふさわしい。河川が通過する地域名をとったものではなくて、それの成因、機能などから生まれた名称といえる。

すでに述べたように、西除げが開削されたのは、狭山池築造とほぼ同じ時期と考えてよい。その後しばらくのあいだは、「西除げ」という語が用いられていたはずであるが、享保《きようほう》二十年（一七三五）には、「西除げ」ではなくて「西除川」という名称となっている。すなわち、

河州丹南郡狭山池西除川筋北野田村領内に在候八ケ村井路口……（西除川筋諍論和睦一札）

とあり、このころにはたんなる除水路ではなくて、明確な河川の状態を示すに至っていたこと、そして用水河川として大きい役割を果たしていたことがよくわかる。

以上に対し、東除げ（東除川）の場合は、ある河川（天野川）の水の一部を、洪水時にのみ、まったく別の河川（廿山川）流域に流し込んだという点に特徴がある。したがって、河川の性格の点からみると、東除川という名称は、あまりふさわしくない。廿山川あるいは平《ひら》尾《お》川とすべきであった。

もうひとつの特徴は、東除川が排水河川の性格をもつ点である。すなわち、大鳥池の東方より下流部では、段丘崖が高く、西川付近までは、左岸への灌漑が不可能であった。したが

写真５－９　東除川の現景観　集落のあいだを通るところは石垣やコンクリートで固められている。平常は水がほとんど流れていない。

写真５－10　狭山池の北堤付近の遠望　右は金剛山、左は二上山。

って、東除げによる狭山池からの除水は、下流の村々にとって迷惑以外の何ものでもなかったのである。そのあたりの事情は、東除げが開削されて間もない、延宝《えんぽう》三年（一六七五）の文書『狭山池東除筋三十七箇村百姓口上書』に、つぎのように記されている。

東除筋は狭山池出来無之以前ハ山ニ而御座候、唯今も用水とても取不申候事、……
東川筋と申候ハ先年ヨリ廿山平尾川其外谷々之水請申川筋ニ而御座候様ニ狭山池出来之時節ヨリ新規ニ東除請申候ニ付それヨリ数度水難ニ逢申故、……

これらの記事から、十七世紀前半のころ、東除川の水は灌漑用水として利用しえなかったこと、そして東除げによって、洪水時の水が送り込まれた結果、下流域では、しばしば水害を発生した事実を知ることができる。

このようにして、東西両除川は、それぞれ異なった歴史的背景と機能をもって、いまも静かな流れをつづけている。昔と異なる点は、流域の都市化にともなって、灌漑用水としての重要性が低下したこと、および水質が悪化していることなどである。

第六章　消費の場を復原する

1　港の原風景

海底に沈んだ港「イッソス」

古代ローマ時代の有名な港「イッソス」は、トルコの西端エドレミット湾の浅い海底に沈んでいる。そこは有名なトロイ遺跡の南約五〇キロにあたる。港の近くにつくられた当時の都市の建物はすでに破壊されてしまっているが、港の保存状態はよい。それは水面下に没しているからである。

この港は、もともと花崗岩からなる断崖の裾のところにつくられた。その後海水面が相対的に上昇したため沈水するいっぽう、波によって運ばれてきた泥や砂で薄くカバーされた結果、水面下に見え隠れする港として、当時の面影をいまもなおとどめているのである。

河口の港「オスティア」

オスティアは、紀元前四世紀の中ごろにローマの外港、そしてカストルム（要塞）として

写真6－1　トルコのエドレミット湾に沈んだ古代ローマ時代の港　古代以降海進がつづき、砂質の堆積物によって薄くカバーされたため、港の痕跡がわりあいよく残されている。（J. C. クラフト他、1983より）

テベレ川の河口に建設された。テベレ川は冬から春にかけて、よく洪水を起こしていたが、とりわけローマ時代には、ローマ北部の山地で森林が伐採されたため、激しい土壌の浸食と流亡が起こった。上流から運ばれてきた土砂は河床を上昇させるとともに、河口に砂洲《さす》を発達させたため、船の遡上《そじょう》が困難となった。

そこで、紀元前一世紀の前半ころに、ローマ皇帝クラウディウスは、テベレ川の右岸に小さい分流をつくるとともに、本流の河口から北へ約三キロ離れたところに人工の港を開いた。しかし、その後紀元六三年に二〇〇隻以上もの船が、この港のなかで沈むという事故が起こった。完全な防波堤がつくられていなかったためである。そこでトラヤヌス帝は、そこから少し陸地に入り込んだところに、六角形をした、いっそう強固な港をつく

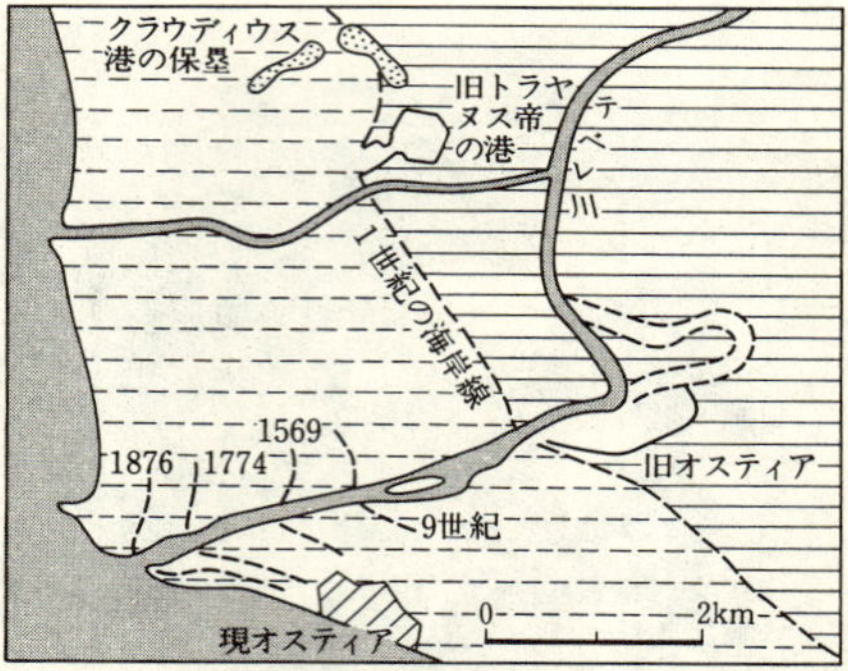

図6－1　テベレ川河口付近の海岸線と港の変遷　過去約2000年間に海岸線は2500～3000m前進した。港はあちらこちらと移動している。（N. J. G. パウンズ、1973より）

っている。

このようにして、この港は土砂の堆積にしたがって、その場所をつぎつぎと移動させざるをえなかったのである。

ラグーン（潟湖）に消えた港

ギリシアのメッシニア湾に注ぐカルヤ川河口では、ローマ時代以降、海岸線は海の方に向けて三〇〇メートル前後移動している。その結果、河口付近のラグーンに成立した当時の港は消滅してしまった。

ローマ時代のメッシニア湾は、標高三〇〜五〇メートルの海岸段丘（鮮新世層）のすぐ近くに迫っていた。段丘崖下は砂礫の高まりをもつ海岸線をなしていたが、東方のカルヤ河口には砂洲が発達し、その背後に小さいラグーンが抱かれていた。そのことは、ボーリングコアに含まれていたセルプラ（ゴカイの類）を分析した結果あきらかである。さらに当時のラグーンでは、水量の少ない夏季に塩分の濃度が高く、カルヤ川の流量が多い季節には塩分が薄められて、汽水《きすい》ないし淡水《たんすい》の状況をなしていたことが知られている。

　砂洲によって外海と隔てられ、波のおだやかなラグーンでは、底が浅くて扁平な曳船《ひきぶね》を繋いでおくのに都合がよかった。ローマ時代およびそれにつづく時代の陶器の破片や壺が、当時のラグーンの部分から発掘されており、ここがローマ時代以降、かなり長期間にわたって

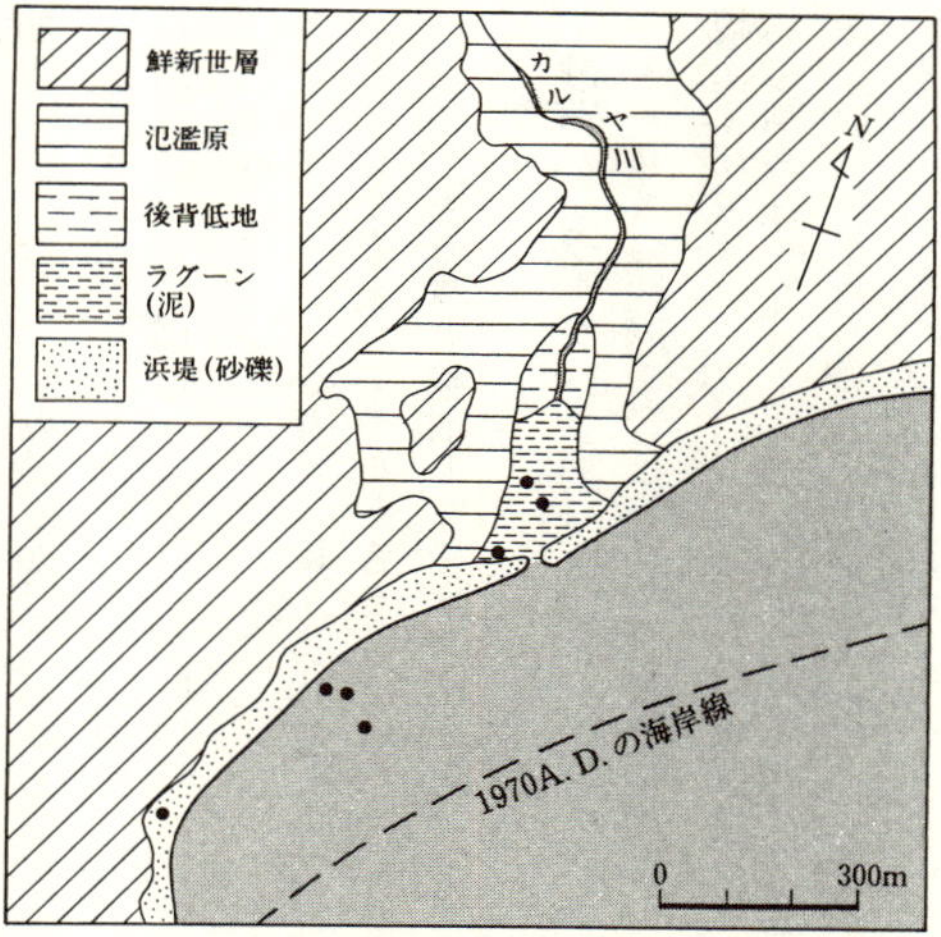

図6－2　ローマ帝国時代の地形環境　ローマ時代以降、海岸線が300m前後移動したことがわかる。河口および海岸線付近の丸印はボーリング地点。これによって、かつてのラグーンの位置と港の所在があきらかにされた。（J. C. クラフト他、1975より）

船着き場をなしていたことがよくわかる。

現在も砂洲の背後にラグーンが存在し、深さは三メートル程度である。海岸線はローマ時代以降、一様に前進しており、当時のラグーンも、ほぼ同じような状況にあったと考えてよい（図6－2参照）。

この例であきらかなように、古代においては、砂洲の背後に形成されたラグーンが、港の場所として最適であったと考えられるため、砂洲とラグーンの関係、そして港の立地環境について、もう少し検討してみよう。

砂洲とラグーン

イギリスの地形学者C・A・M・キングによると、世界における砂質海岸の割合は、海岸線総延長の約一三パーセントとなっている。わが国について計測してみると、砂質海岸のしめる割合は一九パーセント前後であり、世界全体よりかなり高い（日下雅義「古代〝難波津〟の位置をめぐって」『立命館文学』四九九、一九八七）。わが国の砂質海岸は、日本海沿岸をはじめ下北半島、鹿島灘《かしまなだ》から九十九里浜平野、御前崎《おまえざき》付近、九州の日向灘《ひゅうがなだ》、吹上浜《ふきあげはま》などに広く分布する（図6－3参照）。

縄文海進《かいしん》のころ、海岸から少し離れたところに砂洲がつくられ、その背後に内湾が形成されることが多かった。しかし、そこは河川が上流から運び出してくる土砂や、砂洲から飛ばされてくる砂によって徐々に埋積され、やがてラグーンとなった。いっぽう、砂洲の前面では、新しい砂洲が相ついで形成され、砂洲と砂洲とのあいだにも幅の狭いラグーンが数条並ぶようになった。

諸外国や日本の例をみると、砂洲は三本程度に分岐している場合が多い。形成年代に多少のばらつきはあるが、内側のいちばん古い砂洲はおよそ六五〇〇年前、いわゆる〝縄文海進〟のクライマックス直前に形成されており、もっとも外側の砂洲は古墳時代にその形成をほぼ完了している。ラグーンがつくられた時期は、砂洲の形成時期に対応すると考えてよい。地中海沿岸の例でみたように、古代の港は、ラグーンや河口部に成立することが多かった。わが国の場合、『記紀』や『万葉集』に「難波津」「住吉津《すみのえのつ》」「熟田津《にきたつ》」「海上津《うなかみのつ》」などの名がしばしば出てくるが、これらはラグーンの港の代表例であり、河口の津にくらべると、かなり永続性の高いものであった。それに対し「岡水門《おかのみなと》」「阿度水門《あどのみなと》」などは、船が一時的に立ち寄る港であり、その場所は、たえず移動していたと考えてよい。このような狭くて浅いラグーンや、地形の変わりやすい河口に繋がれた船は、どのような形をしていたのであろうか。

船の形と港の原景

古い時代の船については、土器の線刻画、船形埴輪《はにわ》、装飾古墳の壁画、さらに地中から掘り出された船体の破片などから、いろいろと推定されている。それによると、船の基本形は単材の丸木船（刳船《くりぶね》）から準構造船、構造船へと進んだ（松木哲「船の起源と発達抄史」

N
下北半島
鹿島灘
大井川
海上潟
九十九里浜平野
御前崎
知多半島
0
100km

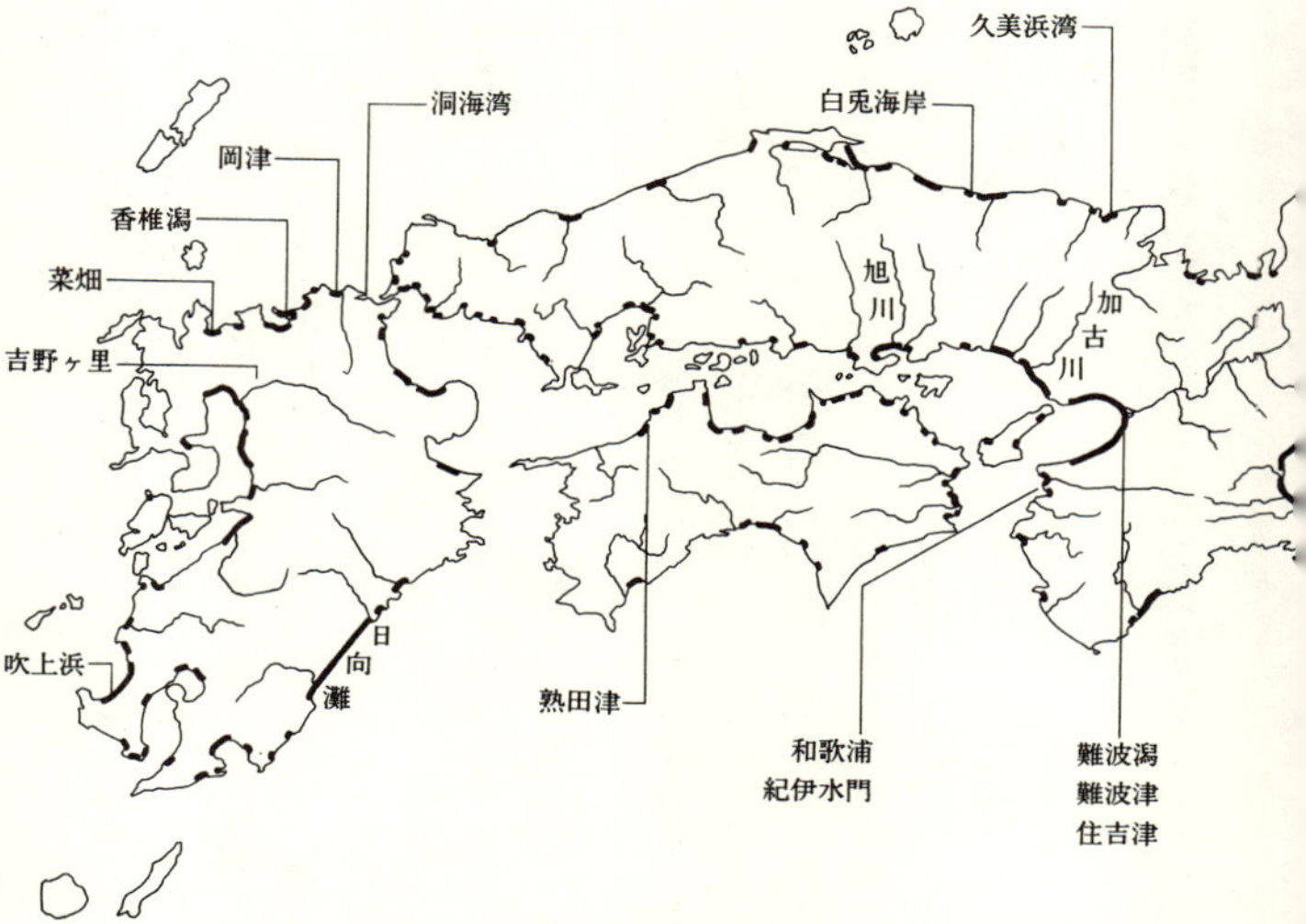

図6－3　日本の砂質海岸（北海道・沖縄を除く）　砂質海岸（一部は泥質）は、海岸線総延長の19％前後をしめる。古代においては、砂堆背後のラグーンのいくつかに港が成立した。

地　域	内　側	中　間	外　側	研究者
ニュージーランド	4000～3000	2000～1500	500	スカフィールド
ルイジアナ	6500～2500	4400～1200	520	シェパード
九十九里浜	6500～2500	4000～3000	2000～1500	森脇　広
三原平野	7500	2600	1500	高橋　学
山口県	縄文早期	縄文後期前半	古墳時代	小野忠凞

表6－1　砂洲の形成期　3条に分岐しているのが普通である。（上の4例は絶対年代で示す）

『古代の船』福岡市立歴史資料館、一九八八）。福井県坂井市春江《はるえ》町から出土した銅鐸《どうたく》に船首と船尾が大きく反《そ》りあがった船が描かれており、弥生時代には、何本かの木を使った初期の準構造船が存在していたことが知られる。大阪府八尾市の久宝寺《きゅうほうじ》遺跡からは、残存状態のきわめてよい船が発掘され、五世紀初頭の準構造船の様子がかなり具体的なものとなった。この時期をとおして、船底は浅くて扁平で、あまり尖《とが》っていなかったらしい。平安時代においても、小型船は単材刳《くりぶね》船、大型船が準構造船という伝統的な技術段階にあったとされる。

このような形をした準構造船ないし初期の構造船にとっては、手ごろな水深をもち、しかも外海からの風波をさけることのできるラグーンが、港として最適であった。そのうえ、ラグーンの底は砂や泥によって構成されているため、船が出入りをする際に破損することはほとんどなかった。またラグーンでは、干潟と違って比較的近いところによく乾いた砂堆があるため、潮の干満をうまく利用すれば、着岸と上下船をわりあいたやすくおこなうことができたのである。

わが国の古代の港がどのような施設を備えていたのか、いまのところよくわからない。多分、流れのゆるやかな河口部や入江、そしてラグーンの岸に何本かの杭を打ち込んで、それに板を渡したり、近くから小石や砂利を運んできて、足場をよくした程度のものであったであろう。すでにふれたが、『万葉集』の「水門の葦の末葉《うらは》を誰か手折《たお》りしわが背子が振る手を見むとわれぞ手折りし」（一二八八）が、船着き場のプロタイプ（原型）の様子をよく示している。

木でつくられた杭や桟橋《さんばし》はやがて腐り、痕跡をなくしてしまう。また渚に敷きつめられた礫や石は、自然の働きや人間の手によって埋められたり、他の場所へ移動したりもする。そのため、古代の港を地下から掘り出すとか、地表景観としてとらえることは不可能に近い。そこで当時の地形をまず復原し、しかるのちに各種の史料、遺構と遺物、地名などからその位置を推測するほかはない。

ラグーンの港を推理する

『日本書紀』には、すでにふれた「難波津」「住吉津」「熟田津」などのほかに、「那津《なのつ》」ということばが出てくる。すなわち、

官家《みやけ》を、那津の口《ほとり》に修《つく》り造《た》てよ。……亦《また》諸郡に課《おお》せて分《くば》り移して、那津の口に聚《あつ》め建てて、……（宣化天皇元年五月条）

御船、還りて娜大津《なのおおつ》に至る。磐瀬行宮《いわせのかりみや》に居《おわ》します。天皇、此を改めて、名をば長津と曰ふ

（斉明天皇七年三月条）。

などがそれである。ここにみえる「那津」「娜大津」は、現在の福岡市の博多湾の一角に比定される。博多湾には古代のころ海岸砂洲が発達し、その背後にラグーンを擁していたと考えてよい。弘安《こうあん》年間（一二七八〜一二八八）のもの（写し）とされる「博多古図」（福岡市住吉神社所蔵の絵馬）には、前面に「長浜」「洲崎」「沖ノ浜」などの砂洲や河口洲、そしてその背後にはラグーン状の入江が描かれており、そこに「冷泉津」がみえる。

「冷泉津」は中世の港津であるが、古代の港「那津」も、ほぼ同じ場所に位置していたことであろう。那珂川の下流域平野は、傾斜がわりあい大きく、古代以降、海岸線の水平移動はあまり起こらなかった。近くには「住吉神社」が鎮座しており、ラグーンと古代の要津、そして神社との関係は、後述する「住吉津」によく似ている。

港が成立するためには、砂堆と背後のラグーンといった自然条件（潜在的可能性）のほかに、人の集まるところ、交通の結節点といった社会条件も大きい意味をもつ。さきの「那津」は、現在の福岡市三宅に比定されている「磐瀬行宮《あんぐう》」や、「住吉神社」との関係が考えられる。

森浩一氏は、巨大古墳と港の成立との関係に注目している（森浩一「潟と港を発掘する」『日本の古代』三、中央公論社、一九八六。「港をのぞむ前方後円墳」『図説日本の古代』四、中央公論社、一九九〇）。そのおもなものとして、日本海にのぞむ富山県の「十二町潟」、京都府の「竹野《たけの》湖」と「浅茂《あさも》川《がわ》湖」、鳥取県の「東郷《とうごう》池」と「淀江《よどえ》潟」などがあげられているが、これらのうち、「十二町潟」「淀江潟」以外は、純粋のラグーンというよりは、河口の入江に発達した「水門」の感が強い。太平洋側では、「仁徳陵」（大仙《だいせん》古墳）と上町台地をとりかこむ「住吉津」「石津」などとの関係が注目される。

和泉山地の南麓、和歌山市木ノ本付近には、前方後円墳の車駕《しゃか》之《の》古址《こし》古墳をはじめ、いくつもの古墳が立地する（藤井保夫「古墳時代の紀伊」『古代を考える』三三、一九八三）。あとで述べるように、その前面には縄文時代のころ、すでに二里ケ浜砂洲が西北から東南に延び、そこにラグーンが発達していた。ここには、古墳時代から港が存在した可能性があり、その港は時代とともに港域を広げ、「紀伊水門」「徳勒《ところ》津《づ》」へと発展した。

2　紀伊水門と和歌浦

河口港「紀伊水門」

紀伊国に至りまして、徳勒《ところ》津宮《つのみや》に居《ま》します。……則ち徳勒津より発ちて、浮海《みふね》よりして穴《あな》門《と》に幸《いでま》す（仲哀天皇二年三月条）。

横に南海《みなみのみち》より出でて、紀伊水門《きのくにのみなと》に泊らしむ。皇后の船、直《ただ》に難波を指す（神功皇后摂政元年二月条）。

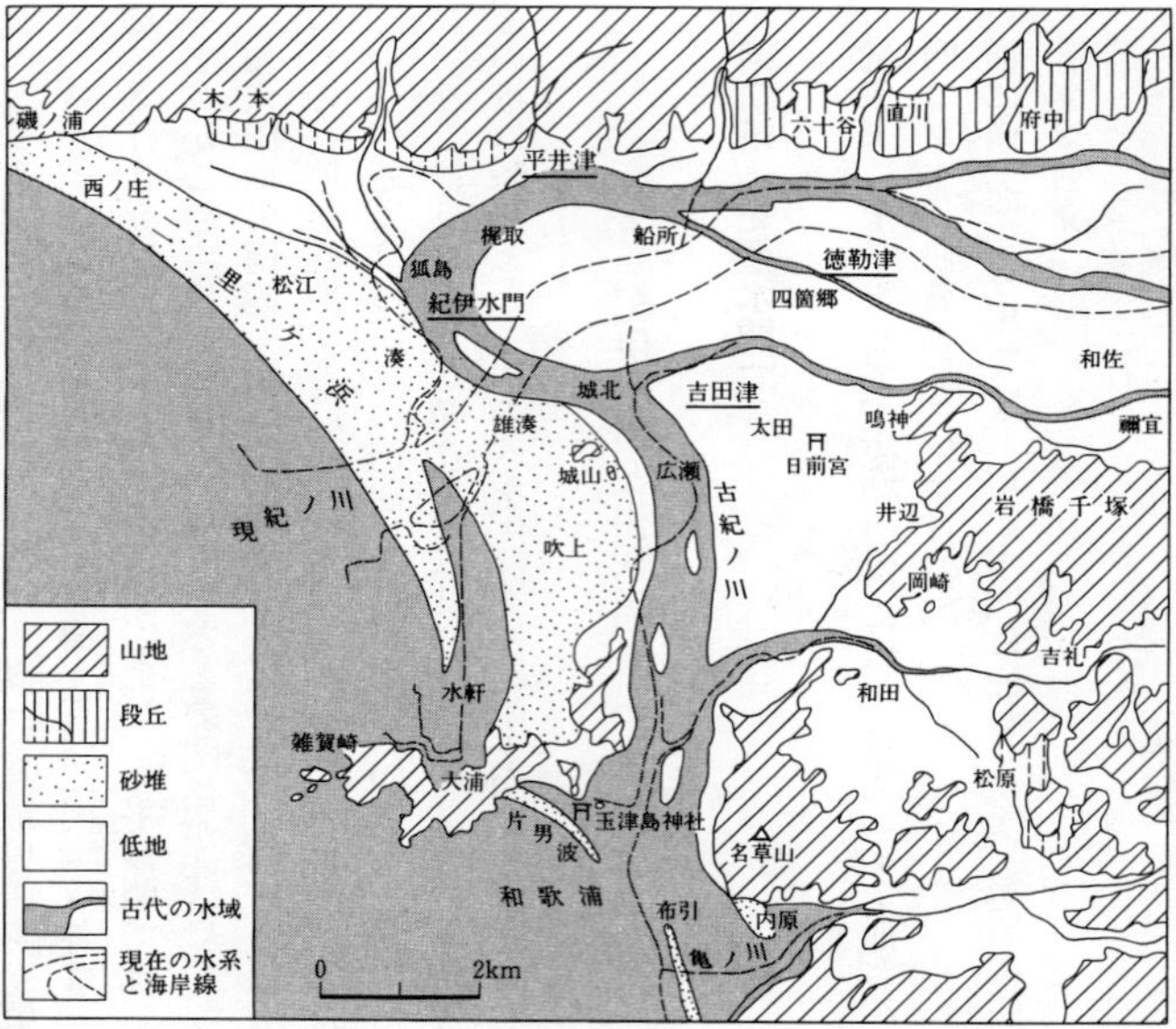

図6－4　古代の紀ノ川と水門（津）　古代の紀ノ川は和歌浦に注いでおり、大きく屈曲する所に「紀伊水門」があったらしい。現在は古代の紀ノ川のルート付近を和歌川が流れている。

『日本書紀』にみえる右のふたつの記事から、古代のある時期に、紀ノ川の河口のどこかに港「紀伊水門」が存在したことが推測される。しかし、その場所は、これまでのところあまり明確ではない。河口の港の比定がむずかしい点についてはすでに述べた。とりわけ、雨の多い地域を流れる紀ノ川は、古代以降の地形変化がとくに激しかった。そこで、ここでは古代以降の地形変化を中心に、少しくわしくたどったのち、「徳勒津」と「紀伊水門」の位置を探ることにしよう。

紀ノ川は、奈良県と三重県との県境、大台《おおだい》ケ原《はら》付近に源を発する。和歌山県に入ってからは、中央構造線に沿ってほぼまっすぐ西に流れ、下流域にクサビ状をなして西に広がる低平な平野を発達させている。

現在の紀ノ川は、和歌山城が位置する小丘の北側をとおって、まっすぐ紀伊水道に注いでいるが、河口をこのあたりにもつようになった歴史は新しい。「紀伊水門」が成立していたころの紀ノ川は、和歌山城の東を南に流れて和歌浦に注いでいた（日下雅義「紀ノ川下流域平野の開発に関する基礎的研究」『人文地理』一六巻四号、一九六四）。「徳勒津」を出発した船は、和歌浦を経由しながら穴門へと向かったのである（図6－4参照）。

縄文海進ころの景

氷河時代の低い海面は、一万八〇〇〇年前ころから上昇をはじめるようになる。およそ七

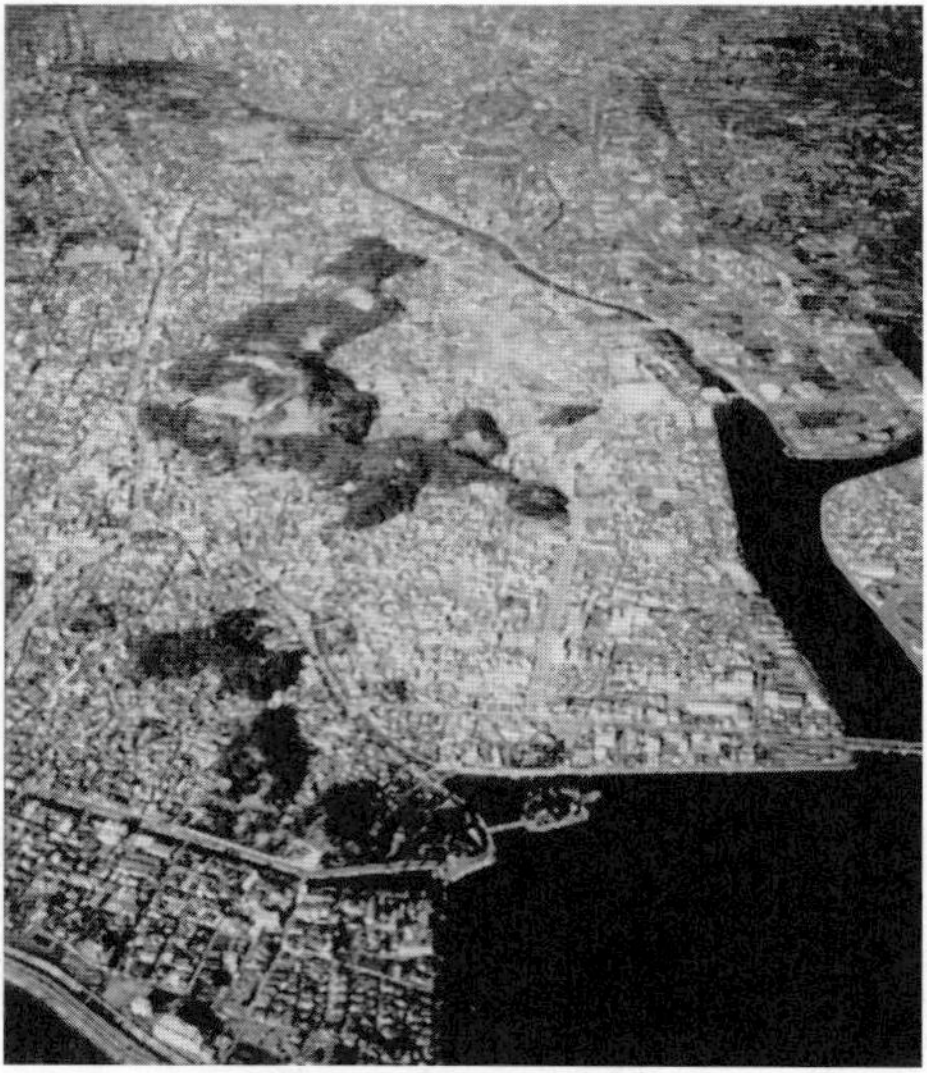

写真6－2　和歌浦付近の景観　右は現和歌川河口、手前は玉津島（沖つ島）。現在は妹背山のみが海中にある。片男波の基部は改変され、住宅が密集している。（和歌山市広報課撮影）

〇〇〇年前には、海が東の方に奥深く浸入し、汀線は北岸の木ノ本から平井を経て、六十谷《むそた》付近に、南岸では鳴神《なるかみ》の東、それから和田盆地の奥にまで至っていたと考えてよい。その結果、南部の名草《なぐさ》山、城山、雑賀《さいが》山（現在の雑賀崎）などは、孤立した島として、海上に浮かんでいたのである。

縄文海進の跡を示す手がかりとしては、紀ノ川北岸の木ノ本から栄谷《さかえたに》、平井付近、南岸の松原付近に認められる比高の小さい段丘があげられる。これらの面は、縄文海進時の高位海水準（プラス二～三メートル）に対応して形成されたものであろう。それから禰宜《ねぎ》、鳴神などに認められる縄文貝塚からも、海進の模様をある程度まで推測しうる。

禰宜貝塚は、紀ノ川南岸の城ケ峰の北麓に発達した規模の小さい扇状地の上に位置する。標高は七～八メートルである。この貝塚からは海産二枚貝のハイガイが発掘されており、当時の内湾が、遺跡のかなり近くにまで入り込んでいたことが知られる。禰宜貝塚の西方約三キロのところに鳴神貝塚が位置する。この貝塚は標高八～一〇メートルであり、ここからもハイガイ、ハマグリなどが発掘されている。貝塚の地点が当時の汀線を示すわけではないが、汀線が近くにあったこと、それからふたつの貝塚の年代のちがい（禰宜貝塚が古い）から、時代とともに紀ノ川の運び出してきた土砂によって、汀線が少しずつ西に移動したことが推測される。

海岸砂洲の発達

縄文の海が東に深く入り込み、紀ノ川の河口がまだ鳴神貝塚付近にあったころ、西方のはるか沖合には、磯ノ浦付近から東南東に延びる砂洲がすでに発達していた。湾口砂洲〝二里ケ浜〟の誕生である。そして砂洲の背後には浅くて広い内湾が広がっていたのである。

その後、海面が若干低下するとともに、紀ノ川の運び出してきた土砂によって内湾は少し

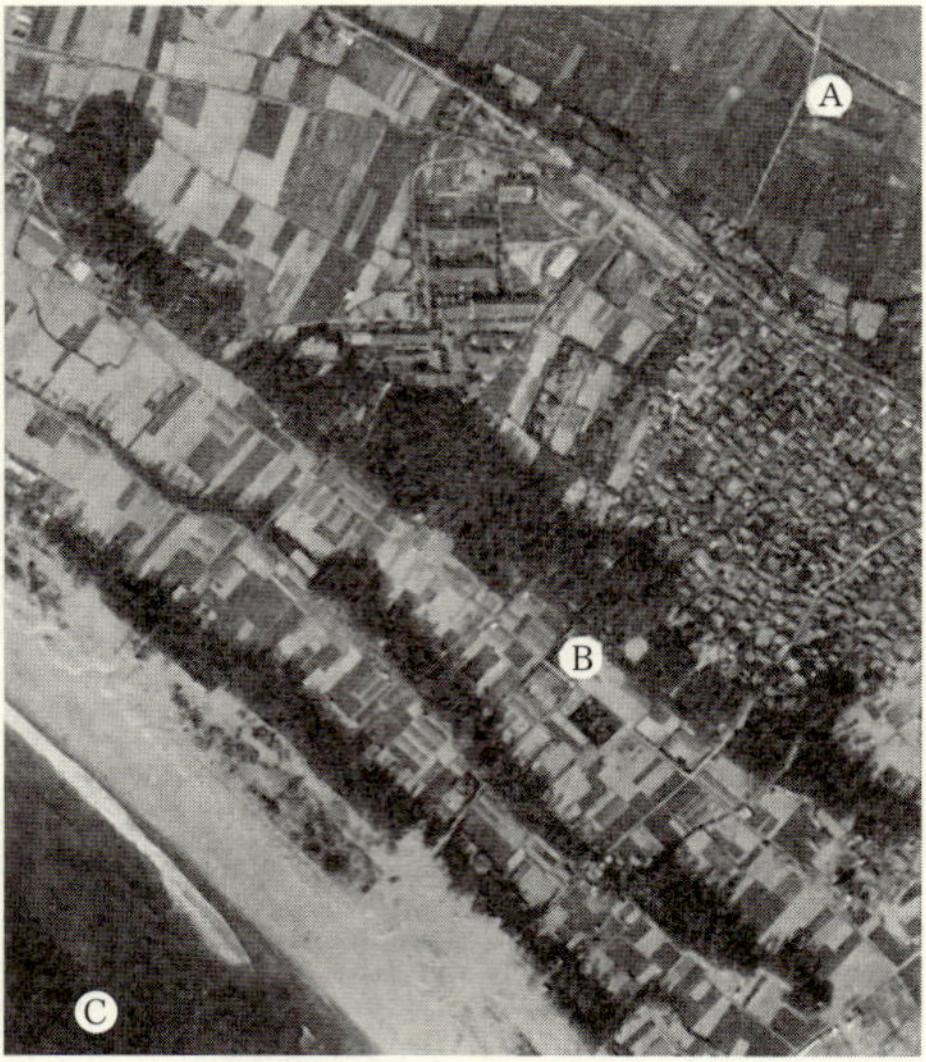

写真6－3　二里ケ浜砂洲　Ⓐかつてのラグーン　Ⓑ浜堤列　Ⓒ浅海　西北から東南に向かう3条の松林がみられる。浜堤は畑地、ラグーン跡は水田となっている。（1961年撮影）

ずつ埋められ、やがて幅の狭いラグーンへと変化する。そこに流入した紀ノ川は、巨大な砂洲にさえぎられて、西へ流れ出ることができず、そこで大きな弧を描いて和歌浦に注いでいた。

いっぽう、砂洲の外側では、より古い砂洲にほぼ平行して、新規の砂洲がつぎつぎと生まれ、砂洲は全体として幅を広げるとともに、内側のものは前方から飛ばされてきた砂によって、高度を少しずつ増した。このようにして、紀ノ川河口の砂洲は、およそ七〇〇〇年前にスタートし、古墳時代のころに終わりを遂げることになる。

砂洲の原景を探る

紀ノ川河口左岸では、城下町の形成によって、また右岸ではいくつかの工場の建設にともなって、砂洲は大きく改変されてしまった。そのため、現在の景観から古い時代の砂洲の姿をとらえることはむずかしい。そこで明治十九年（一八八六）測量の二万分の一地形図、昭和三十六年（一九六一）撮影の一万分の一空中写真などから、可能なかぎり原景に近づいてみよう（写真6－3参照）。

紀ノ川の河口右岸では、磯ノ浦付近から東南東に向かい、西ノ庄、松江を経て北島の南南西に至り、雄湊《おのみなと》で紀ノ川によって切られている。全長六キロあまりで、幅は西ノ庄付近でほぼ七〇〇メートル、紀ノ川河口付近では一七〇〇メートル前後となっている。そして標高五〜一〇メートルのなだらかな起伏をもつ広い砂堆のなかに数条の峰がほぼ平行して走っている。峰はかつての浜堤であり、谷の部分は狭いラグーンといえる。峰と谷との比高は五メートル前後であり、峰の部分はすべて松林、低いところに畑地がみられる。

以上に対して、紀ノ川河口の南では、砂洲の幅が急に広くなり、やがて大きく三本に分岐する。城山付近を中心に、地形改変が著しいため、内側の二本の砂洲を区別するのはむずかしいが、雄湊から水軒《すいけん》の西に至る、もっとも海寄りのものは、いまなお明瞭である。すなわち、海寄りの砂洲の背後にはラグーンの跡が残されており、そこを水軒川が流れている。このような砂洲が紀ノ川の流れや「紀伊水門」の立地に大きい影響を与えた。また海岸美を増し、古くからこの地を訪れた多くの人びとの心に、豊かな詩情を起こさせたのである。

たとえば『中右記《ちゆうゆうき》』（一一〇九年）に、

……、来着吹上浜、地形為体、白砂高積、遠成山岳、三四十町許、全無草木、如踏白雲、誠以希有也、此地勝絶、不能筆端、下従馬暫遊覧、……

とある。これは標高三〇メートル前後の吹上《ふきあげ》砂洲に立って、遠く二里ケ浜を眺めたときの感動を書き残したものである。流れるような文章から十二世紀初頭の景、すなわち吹上浜や二里ケ浜砂洲の大きさ、植被の状況などが手にとるようにわかる。すなわち、砂が高く積もって山のようになっており、それが延々三〜四キロもつづいていた。当時は草木が生えておらず、砂漠のような景を呈していたのである。

古紀ノ川のルート

海岸砂洲（二里ケ浜）の背後において、弥生時代のころに、土地の形成がもっとも早くから進んでいたのは鳴神貝塚西方の鳴神、秋月《あきづき》、太田付近一帯である。弥生時代の遺跡が、このあたりに数多く分布する事実が、そのことを裏づけている。このころ、西方の海岸砂洲と紀ノ川によるデルタとのあいだには、幅一〇〇〇メートル前後の水域（ラグーン）が、なお残されていた。

古墳時代から奈良時代のころ、砂洲背後では紀ノ川による堆積と陸地の拡大が進むいっぽう、前面からの砂丘飛砂によって、ラグーンは著しく縮小した。すなわち、紀ノ川北岸の平井と南岸の吉田を結ぶ線より上流部では、流路がいまだ一定せず、しかも洪水ごとに主流の位置が移動していたが、その線より下流部では、流路がほぼ固定していたと考えてよい。当時の紀ノ川の主流は船所《ふなどころ》付近から梶取《かんどり》を経て狐島付近に達し、そこで大きく弧を描いたのち、城北を経て広瀬に至り、そこからまっすぐ南に流れて和歌浦に注いでいた。このルートのうち、狐島付近より下流部は、律令時代において名草《なぐさ》・海部《あま》両郡の境界をなしていた。すなわち、このルートの東方が名草郡、西方の海岸地域が海部郡であった。

「徳勒津」と「紀伊水門」

縄文海進時から平安時代のはじめころにかけての説明に、スペースをとりすぎたような気がする。このあたりで「徳勒津《ところづ》」と「紀伊水門」の二つの港について考えてみよう。

「仲哀紀」にみえる「徳勒津宮」は、仲哀天皇の行宮《あんぐう》で、それがおかれた場所は現在の和歌山市四箇郷《しかごう》付近とされている（薗田香融「古代海上交通と紀伊の水軍」『古代の日本』五、角川書店、一九七〇）。そこは当時の紀ノ川本流の南側にあたり、幅の広い河間洲（中之島）をなしていた。「徳勒津宮」は、地形環境のあまりよくないこの河間洲の一角に、そして「徳勒津」は、その北寄りの河岸に位置していたことであろう。付近には船所、船渡《ふなと》、梶取など、港津地にふさわしい地名がいまも残されている（図６－４参照）。

つぎに、紀伊の水軍の根拠地、もしくは戦略上の要地ともなった「紀伊水門」は、紀ノ川が大きく湾曲する付近の、かなり広い範囲にまたがっていたと考えられる。図６－４では、紀ノ川が大きく曲がるところに津の位置を示してあるが、東は「徳勒津」、北は段丘崖下、南はＪＲ和歌山駅付近にまで広がっていたとすべきであろう。一ヵ所に固定したものではなかったし、同じ時期でも、かなりの範囲が船着き場となっていたと考えられる。

『九条家文書』（一〇四八年）には、

平井津納穎《ほさき》四十六束

三月十日納材木七物、藤原是清上、

吉田津納

書生有遠納廿四束一巴二分

などと記されており、十一世紀の中葉ころに紀ノ川河口の港津として平井、吉田のふたつが存在したことがわかる。現在、平井は紀ノ川の北岸の山麓に、そして吉田は南岸の低地のほぼ中央部に、かなり離れて存在するが、いずれも当時の紀ノ川の流れに沿っていたことはまちがいない。船はまず平井津にたち寄り、そこから大きくメアンダー（蛇行）する紀ノ川を少しくだったのち、吉田で荷物を積み込んで、和歌浦へと向かったのである。

紀ノ川河口の三転

紀ノ川は、縄文時代末以降、一貫して和歌浦に河口をもっていたが、平安時代後期（十一世紀末）ころ以降、雄湊から水軒をとおって大浦で海に注ぐようになる。その時期を史料によって正確に裏づけることはできないが、『中右記』その他から推測することは可能である。河口が西に移った理由としては、紀ノ川の右への浸食と氾濫があげられる。すなわち、紀ノ川によって砂洲の内側が徐々に浸食されたのち、大きい洪水の際、いっきに切断されたものと考えられる。本流が西に移ったのちも、旧紀ノ川にはかなりの水が流れており、和歌浦から船で「紀伊水門」に行くことができた。しばらくのあいだは、ふたつの河口をもつ状況がつづいていたのである。

小舟にのり、鳴戸浦をこぎとほり、紀伊路へおもむき給ひけり。和歌・吹上・衣通姫の神とあらはれ給へる玉津嶋の明神、日前・国懸の御前をすぎて、紀伊の湊にこそつき給へ。……（『平家物語』）

右の文章をよむと、十二世紀末（一一八四年）ころには、まだ和歌浦から日前《にちぜん》・国懸《こくけん》宮の

写真６－４　紀ノ川第二の河口「大浦」付近　遠望は天神山、手前左方は養翠園である。

西をとおって、城山の北にあった雄湊方面へ行くことができたことがわかる。

紀ノ川の河口が、大浦から現在の場所に移った時期もはっきりしないが、明応《めいおう》年間（一四九二～一五〇一）から寛永年間（一六二四～一六四四）のあいだであったことは、ほぼまちがいない。明応年間に多くの寺院が移転しており、また当時水害が頻発した記録がある。天正《てんしょう》十三年（一五八五）には「卯月中旬、俄雨降而如車軸、紀川洪水、而所築之堤、川筋一文字流来、百四十五間突切、其汀成淵」（『紀州御発向之事』）とあり、場所ははっきりしないが、洪水の激しさが知られる。また寛永年間に、水軒浜で延長一六〇〇メートルに達する防潮堤が築かれているが、これは紀ノ川河口の移動によって、大浦付近への土砂の搬出がほとんどなくなった結果、逆に海岸浸食がはじまったことを示す。海岸線の後退による災害を防ぐために堤を築いたのである。このようにして、紀ノ川の河口は和歌浦から大浦へ、そして大浦から現在の位置へと大きく三転した。

ここでは、津、水門の位置の比定よりは、むしろ当時の地形環境の復原に、より多くのスペースを割いたが、古代以降の地形変化が著しいわが国においては、このような作業がまずもって大切といえるであろう。和歌山城の北に、「雄湊」という地名が、いまなお残されており、「紀伊水門」の位置については、およその見当は立つ。しかしながら、現在紀ノ川の左右両岸に遠く離れて存在する平井、吉田の両津については、当時の紀ノ川の流路を復原しないかぎり、どうしても説明がつかないのである。

3　住吉津と津に至る道

上町台地の形

大和川の現流路付近から、北に向かって半島状に長く延びる段丘（中位段丘）は、上町台地と呼ばれている。この台地の付け根にあたる大和川付近の標高は、およそ一〇メートルで、幅は一〇〇〇メートルあまりである。幅は北に向かって少しずつ狭くなるが、標高は逆に大きくなり、先端の大坂城跡付近では二〇メートルを若干越えている。

西にけわしい崖をもち、東に向かってゆるやかに傾斜するのがひとつの特徴で、これは東方の生駒山地の形とよく似ている。地質調査によると、台地の少し西寄りの地下を、ほぼ南北方向に走る断層がある（図6－10参照）。東横堀川沿いから今宮戎神社《いまみやえびす》付近に至るもので、この断層が、上町台地の西側に急斜面をつくるもとになったと考えられる。

このような構造運動によって形成された斜面は、およそ七〇〇〇年前ころから、今度は波の浸食作用によって東の方へ後退するとともに、傾斜をいっそう大きくした。その後この斜面は崩壊や人間の働きによって著しく変化したため、海食の痕跡《こんせき》はあまりはっきりしないが、生国魂《いくくにたま》神社から茶臼山《ちゃうすやま》にかけて、また聖天山《しょうてんやま》付近に、高くてけわしい崖が残されている。それに対して、生国魂神社の北側では、傾斜がかなりゆるやかであり、崖の感じがあまりしない。海岸浸食などによる斜面の後退量は、本町橋付近で一〇〇メートル前後、難波付近で五〇〇メートルを少し越えると考えてよいであろう。

上町台地の北端は、難波堀江《なにわのほりえ》（現大川）開削以降における左岸への側方浸食や、秀吉の大坂城築城によって、著しく改変されているため、古墳時代ころの形を知ることはむずかしい。ただ、ここでも現在の大川の河床付近を境にして、北側が二〇メートルばかり落ちる急崖をなしていたようである。すなわち、南側の上町台地面の高さは、平均二〇メートルあまりであるが、大川付近から北側では、上町層のレベルが海抜ゼロメートル前後となり、砂洲の下にもぐっている（図6－9参照）。

分岐した海岸砂洲

上町台地の西方には、海岸砂洲が帯状をなして南から北に延びている。幅は上町台地の付け根に近い住吉大社あたりで五〇〇～六〇〇メートル、難波付近で一五〇〇メートル前後を示す。そして上町台地の先端をすぎたところで急に幅が広くなり、三〇〇〇メートルを少し越えている。この砂洲は、ゆるやかな弧を描くとともに、先端が何本かに分岐して、そのあいだに狭い水域（ラグーン）を擁していた（日下雅義「摂河泉における古代の港と背後の交通路について」『古代学研究』一〇七、一九八五）。

分岐の様子は地下鉄中央線に沿う地層断面のほか、古い地形図や空中写真、さらに「仁徳紀」から推測しうるが、詳細については追って述べることにしよう。

ところで、五世紀ころの海岸線は、住吉大社の西方において、国道二六号線の若干西から、ほぼまっすぐ北に向かい、ＪＲ今宮駅付近に至る。そこから方向を少し西に変え、堂島《どうじま》川にかかる玉江《たまえ》橋、新淀川にかかる新十三大橋付近を経て、北北西に延びていた。そして内側の汀線は、大坂城跡付近から長柄《ながら》を経て、崇禅寺の北に至っていた。上町台地をつつむこの巨大な砂洲は、南部で難波砂洲、上町台地の先端あたりより北では天満砂洲、長柄砂洲などと呼ばれている。

この砂洲は、ＪＲ新大阪駅の少し北にまで延びており、いっぽう、千里山丘陵の東南端付近から、高浜をとおって大道付近に至る砂洲（吹田砂洲）があった。そしてふたつの砂洲は、先端部が少し重なり、イギリスのＧ・Ｗ・ジョンソンのいう〝オーバーラップ〟のようなかっこうになっていた。そのため、弥生時代から古墳時代のころには、東方の河内潟と西方の外海を結ぶルート、すなわち長柄・森小路《もりしようじ》間から新大阪駅の北にかけては、狭い水路をなしていたのである（図６－６参照）。

『日本書紀』神武天皇即位前紀に、

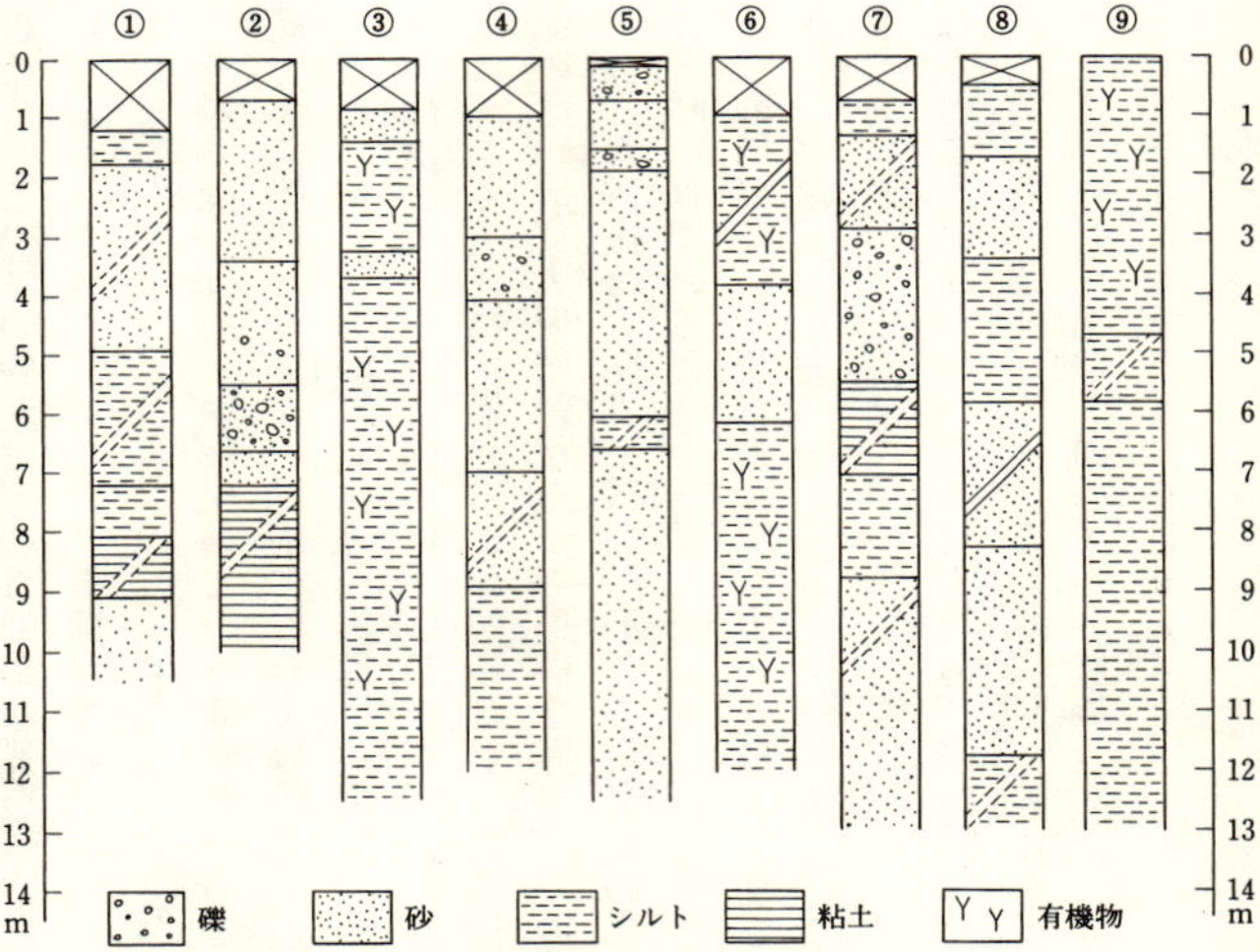

図6－5　地質柱状図（大阪府および吹田市の資料より）　砂洲（②、④、⑤）とラグーン（③、⑥）が対照的である。⑨は埋め残しの部分にあたる。（位置は図6－6参照）

	地域名	堆積期間と厚さ		地形型	資料収集の方法	その他
a	鬼虎川	2000年	490cm	後背湿地	発掘報告書	若干の地盤沈下と堆積
b	喜連	1500	450	氾濫原	発掘現場	5～7世紀に約400cm堆積
c	川辺	1300	100	氾濫原	発掘現場	6世紀末までは低い段丘
d	大井	1400	515	氾濫原	発掘現場	地盤沈下地域らしい
e	国府	1200	160	氾濫原	発掘現場	堆積と浸食をくり返す
f	道明寺	1800	300	氾濫原	関電のピット	堆積のみが徐々に進む
g	池田井	12400	110	後背湿地	ピットを掘る	堆積がとくに少ない
h	今池	1500	20～90	段丘面の谷	発掘報告書	谷底の起伏が大きい
i	藤ケ丘	900	35	段丘面	発掘現場	堆積がわずかに進む

表6－2　堆積量と地形型との関係（a～iは図6－6参照）　大井の堆積量が異常に多いが、これは「応神陵」を崩した構造（沈下）運動と関係がありそうである。

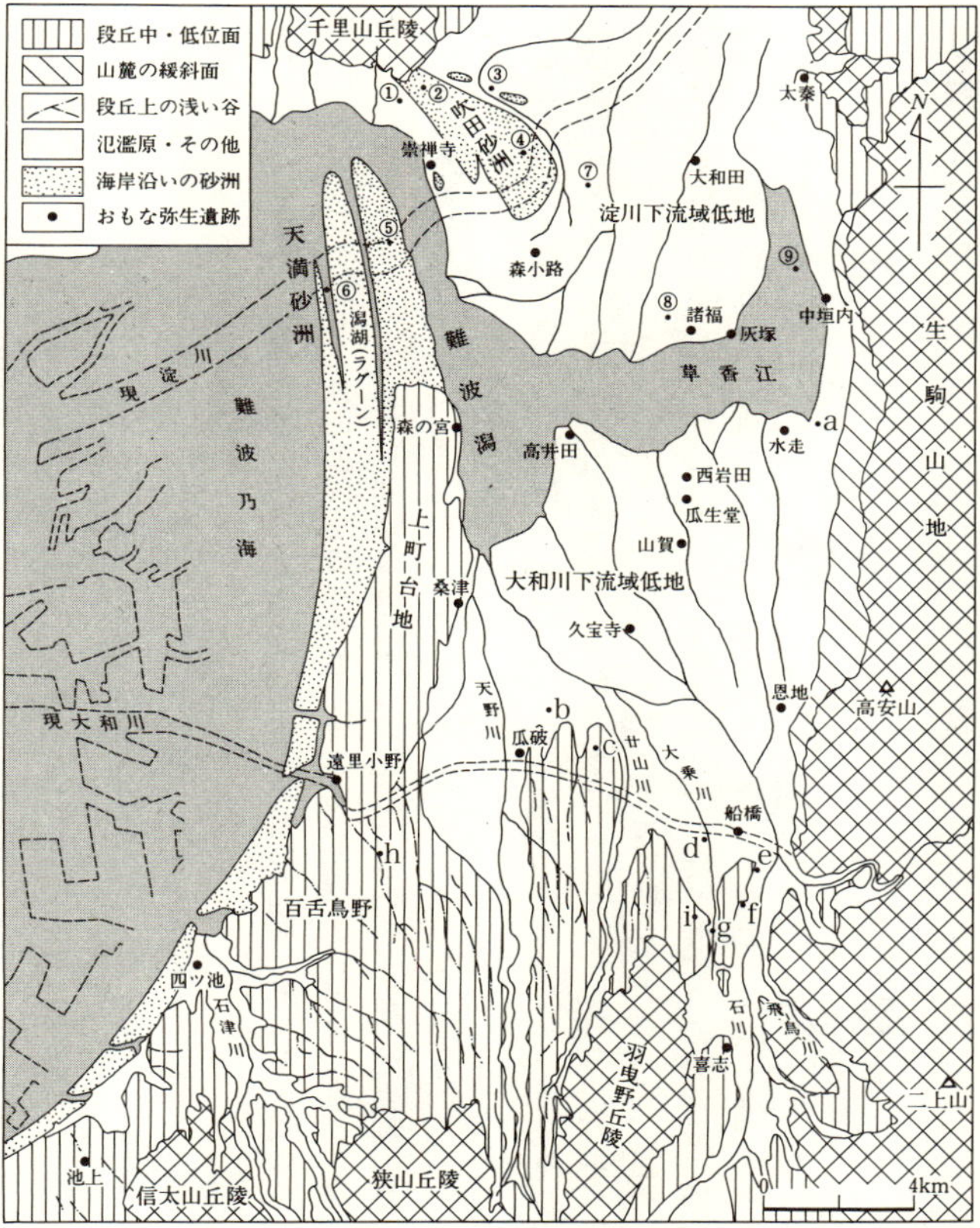

図6－6　弥生時代ころの景観　自然の営力によって形成された景観のみである。

方《まさ》に難波碕に到るときに、奔《はや》き潮《なみ》有りて太《はなは》だ急《はや》きに会ひぬ（戊午年二月条）
遡流而上《かわよりさかのぼ》りて、径《ただ》に河内国の草香邑《くさかのむら》の青雲の白肩之津《しらかたのつ》に至ります（戊午年三月条）

とある。「奔き潮」、「遡流而上りて」などは、天満砂洲の先端、そして天満砂洲と吹田砂洲のあいだを、船で通うときの模様をのべたものである。旧暦の二月は、潮の干満がもっとも激しいときであり、たまたま干潮時に遭遇すると、狭い水路をとおって生駒山麓の草香津《くさかのつ》に至るのは容易でなかったと考えられる。現在でも、このあたりは「垂水《たるみ》の瀬戸《せと》」と通称されている。

これまで、天満砂洲については、北に向けて徐々に長さを増し、やがて先端部が屈曲するという解釈となっていた（梶山彦太郎・市原実『大阪平野のおいたち』青木書店、一九八六）。しかし、私は長さではなくて幅が増大したと考えている。すなわち、完新世《かんしんせい》において砂洲は三本に分岐し、その間にラグーンを擁するに至ったと解するのである。崇禅寺遺跡はもっとも内側の砂洲、豊崎神社や平野町遺跡は真ん中の砂洲上に位置する。すでに述べたように、このような分岐は、メキシコ湾岸、九十九里浜平野など、内外の各地で一般に認められる。

長峡と住吉大社

写真６−５　大阪市住吉区の住吉大社　標高7〜8mの段丘の西端付近に鎮座する。古代においては、西方のラグーンと砂洲を隔てて、ゆきかう船を眺めることができた。手前は第三本宮、まわりにはクスの大木が多い。

摂河泉《せっかせん》（摂津・河内・和泉）においては、このような海岸砂洲の背後にいくつもの津（みなと）が成立した。住吉津と難波津がその代表といえる。住吉津は住吉大社と深いかかわりをもって成立したと考えられるため、住吉大社の位置について、まず考えてみよう。

『日本書紀』神功皇后摂政元年二月条に、

「吾《わ》が和魂《にきみたま》をば大津の渟《ぬ》中《な》倉《くら》の長峡《ながお》に居《ま》さしむべし。便ち因りて往来《ゆきかよ》ふ船を看《みそなわ》さむ」とのたまふ

とあり、右の記事から住吉大社の立地場所を推定するひとつのヒントが与えられる。漢和辞典をみると、「渟」について「とどまる」「ひと所に水がじっととまって流れない」などと解説されている。また「峡」については、「はざま」「山と山の間にはさまれた谷または小路」とある。そこで渟

写真6－6　住吉大社門前の池と反橋　この池は、古代のラグーン（潟湖）の名ごりで、古墳時代から古代にかけての要港住吉津は、この池の南端付近に位置していた。ここがラグーンから独立した池に変わるのは14世紀中葉以降である。

中＝沼の中＝低湿地、そして長峡＝狭い谷＝開析谷《かいせきこく》と解すると、「大津の渟名倉の長峡」は、「優れた港に近くて水の淀んだ狭い谷あい」というほどの意味となろう。『住吉大社神代記《じんだいき》』には「渟名椋の長岡の玉出の峡」とある。「椋《むく》」は水辺のやや高燥なところに自生する落葉広葉樹であり、現在も住吉大社の境内で椋の大木をみかけることができる。また、住吉大社の東北方一キロたらずのところに「長峡」という小字名が残されており、住吉大社の門前には「長峡町」が、南北方向に延びている。

「長峡」にあたる地形としては、上町台地を切って、東から西に流れ下る細井川と、上町台地と西方の砂洲とのあいだを南北に延びる狭い水域、すなわちラグーンの両方が考えられる。住吉大社は、「往来ふ船を看さむ」ために、これら低湿地に近い岡の上を選ぶことになったのであろう。

現在、住吉大社は上町台地西端の、標高にして七〜八メートルのところに鎮座しており、当初もほぼ同じ場所にあったと考えてよい。そのころ、狭いラグーンを隔てて、西方に広がる砂洲は、標高が三〜四メートルであったと考えられるため、マツの木の間から、行き往《か》う船を十分眺めることができたのである。

天然の良港「住吉津」

『古事記』に「又墨江《すみのえ》の津を定めたまひき」とあり、『日本書紀』には「住吉に屯《いわ》む」（神功皇后摂政元年二月条）とみえる。また『万葉集』に「住吉の御津に船乗り直渡《ただわた》り……」（四二四五）とあって、住吉津は大和朝廷とのかかわりにおいて、古くからきわめて重要な役割を果たしてきたことはほぼまちがいない。

住吉津の位置については、住吉大社の門前付近ということで、見解の一致がみられる。そこは南北方向に延びる幅五〇〜六〇メートルのラグーンと、東から流れ下ってきた細井川が交叉するところである。細井川によって砂堆の一部が切られていたため、船の出入りに都合がよかった。しかも西側の大部分は、砂堆によって外海と隔てられていたため、波はおだやかで、港として絶好の条件を備えていたのである。

住吉大社の門前に、ラグーンが存在した点については、各種の地質資料のほか、『万葉集』の左の歌などが、傍証してくれる。

住吉の粉浜《こはま》のしじみ開けも見ず隠《こも》りにのみや恋ひ渡りなむ　（九九七）

この〝しじみ〟を、汽水にも棲むヤマトシジミと解するならば、ここにラグーンが存在したことが、いっそうはっきりする。ラグーンは細長いクサビ状をなして、住吉大社門前の崖下から、さらに北の方に延びていた。このようなラグーンの状態が、その後もしばらくのあいだつづいていた様子は、つぎの歌から知ることができる。すなわち、

すみよしの細江にさせる澪標《みおつくし》ふかきにまけぬ人はあらじな
（『詞花和歌集《しかわかしゅう》』一一五一年）

五月雨のなほ住の江に日をふれば海より池に通ふしらなみ（『拾玉集《しゅうぎょくしゅう》』一三四七年）

鎌倉時代末期のころ、住吉大社の門前付近は、まだ池ではなくて、細江によって海に通ずるラグーンをなしていたはずであるが、このラグーンが住吉大社にとって池の役割を果たしていたため、「池」という語でうたわれていたのであろう。いつのころにラグーンから池に変化したのか知るよしもないが、『摂津名所図会』（一七九六～一七九八年）には、独立した池として描かれており、いまではさらに縮小された池のほぼ中央に、朱塗りの美しい太鼓橋「反橋《そりはし》」がかけられ、ひとつの名所となっている。そして細井川は、池の南約二〇〇メート

ルのところを、東から西へ向かってゆるやかに流れている。

ラグーンから東に入り込んだ細井川沿いも、長いあいだ〝渟中〟の状況を示していた。そのことは『万葉集』の「住吉の浅沢《あさざわ》小野の杜若《かきつばた》衣に摺りつけ着む日知らずも」（一三六一）や、『詞花和歌集』の「住吉の浅沢小野の忘れ水絶え絶えならで逢ふよしもがな」などから知られる。

「かきつばた」は沼地に生える美しい花、そして〝忘れ水〟は「ところどころに忘れられたように残っている溜り水」のこと（井村哲夫『万葉の歌』五、保育社、一九八六）であり、浅沢小野の低湿な状態をよく示している。現在浅沢神社は、細井川右岸の二〇メートル四方ほどの石壁で囲まれた池のなかに鎮座する。そこに「かきつばた」が、少し植えられてはいるが、池の水は絶え果てている。

朴津（榎津・得名津）水門はどこか

『住吉大社神代記《じんだいき》』に、神社の四至を「東を限る、駅路。南を限る、朴津《えのつ》の水門《みなと》。西を限る、海棹《うみさお》の及ぶ限。北を限る、住道郷《すむちのさと》」と記されている。『神代記』が著された年代については諸説があるが、それはさておき、この記事から住吉大社の南にもうひとつの津が存在したことが知られる。このころ「水門」という語が河口の船着き場を指したらしい点については「紀伊水門」「阿度水門」などを例としてすでに述べた。住吉大社の南を流れる河川としては細井川、狭間《はざま》川および石津川があげられる。細井川は「南を限る」にはあまりにも近すぎるし、逆に石津川の河口は、社殿から七キロも離れている。

そこでおのずから浮かびあがってくるのが狭間川である。狭間川は旧天野川の西に広がる段丘面を、南南東から北北西に流れ下る大きい開析谷で、河口を浅香山の北にひらいていた（本書カラー口絵参照）。河口付近の川幅は、一五〇～二〇〇メートルであるが、水量は乏しかったといえる。そこは北部の細井川河口と同様、前方を砂洲によって囲まれた入江ないしラグーンの環境であり、波は静かで津としては絶好の場を備えていたのである。はたして、この地が「朴津水門」であったのであろうか。

吉田東伍《とうご》は、榎津《えなつ》郷の範囲について「今住吉村墨江村安立《あんりゅう》町等の地なり、……」（『大日本地名辞書』）と述べ、『摂津名所図会』には「遠里小野の南、朴津谷、又朴津寺の旧跡に礎あり」と記されている。また「東成郡墨江村全図」には、現在の遠里《おり》小野町の大和川右岸に「字榎津」がみえる。このようにして、古地理の復原結果と、関係史料に記された内容はほぼ一致するため、「朴津水門」をこの地に比定することは許されるであろう。一九八〇年代末に、「字榎津」付近の段丘上（遠里小野二丁目）から、飛鳥時代の大型建物が発掘された。まわりに埋まっていた土器片やいくつかの建物の年代から、このあたりの遺跡は七世紀のはじめから八世紀にかけての、わりあい寿命の短いものであったらしい。この珍しい大型建物の性格については、港の管理にかかわる公的施設ではないかと推測されている（積山洋・清水和明「柵に囲まれた飛鳥時代の大形建物」『葦火』一九、一九八九）。もしそうだとすると、狭間川の河口部に位置したはずの「朴津水門」とこの遺跡との関係の深さが、いっそうはっきりしてくる。

『万葉集』に「住吉の得名津《えなつ》に立ちて見渡せば武庫の泊ゆ出づる船人」（二八三）とある。段丘の西端、あるいはそこに建てられた楼閣風建物に立てば、眼下に「朴津水門」が、そして目を北に転じると、「武庫水門《むこのみなと》」に出入りする船を、遠く眺めることができたのである。この「朴津水門」は、砂洲背後のラグーンでもって、北方の住吉津とつづいており、住吉津とは双子港のような関係にあったのかもわからない。

浅鹿の浦と朝香潟

このようにして、狭間川河口付近は、長いあいだ入江そしてラグーンの環境を有していたが、宝永《ほうえい》年間（一七〇四〜一七一一）の大和川つけかえにともなって、環境が一変してしまった。そのため当時のことを推測するのは容易ではないが、当時の地形環境とその後の変化について、もう少し述べてみよう。『万葉集』に、

夕さらば潮満ち来なむ住吉の浅鹿《あさか》の浦に玉藻刈りてな　（一一二一）

行きて見て来れば恋しき朝香潟《あさかがた》山越しに置きて寝ねかてぬかも　（二六九八）

などとあるように、このあたりには、いつも水をたたえている浦（コウブ）と、そのまわりに潮の満ち干によって見えかくれするラグーンが存在した。「浅鹿の浦」「朝香潟」のいずれ

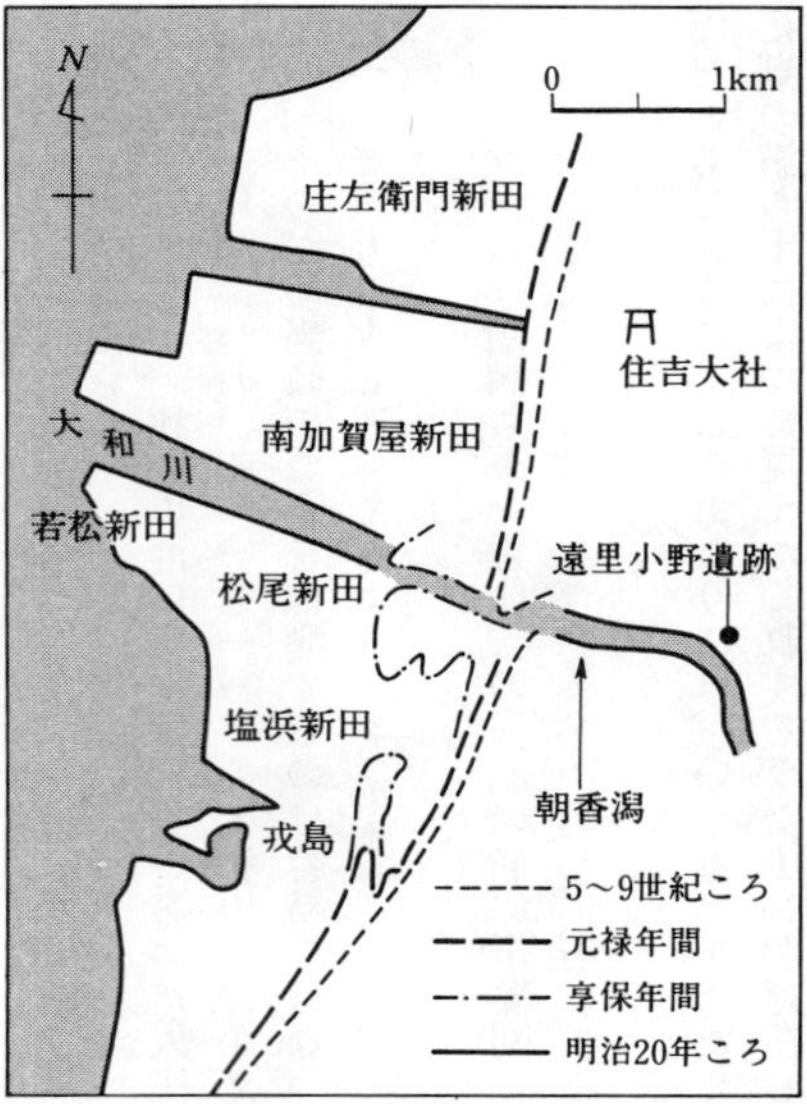

図6－7　大和川河口付近の海岸線の変化　古代から元禄年間（1688〜1704）にかけて、海岸線はほとんど移動しなかったが、宝永元年（1704）に大和川がここにつけかえられた結果、河口付近は約200年間に3000m近く前進した。

も、海岸砂洲背後のこの水域を指して用いられたといえる。狭間川の土砂運搬量が少なかったため、このような地形環境は、大和川のつけかえのころまでつづくが、そのことは鎌倉・室町時代の和歌「住吉の浅香の浦のみをつくし……」（『続後撰和歌集』）や「霞たつ浅香の浦の……」（『新千載和歌集』）などからも裏づけられる。

ところが、十八世紀初頭に大和川の流路をここにもってきたため、「浅香の浦」および「朴津水門」は、跡かたもなくなってしまう。ラグーンはつけかえ後のたび重なる破堤と土砂の流入によって埋積されるが、とりわけ右岸への氾濫が多かった。たとえば慶応四年（一八六八）の「大和川洪水絵図」をみると、右岸が二〇〇メートルあまりにわたって決壊し、洪水は段丘崖下一帯を水没させ、さらに北の天下茶屋《てんがちゃや》付近から西は十三間堀川《じゅうさんげんほりかわ》にまで至っている様子がよくわかる。また大和川右岸の堤防上にたてられた板碑によると、明治二年（一八六九）にも、再度右岸が決壊し、多大の被害を出している（実際はその前年の洪水のことらしい）。明治二十年（一八八七）作成の仮製地形図からも、ラグーンへの土砂流入の様子をよみとることができる。右岸堤の背後に、小山のような形をして点々と認められるのが、洪水の際に流れ込んだ土砂の塊である。

大津に至る道

住吉津と「朴津水門」に関する考察をひとまず終えたので、このあたりでこれらの津に至る道に話題を変えることにする。

古代の有力な港「住吉津」に通じる道は二本あった。そのひとつは「大津道」であり、もうひとつは「磯歯津路《しはつみち》」と呼ばれている。岸俊男氏によると、大津道は「反正陵《はんぜい》北端から東に直進して藤井寺市国府《こくふ》にはいるいわゆる長尾街道」のことであり、「壬申の乱のとき南河内には大津道と丹比道《たじひみち》の東西に通ずる二本の道があった」（岸俊男「古道の歴史」『古代の日本』五、角川書店、一九七〇）。大津道については、この見解が定説のようになっている。明治二十年（一八八七）刊行の縮尺二万分の一地形図や昭和二十二年（一九四七）撮影の縮尺四万分の一空中写真をみると、ほぼ東西に走る道があきらかに認められる。これは津堂城山古墳以西において、ルートの大部分が段丘面（中位・低位・沖積）の上をとおるため、自然の営力によって道が消滅するとか、あるいはその位置がずれることがあまりなかったためだといえよう。一部が水量の少ない旧天野川のつくる氾濫原のところを通過しているにすぎない。このルートは確かに景観としていまなお残されてはいるが、大津＝大きい津＝国家が管理した津（港）、そして大津道＝大きくて重要な津（住吉津）に至る道、という見解に立てば、つぎの点について若干の疑問が残る。

すなわち、大津道が、津（海岸の港）ではなくて、なぜ方違《ほうちがい》神社そして「反正陵」付近で終わっているのか、あるいはなぜそこからスタートするのか、ということである。この道をそのまま延長させて、段丘面から西におろしたとしても、当時その先端には、ラグーンが干上がった土地、そして荒涼とした砂洲や草原が広がっているのみで、国家的な港となるような環境条件は存在していなかったはずである。

そこで、段丘面を東西方向に走る道から分岐して、大津（住吉津）に至るルートを新しく設定する必要が生じる。もっとも東寄りをとった場合、住吉大社の門前付近から低位段丘を経て中位段丘面に上がり、「依網池」の西岸をとおるラインとなる。これに対し、もっとも西寄りのルートは、浅鹿の浦付近からいっきに中位段丘面にあがって、ほぼまっすぐ南に至るものである。「反正陵」の存在を重視すれば、このルートの可能性がもっとも大きい。いずれにせよ、以上の範囲内でさまざまなルートが考えられるが、ここでは住吉大社の門前から浅鹿の浦を経て、開析谷（狭間川沿い）を東南方向に進み、中位段丘面に至る斜向ルートを第一としたい。ここは洪水時を除くと、通行が比較的容易であった。〝天然のみち〟がすでに存在していたのである。

黄土の岸・四極山・呉坂

馬の歩み押さへ止めよ住吉の岸の黄土《はにゆう》ににほひて行かむ　　（『万葉集』一〇〇二）

右の和歌を自然地理学のサイドからよむと、浅鹿の浦から開析谷を、人びとがウマに乗って往来していた様子が浮かんでくる。すでにふれたように、「岸の黄土」は化石谷の谷壁に露出している赤黄色の粘土ないしシルト層である。当時の植生はあまりはっきりわからないが、中位段丘面ではカシ、シイなどの常緑広葉樹のほかに、二次林としてのアカマツもかなりみられたのに対し、洪水の際一時的に水没する谷底では、草本科の植物が茂っていたことであろう。人びとはウマに乗り、あるいは徒歩によってここをたえず往来していた。岸（開析谷壁）は洪水によってたえず崩壊するため、いつも鮮やかな「黄土」をみせていたのである。

少し南を東西に走る「丹比道《たじひみち》」も、「仁徳陵」付近から開析谷を西北に向けてくだっていたらしく、ここでも「黄土の岸」が眺められたはずである。

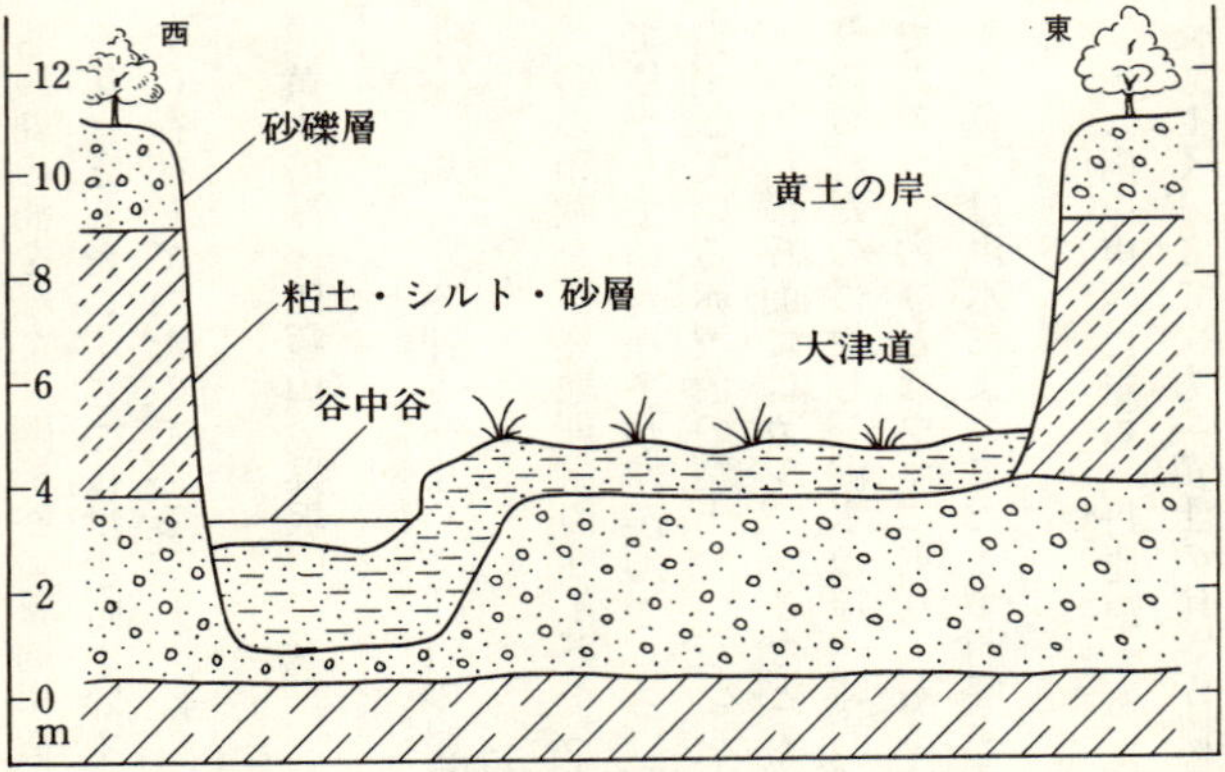

図6－8　化石谷の東西断面図（6～8世紀ころの推定図）　当時の人びとは、洪水の危険性が割合少ない東寄りの崖下をウマに乗り、あるいは徒歩によって絶えず往来していたことであろう。現在、ここは大和川の河床となっている。

大津道の北方にも、住吉大社の門前付近から東に向けて走る道がある。これは古くから「磯歯津路《しはつみち》」と呼ばれていたらしい。この道は大津道や丹比道と違って、上町台地面をとおる西方の約三キロのほかは、大部分が不安定な氾濫平野にあたるため、道の痕跡は断片的にしか認められない。この道に関する史料としては、

住吉津に泊る。是の月に、呉の客《まろうと》の道を為《つく》りて、磯歯津路に通《かよわ》す。呉《くれ》坂《さか》と名《なづ》く（『日本書紀』雄略天皇十四年正月条）。

四極山《しはつやま》うち越え見れば笠縫《かさぬい》の島
漕ぎかくる棚無し小舟
（『万葉集』二七二）

血沼廻《ちぬみ》より雨そ降り来る四極の白水郎《あま》網手綱《あみてつな》乾せり濡れあへむかも
（『万葉集』九九九）

などがあげられる。ここに「四極山」、および「呉坂」という表現がみられるが、これらはどういう地形を指したのであろうか。このルートを少しくわしくたどってみよう。

磯歯津路は、ラグーンの港「住吉津」から細井川の岸（長峡《ながお》）をとおって低位段丘にのぼり、そこからしばらく進んで中位段丘面に達する。この面の標高は一〇メートルあまりで、現在の長居《ながい》公園の西南角付近がもっとも高くなっている。それからはゆるやかなくだりとなり、やがて旧天野川のつくった氾濫平野に出る。そこから低地をまっすぐ東に進み、喜連《きれ》そして長原《ながはら》に至る。旧天野川の水量が少なかったためか、このあいだでは古くからの景観をある程度とどめているが、長原以東ではそれを見出すことはほとんどできない。

「磯歯津」の項で、吉田東伍は「住吉より喜連へ行く間にひくき岡山の横たはりてあるぞ四《し》極《はつ》山にて」と、上町台地を漠然と指している（『大日本地名辞書』）。それに対して、『日本古典文学大系』六七では、「シハツは、〝磯果つ〟で、浜の端の河口、岬などか」と解説されている。さらに白水郎＝漁夫、海人と解する（同書）ならば、四極山は上町台地の頂上付近から西斜面一帯を指したように思われる。当時の人びとは、わずか一〇メートルあまりの比高であっても、近くにそびえ立つものであれば、それを「山」ということばで表現したのであろう。

明治二十年（一八八七）の二万分の一地形図をみると、住吉大社の南、大和川が西北に大きくカーブする地点の南側に「浅香山」と書いてある。この地名がいつ生まれたかはわからないが、現在、ＪＲ阪和線をはさんで西が浅香山町であり、東は東浅香山町と呼ばれている。このあたりの標高は一二〜一三メートルであるが、西に向かって急崖をなすため、「浅鹿の浦」から眺めると、段丘面の西端があたかも小山のように感じられたことであろう。そのことから「浅香山」と呼ぶようになったのかもわからない。

「呉坂」はどうであろうか。吉田東伍は「呉坂」を「四極山」と同じ場所、同じ意味にとらえるとともに、「古事記伝に住吉喜連の間に坂ありと云ふも、住吉の東八町許に地勢稍高まれど坂と云ふべき者なし」とも述べている。たしかに、比高は一〇メートルあまり、平均傾斜にすると約二〇〇分の一程度で、「坂」というにはふさわしくない角度である。しかし当時の人びとはこの程度のものを「坂」と感じ、そう呼んでいたのかもわからない。また現在の地形は、著しく改変されているため、はっきりしないが、そのころには南海電鉄高野線付近にかなりの坂があったのかもわからない。「山」や「坂」についても、現在の「景」や現代的感覚から安易に判断するのではなくて、当時の「景」や人びとの「心」にまで近づく努力をすべきであろう。

4　難波津の位置をめぐって

歴史学者による比定

「住吉津」にくらべると、「難波津」の比定地に関する議論は多い。津の証拠を残していないため、議論は今後もつづくものと思われる。そこで従来の研究の流れについて一定の整理をおこなったのち、自分の考えを述べることにしよう。

明治期になって、この問題に先鞭《せんべん》をつけたのは、吉田東伍といえる。吉田は大著『大日本地名辞書』のなかで、難波津について「古は難波大津と称す、今東成西成二郡の地にわたり、墨江の津大伴の津（御津と云）の両処あり」と、そして御津については「古へ渡辺の船津なり、今南区島之内に三津寺町の名存す」と述べる。また三津寺《みつでら》は「南区に属し、三津寺町の名あり。此寺寛永中の再興にて大福院と称す、又三津八幡宮あり古の禊《みそぎ》所址にやあらん」と記しており、社寺の年代は必ずしも明確に示してはいないが、吉田は難波津を現在の中央区（従来の南区）三津寺町付近に位置づけていたらしいことがわかる。

滝川政次郎氏の見解は、これとかなり異なる。滝川氏は、外来文化の流入する門戸としての難波津の重要性を強調したのち、その位置について「堀江の江口が港津であって、その両岸に船が着いたことは、史乗に多くの徴証がある。それが三津または大津と呼ばれたことを私は敢えて否定しない。しかし、難波の三津と呼ばれたものは、この一箇所にはかぎらない。仁徳天皇の御製には〝押し照る難波の埼の並び浜〟とあるが、海中に半島状に突出した上町台地の両側には浜が並んでいて、どの浜にも船が着いた。小椅江《おばせえ》の猪甘津《いかいのつ》・桑津は台地内側の港津であり、得名津（榎津）は外側の港津であって、難波津というのは、それらの港

写真6－7　上町台地北端を東から西に流れる大川
この川は6世紀初めに完成したとされる人工水路「難波堀江」に起源をもつ。開削当時の堀江の長さは約3000mであった。古代においてこのあたりは「難波津」の一角をなし、中世には「渡辺津」と呼ばれた。（熊谷武二氏撮影）

津の総称である。三津寺の名が島の内にある以上は、その西方にも津があつて、それも難波の御津と呼ばれたに相違ない」とし、上町台地周辺で港の可能性のある場所をいくつかあげ、それらを総称して「難波津」と呼んだと、かなり広義なとらえ方をしている（滝川政次郎「難波の葦蟹」『神田博士還暦記念書誌学論集』、一九五七ほか）。

天坊幸彦《てんぼうゆきひこ》氏は、古代難波の歴史と地理について広く論じたなかで、当時の港津に対し「其の顕著なるものを挙げると、住吉津、難波三津、渡辺津があつた。就中《なかんずく》渡辺津は最も多くの船舶を吐呑したから、大江とも大津ともいつた」と、さらに「即ち皇后が八《や》田皇女《たのひめみこ》のことを伝聞され、折角の御綱柏《みつなかしわ》を捨てられた難波済は三津浜であつて、古事記には明らかに御津之前と云つている。天皇が態々お出迎へになつた大津は渡辺津である」と述べ、南の住吉津のほかに、上町台地西方の難波三津と北端付近の渡辺津（大津）を考えていたようである（天坊幸

彦『上代浪華の歴史地理的研究』大八洲出版、一九四七）。

最後に、山根徳太郎氏は「堀江とよばれた現在の大川は、古くは難波の入り江の一部でもあった。そこは早くから長柄船瀬と称された難波津の一部でもあり、遣唐貢調使の船の船よそおいをしたところでもあった」と述べ、現在の大川が難波の入江、および難波津の一部をなしていたと解している。山根氏はさらに大江の御厨《みくりや》の儲所《もうけどころ》や諷踊《ふうしょう》のおこなわれた三津寺の所在地を後年の八軒家付近とし、難波津の位置については「平安時代の難波津の中心は現在の天神橋・天満橋両橋の中間水域で、現在も大川とよんでいる場所を考えていたものと思われ、天神橋の下流にまでおよんだとしても、せいぜい難波橋付近あたりまでとしてまちがいなかろう」と述べ、港津の位置をかなり具体的に示しているのである（山根徳太郎『難波王朝』学生社、一九六九）。

以上、歴史学者によって示されたおもな見解について、その要点を紹介した。内容は多様であり、しかも港津の位置が地図上に示されていないため、判断は容易でないが、それらは①三津寺町付近説、②天満・天神橋付近説、および③上町台地東方説に分類できる。

三津寺町説の浮上と定着

このようにいくつもに分かれていた見解を、現在の大阪市中央区三津寺町付近に定着させたのは千田稔《せんだみのる》氏である（千田稔『埋れた港』学生社、一九七四）。千田氏は史料と対応させた地名考証のほかに、表層地質や考古学上の成果に対し、一定の検討を加えた。そして国土地理院刊行の土地条件図から等高線、砂堆、現水系などをぬきとって図示し、そこに「三津寺町」の位置を明記したので、きわめてわかりやすいものとなった。「新三津寺町説」の中身は以下のとおりである。

すなわち、「つまり御堂筋付近が奈良時代ごろの海岸線に近い線と想定され、南区三津寺町付近に古代難波津を比定する可能性があると考えたい」と推論をたてたのち、「とにかく三津寺町の北には東本願寺津村別院があり、その付近は津村と通称されること、南には港町あるいは難波という地名が存在すること、また貞享《じょうきょう》四年（一六八七）板『新撰増補大坂大絵図』には三津寺の西に『下難波領』・『上難波津領』の書きこみがあること等から、この付近に御津あるいは難波津とよばれた場所があったと推定される」と、自説の裏づけをおこなっている。ここでは御津と難波津は同一のものであったこと、そしてそれは三津寺町に比定しうるという考え方とよみとれる。

以上のような内容をもつ千田氏の見解は、一躍クローズアップされ、千田説＝三津寺町説という図式で定着していった。以下に、それのいくつかの例をあげてみよう。柏書房から刊行された大著『日本歴史地図』（原始・古代編下、一九八二）の九八〜九九頁をみると、難波津は難波京域の西端付近に「難波御津」として示されている。そこは現在の御堂筋の少し西にあたる。

平凡社刊行の『大阪府の地名Ⅰ』（日本歴史地名大系二八、一九八六）では、「『行基年《ぎょうきねん》譜《ぶ》』に行基が当郡の御津村に大福院と尼院を建てたとあるが、現大阪市南区三津寺町に大福院三津寺と称する寺院が近世に建立《こんりゅう》されており、その北に津村（現東区）、南に湊町（現浪速区）の地名もあることから、この地域が難波御津であったと考えられる」とあり、つづいて「おおむね御堂筋付近に奈良時代頃までの海岸線を求めることができる」「難波津を中心とした海岸線と堀江の沿岸は、……」などと記されているので、ここでは難波御津＝難波津＝海岸線（御堂筋）付近という構図が浮かびあがってくるのである。

難波の古代史に関心をもつ研究者のほとんどは、この「新三津寺町説」を支持していたが、そのようななかにあって、ただ一人森修氏は具体的な例をあげ、かなりきびしい批判をおこなった（森修『日本名所風俗図会』一〇、角川書店、一九八〇）。それは三津寺町付近の、当時の地形環境に関するものであった。その批判に対し、千田氏はただちに反論するとともに、自説の軌道修正をおこなうことになる。すなわち、「森修は難波三津と大津は同一の港津であるという理解を示している。果してそうであろうか」「筆者は難波三津と難波大津は別々の港津であると考える。あえて区別してその機能をいうならば、三津は難波の外港であるのに対して、大津は内港であろう」と、従来とは微妙に違った「難波津二港説」を、暗に示している（千田稔「難波津補考」『高地性集落と倭国大乱』雄山閣、一九八四）。この難波津二港説は、すでに紹介した天坊幸彦氏の考え方に近い。

従来の見解に対する疑問

過去約一世紀の、難波津比定に関する主要な文献を簡単に紹介してきた。従来の研究では、史料と現存する地名をおもなよりどころとする点に共通性が認められる。すでに述べたように、それらは大きく三つの説に分けられるが、当時の地形環境（古地理）の復原を進めていくと、いずれの説にも疑問が生じる。以下にその要点を述べてみよう。

まず上町台地東方説についてである。弥生時代から古墳時代の中葉ころまでの、このあたりの地形を考えると、この説がもっとも説得力がある。すなわち、上町台地とそこから北に延びる天満砂洲を結ぶ線以東は、波がおだやかであり、北の長柄付近から南の桑津にかけて、絶好の船だまりをなしていた。船は上町台地の先端ではなくて、そこからさらに北に延びる天満砂洲北側の狭い水路をとおって出入りをおこなっていた。「遡流而上《かわよりさかのぼ》りて」という表現は、そのことを指して用いられたといえる。

ところが、砂洲から飛ばされてきた砂や淀川デルタの前進によって、この水路は浅くなり、やがて航行が不可能になったと思われる。その時期はあまりはっきりしないが、四世紀末から五世紀末にかけてがひとつの目安となる。このころ摂河泉《せっかせん》においては丘陵地や段丘の開発が進み、多くの土砂が下流の低地に運び出された。たとえば喜連遺跡（図6‐6のb地点）は四五〇センチほどの地下に埋まっているが、そのうちの約四〇〇センチは五世紀から七世紀までのあいだの堆積とされる。

安田喜憲《よしのり》氏によると、河内平野周辺では、古墳時代に入るとアカガシ亜属にかわってアカマツの花粉が優占している。これは人間による森林の破壊をものがたる。いっぽう、低地では古墳時代前期の遺物を含む砂礫層が深く切り込まれているところがある（安田喜憲「大阪府河内平野における過去一万三千年間の植生変遷と古地理」『第四紀研究』一六、一九七八）。このことは、あきらかに古墳時代に入って河内平野において浸食基準面が低下したことを示す。基準面の低下を引き起こした原因としては、海面の低下がまず考えられる。

このようにして、土砂の堆積と海水面の低下によって、北廻り航路で海につながる上町台地東方の港は、一時的に機能しなくなったのではないかと考えられるのである。

つぎは天満・天神橋付近説である。明治以降の文献では、この立場をとるものがもっとも多い。「難波宮」やのちの渡辺津との関係を考えると、納得のいくところである。しかし、四〜五世紀ころの地形を復原してみると、やはり疑問が出てくる。

当時、そこは幅およそ三〇〇メートルを示す砂洲（天満砂洲）のほぼ中央部にあたり、自然地形の状態のままでは、外海とも東側の水域ともつながっていなかった。「難波堀江」を開くことによって、はじめて港としての立地条件を備えるに至るところである。したがって、「堀江」開削との関係を考慮に入れないかぎり、この説を論ずること自体無理である。もっとも、弥生時代から古墳時代にかけて、ここがすでに切れており、水の通うところとなっていたと解するならば、話はまったく別のものとなる。しかし史料をみるかぎり、「堀江」はやはり整備ではなくて新しい開削とすべきであろう。

最後は、三津寺町説についてである。すでに述べたように、古代において、この地は海岸線に比較的近かった。したがって、砂洲を少し切り込んで、背後の部分に港を成立させたとしても、台風にともなう高潮その他の波浪によって、付近の地形はしばしば変化し、港としての機能をたやすく失ったことであろう。

『続日本紀』巻十九、孝謙天皇の天平勝宝五年（七五三）九月条にあるつぎの記事は、ここが不安定な地形環境にあったことを雄弁にものがたっている。すなわち、

摂津国三津の村に南の風大きに吹き、潮水《うしお》暴《にわか》に溢れて、廬舎《ろしゃ》一百十余区を壊損《こぼ》ちて、百姓五百六十余人を漂没《ひょうもつ》す。

とある。外海の汀線に近い砂丘の村「三津村」では、大風（台風）によって海水が溢れて貧しい農家が押し流され、数多くの溺死者《できし》を出した。当時、ここに港があったとすれば「廬舎」ではなくて、「館」ということばが用いられてもよかったはずである。

当時の三津村の範囲を知るよしもないが、八世紀の中葉ころ、この地は農業を中心に漁業もおこなうさみしい村をなしていたにちがいない。元和《げんな》元年（一六一五）の検地帳《けんちちょう》には、現在の三津寺の所在地付近は農地と記されている（藤井富太郎「三津寺さん附近」『大阪春秋』五、一九七五）。御堂筋をはさんで東西に位置する御津八幡宮や三津寺を、難波津比定地と結びつけて論じられることが多いが、これらについては、天正から江戸期に入って、本願寺別院などとともに、大江《おおえ》、渡辺付近から移座《いざ》されたという北島葭江氏の説もある（北島葭江「近畿万葉地誌四」『史迹と美術』二七、一九五八）。

「難波宮」の中心部から約二五〇〇メートルも離れたこの地に港をつくる必然性はほとんど

ない。自然条件のほか、社会条件や歴史的背景からも、ここに港が成立したとは考えにくいのである。そこでこれら三つの説にかわるまったく新しい難波津の比定地を模索しなければならなくなる。

5　「難波堀江」開削の目的と時期

「難波堀江」開削の目的はふたつ

難波津の比定に先だって、「難波堀江」についてふれておく必要があろう。それは先ほどの上町台地東方説や天満・天神橋説とも深いかかわりをもつからである。「堀江」の場所についてはほぼ共通した見解が出されている。たとえば吉田東伍は「仁徳紀」を紹介したのち、これを現在の大川（天満川）筋に位置づける。また天坊幸彦氏も同様に「開鑿の地点が今の天満川であることは、殆ど疑の余地はない」とし、山根徳太郎氏も「堀江は、従来の通説においてもそうであるように、いまの大阪の大川をそれにあてて、なんの支障もおぼえない」と述べている。ルートは以上のとおりで問題はないが、開削の目的については、改めて検討する余地が残されているように思われる。

「仁徳紀」十一年四月条に、「郊《の》も沢も曠く遠くして、田圃《たはたけ》少く乏し。且《また》河の水横《よこさま》に逝《なが》れて、流末駃《かわじりと》からず。聊《いささか》に霖雨《ながめ》に逢へば、海潮《うしお》逆上りて、巷里《むらさと》船に乗り、道路亦泥《うひじ》になりぬ」とある。

このころ、天満砂洲の東では、北から旧淀川、そして南からは旧大和川の分流などが流入し、沼沢地《しょうたく》のなかにデルタを発達させせつつあった。そのため「霖雨」のときには、水があたり一面にあふれ、農地、道路、民家などに多大の被害を与えていたのである。

冬十月に、宮の北の郊原《の》を掘りて、南の水を引きて西の海に入る。因りて其の水を号けて堀江と曰ふ（「仁徳紀」十一年十月条）。

これまで、「難波堀江」開削の目的は、東の水を西の海へ排除するところにあるとされてきた。たしかに右のふたつの文章を素直によめば、雨の少ない季節を選んで排水路「堀江」がつくられたという解釈となるが、はたしてただひとつの目的だけで掘られたのであろうか。もう少し違った角度からも考えてみる必要があろう。

すでに述べたように、そのころ瀬戸内海方面からやってきて、「難波宮」さらに内陸部に向かう船は、天満砂洲の先端、そして天満・吹田両砂洲にかこまれた狭いタイダル・フラットを通過しなければならなかった。しかし、そこは飛砂とデルタの発達、さらに海水面の若干の低下によって航行がむずかしくなっていた。そこで、「宮」の近くに、安全で便利な津を開くとともに、遠く大和、山城の国にも通ずる水路を掘り、新しい交通システムを確立させる必要にせまられていた。これが想定されるもうひとつの開削目的である。「仁徳紀」の四年二月条には、「朕《われ》、高台《たかどの》に登りて、遠《はるか》に望むに、烟気《けぶり》、域《くに》の中《うち》に起たず。以為《おも》ふに、百姓既に貧しくして、家に炊《いいかし》く者《ひと》無きか」とあり、農民への慈悲深さを示す表現者の〝天皇像〟がここにもみえる。これらを考えあわせると、「堀江」は排水と航路新設のふたつの目的をもって開削されたが、「仁徳紀」には農民サイドにたつ理由のみを書き残したのではないかと考えたりもする。浸水はかぎられた季節と場所にのみ生ずる現象であるのに対し、船の航行はより緊急を要したにちがいない。

いずれにせよ、「堀江」の開削によって、長雨時の排水条件は著しく改善されるとともに、新しい土地開発もおこなわれたことであろう。また河内中央部と「難波乃海」が直接結ばれることによって、住吉津とも近くなった。もっとも注目すべき点は、幅約三〇〇〇メートルの砂洲のあいだに、まったく新しい水域が生まれたという点である。南北に延びるラグーンと新設された「堀江」が交わる地点付近が、やがてもっとも注目される場所として登場してくることになる。

「堀江」開削は五世紀か

「堀江」開削の時期を、こまかく押さえることはむずかしい。守備範囲をやや逸脱《いつだつ》することにもなりかねないが、若干の検討を加えてみよう。地理学の立場からは、難波津成立の時期よりは、「堀江」開削の時期についての仮説の方がむしろたてやすい。上町台地以東の航行条件が悪化した時期と関連づけて考えることができるからである。

つぎに、「堀江」開削の時期が難波津成立の時期より早く、両時期は比較的近そうだとい

記載　年・月	草香津	大　津	住吉津	堀　江	難波津	江　口
神武即位前	○					
神功　1. 2.		○				
応神　22. 4.		○				
仁徳　11.10.				○		
〃　30. 9.		○				
〃　62. 5.					○	
允恭　42. 1.					○	
雄略　14. 1.			○			
仁賢　6. 9.					○	
欽明　13.10.				○		
〃　16. 2.					○	
〃　31. 7.					○	
敏達　14. 3.				○		
推古　16. 6.					○	○
〃　27. 7.				○		
舒明　4.10.					○	○

表6－3　『日本書紀』にみえる関係名称　（舒明朝まで）

う点があげられる。以上のことを前提として、若干の史料にあたってみよう。

表6－3は、『日本書紀』のなかから難波津に関連する記事を抜き出したものである。絶対年代はともかくとして、「難波津」という名称が出てくるのが、「堀江」が開削されたとされる仁徳天皇の十一年以降である点は注目してよい。仁徳天皇の十一年より以前の「大津」という名称は「住吉津」、そしてそれ以降は「難波津」を指すと解される。

神功皇后摂政元年二月条の「吾《わ》が和魂《にきみたま》をば大津の渟中倉《ぬなくら》の長峡《ながお》に居《ま》さしむべし」の「大津」は住吉津であり、この点についてはすでにふれた。それに対し、仁徳天皇三十年九月条にみえる「親《みずか》ら大津に幸《いでま》して、皇后の船を待ちたまふ」の「大津」は難波津といえる。「皇后」の船は茅渟海《ちぬのうみ》から粉《こ》浜《はま》の海岸、そして堀江、草香《くさか》入江をとおり、旧淀川をさかのぼって山背（山城）から倭（大和）に向かったと考えられるからである。「仁徳紀」のあと、「堀江」ということばは欽明天皇十三年、敏達天皇十四年と相ついで出てくる。したがって、六世紀中葉には「堀江」がすでに開かれていたと考えてほぼ誤りはないであろう。

上町台地東方の地形環境の変化、すなわちデルタの発達過程からみると、「堀江」開削の必要性が生まれるのは五世紀の中葉以降ということになる。五世紀の中葉ころに着工し、六世紀のはじめに完了したというのが、もっとも妥当性が大きい。五〜六世紀に開かれた点については森浩一氏がすでに指摘しており（森浩一・水野祐による対談「国家の成立と古代の城」『東アジアの古代文化』六、一九七五）、文献史学からする見解ともほぼ一致する（岡田精司「古代の難波と住吉の神」『日本古代の政治と制度』続群書類従完成会、一九八五。直木孝次郎「難波・住吉と渡来人―港の発展と管理をめぐって―」『相愛大学研究論集』二、一九八六）。たとえば、直木孝次郎氏は「ことに堀江の開掘という大事業の実際に行われた年代は、五世紀でなく、六世紀であったかもしれない。また着工は五世紀でも、一度の工事で完工したのではなく、修覆や拡張をふくめて工事は五世紀から六世紀へかけて何度も行われた可能性も大きい」と述べている。

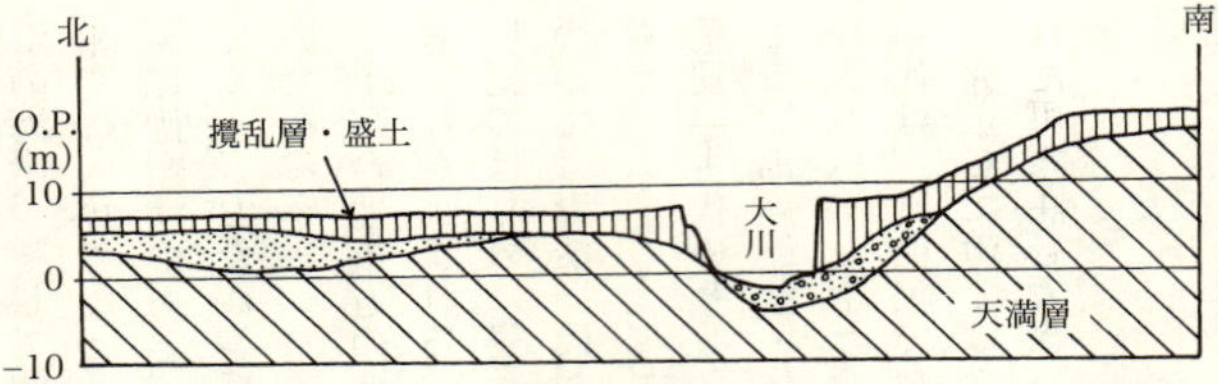

図6－9　大阪市営地下鉄谷町線沿いの地質断面図（図6－10のb－b′参照）　大川の南側では、天満層（台地面）のレベルが15m以上に達しているのに対し、北側では0mに近く、砂・攪乱層・盛土などによってカバーされている。大川の河床付近に堆積する砂礫は、天満層を崩したものと考えてよい。（大阪市の資料より）

東半分は難工事であった

五～六世紀といえば、南方の段丘上に巨大な古墳が数多くつくられた時代にあたり、また「大津道」に沿って「針魚大溝《はりおのおおうなで》」や「依網池」も開かれた。これらの工事にあたって、かなり高度な技術が用いられたことはまちがいない。

　幅およそ三〇〇メートルにわたる砂洲の開削に、どの程度の労働を要したのであろうか、興味がそそられるところである。これまでの地質調査によると、上町台地の北側では、砂洲につつまれたようなかっこうで、天満層（天満層と上町層の上下二層に分けることもある）が、ずっと北に延びている。その幅は天満・天神橋付近で一二〇〇メートル前後である。天満層は段丘の部分と同じように硬いため、東半分ではかなりの難工事であったことが想像される。当時としては、砂洲の下に硬い地層が伏在するとは、おもいもよらなかったことであろう。工事の中断があったかもしれない。それに対し、西半分は完新世になってから形成された軟らかい砂層であるため、工事はスムーズに進んだはずである。

図6－9は、地下鉄谷町《たにまち》線に沿ってほぼ南北方向に切った断面の一部である。これをみると、南部において天満層が一五メートルあまりのレベルに達しているのに対し、大川以北では、それがゼロメートルに近い。大川の通過する部分はかなり低く、幅も二〇〇メートル近くになっているが、これは「堀江」開削当初の姿を示すものではない。開削後、ここに東から流れてきた水が集中したため、下方および側方への浸食が急速に進んだのである。河床付近にたまる砂礫は、上町台地を崩したものであろう。

開削当時の「堀江」の大きさは知るすべもないが、船をとおすことも目的としたため、かなりの規模をもっていたと考えてよい。開削当初のルートは、大川の右岸（北）堤付近であったが、その後左岸へと浸食が進んだ。そのことは、上町台地北端の崖が弧状をなしていることからもうかがい知ることができる。

このようにして、「堀江」は当初ほぼ東西方向に掘られたが、その後側方浸食によって上流側は南に、そして下流側は北に流心を少しずつ移した結果、現在みられるような逆S字型の流路を示すようになったといえるのである。

6 人工港「難波津」の成立

住吉津から難波津へ

天然の良港「住吉津」から、計画的人工港「難波津」へと、港の比重が大きく移るのはいつのことであろうか。これは古代難波の地域構造をとらえるうえからも、きわめて重要な課題といえるであろう。そのひとつのヒントは、「堀江」開削の時期から与えられる。すでにみてきたように、「堀江」は五世紀中葉から六世紀のはじめにかけて開かれた可能性が大きい。もしそうだとすると、難波津成立の時期も六世紀初頭ということになる。

表6－3をもう一度ながめてみよう。難波津に関する記事は、「仁徳紀」以降、允恭天皇四十二年正月条に「難波津に泊りて」、また仁賢天皇六年九月条には「難波の御津に居りて」と出ているが、その間隔は大きい。

ところが、飛鳥時代に入ると、欽明《きんめい》天皇十三年（五五二）十月条に「仏像《ほとけのみかた》を以て、難波の堀江に流し棄つ」とあり、同十六年（五五五）二月条に「使者を遣して、津に迎へて慰《やす》め問はしむ」、そして同三十一年（五七〇）七月条には「難波津より発ちて」と相ついで出ている。したがって、このころには「難波津」が重要な役割をはたしていたことはほぼまちがいない。つぎの敏《び》達《たつ》天皇十四年（五八五）三月条の「既にして焼く所の余《あまり》の仏像を取りて、難波の堀江に棄てしむ」も、そのことを裏づけているのである。

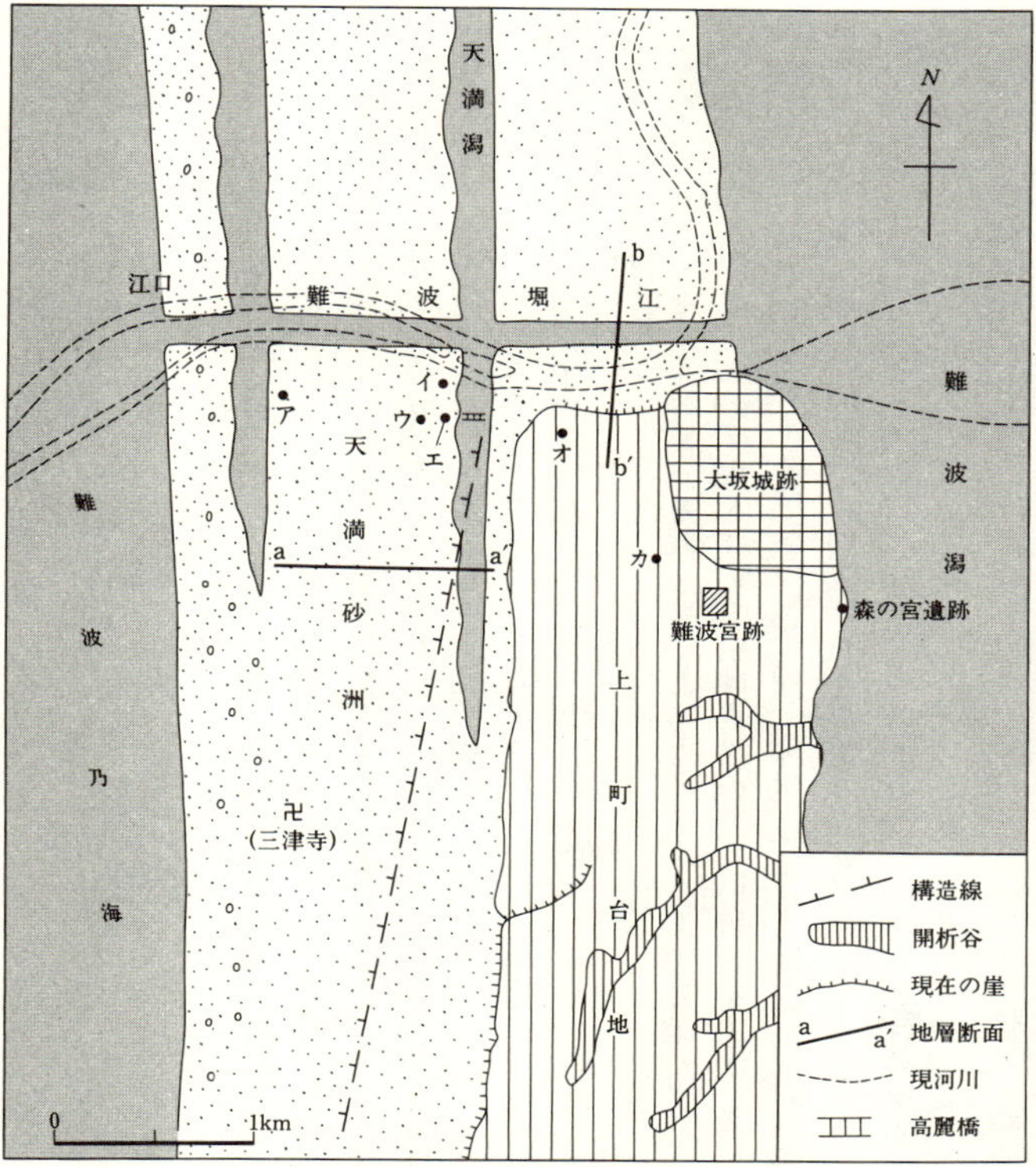

図6－10　上町台地北端付近の地形環境（海岸線は6世紀初頭）　砂洲は3本に分岐し、そのあいだに幅の狭いラグーンを擁していた。天満潟の部分は、近世初頭のころ〝道修谷〟と呼ばれており、その後改修されて東横堀川となる。開削ころの「難波堀江」は、直線状をなしていたと考えてよい。難波津の中心は高麗橋付近にあり、西方の汀線ぞいに外港「江口」が存在していた。図中のアは現東本願寺別院、イ～カは本文参照。

昭和六十二年（一九八七）の暮れも近いころ、五世紀の大型建物群発見のニュースが流れた。発見された場所は上町台地の北端に近い中央区法円坂《ほうえんざか》の市立中央体育館付近（図6－10のカ地点）で、「堀江」の南約一〇〇〇メートルにあたる。標高二五メートルあまりで、見つかった入母《いりも》屋造《やづくり》の建物は、あわせて一二棟であった（その後新たに四棟が見つかった）。同時に発掘された土器などから、この建物が使用されていた時期は五世紀の後半と推定されている。建物の性格については、「難波宮の一部」「倉庫」など、さまざまな説が出されている。建物の性格はともかくとして、このような巨大な建物群が五世紀後半のころ、この地に存在したことを重視したい。この建物と相前後して成立したと考えられる近くの港「難波津」との関係が、きわめて密接であったと考えられるからである。これらの諸事実から、五世紀後半には、南の住吉津にかわって、北の難波津が重要な役割を担うようになっていたことは、ほぼまちがいない。

このようなプロセスを経て、それまでのおもな機能を難波津に譲った住吉津は、六世紀以降、航海の守り神としての住吉大社と、白砂青松の美しい景観を生かした信仰、観光遊覧の地としての色彩を強めるようになる。その一端は、「……住吉の　吾《あ》が須売神《すめかみ》に　幣《ぬさ》奉《まつ》り祈り申して　難波津に　船を浮け居《す》ゑ　八十楫《やそか》貫き　水手《かこ》整へて　朝開き　吾《わ》は漕ぎ出《で》ぬと家に告げこそ」（『万葉集』四四〇八）からもうかがい知ることができるのである。

天満潟と道修谷

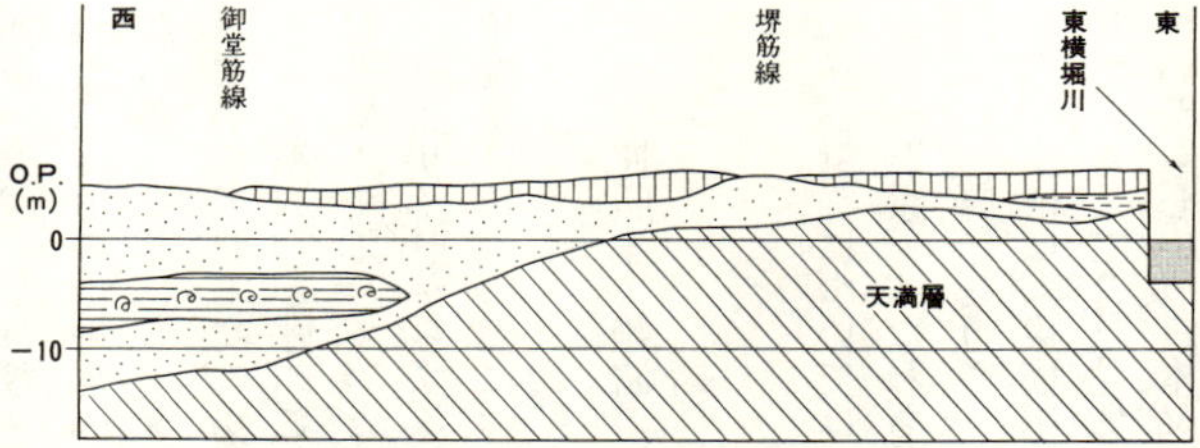

図6－11　大阪市営地下鉄中央線沿いの地質断面図（図6－10のa－a′参照）　天満層は地下鉄御堂筋線と同堺筋線のほぼ中間部あたりから西に向かって急に低くなり、その上に沖積層を載せている。改変を受けた砂層の頂部はO.P.プラス4〜5mを示す。（大阪市の資料より）

いよいよ難波津の推定位置を明確に示さなければならなくなった。私はそれを東横堀川にかかる高麗橋《こうらいばし》付近と考えているが、そこは、いまではすっかりかわりはててしまっており、当時の面影はまったくない。そこで五〜六世紀ころの地形環境を復原する作業からはじめたい。

図6－11は、地下鉄中央線に沿う東西方向の地層断面である。ここではゼロメートル付近にあった天満層が、地下鉄御堂筋線と同じく堺筋線のほぼ中間あたりから西に向かって急に低くなり、その上に沖積層が載っている。沖積層は下から砂層、貝殻片を含む粘土層、そして砂層となっており、改変を受けた砂層の頂部は四〜五メートルを示す。

注目されるのは、東端の東横堀川付近に厚さ二〜三メートルのシルト層（横の破線で示す）が存在する点である。このシルト層はふたつの砂洲のあいだに形成されたラグーンの底に溜まったものと解される。もしそうだとすれば、東横堀川の前身は、自然がつくった細長い溝、すなわちラグーンであったということになる。明治二十年（一八八七）に発行された二万分の一地形図をみると、東横堀川の北の延長線上に、水流が細長くつづいているのがわかる。これもラグーンの名ごりの一部といえる。

このようにして、分岐した砂洲のあいだにラグーンが存在したが、ここではそのラグーンを「天満《てんま》潟《がた》」と呼ぶことにする。天満潟は扇町公園、ＪＲ新大阪駅付近をとおって、神崎川付近にまで延びていた。

自然サイドからする分析によって、ラグーンの存在がほぼあきらかとなったが、若干別の角度からそのことについて考えてみよう。

押照る　難波の崎の　並び浜　並べむとこそ　その子は有りけめ

（仁徳天皇二十二年正月条）

〝並び浜〟については、地名とする説が一般的であるが、これは上町台地の先端に立って眺められた景、すなわち砂洲とそれに挟まれたラグーンが、何本かの筋のようになって横たわっている様子をうたったものと解すべきである。

吉田東伍は、東横堀川について「蓋古《がいこ》の安曇江《アツミノエ》にして築城の日に改修したる者なり」と記している（『大日本地名辞書』）。また現在の東横堀川沿いは、古くから「道修谷《どしょう》」と呼ばれていたらしい。宮本又次氏は『摂陽奇観』巻之一（文政十年＝一八二七）に「住吉船場の地形は、当代の如く平地にあらず、所々に谷のごとく高低ありしにや。今の道修町は近世まで道修谷といふ名存せり」とあること、それから同書巻之四に載る延宝《えんぽう》六年（一六七八）の「道おしるゑ歌」にみえる「道修谷」という語に注目し、つぎのような考えを示している。すなわち、「いまの東横堀川が上町台地を形成する地塊と、その西方に発達した洲岐との谷間にできた水域で、その水域の名残りに何程かの人工を加えて、濠渠の形にしたものであろう。そのため、いまの高麗橋と平野橋との中間地を道修谷といったものであろう」と（宮本又次「道修町と道修谷」『大阪の歴史』二、一九八〇）。

この見解は、地質や地形から導き出した解釈と完全に一致する。「道修谷」ということばがいつからできたかはわからないが、ここは縄文時代、すくなくとも三五〇〇年前ころ以降は、ふたつの砂洲にはさまれた「谷」または「溝」のような地形（ラグーン）をなしており、八世紀中葉には「安曇江」とも呼ばれていた（『続日本紀』巻十五）。

「推古紀」をよむ

高麗橋付近がもつ港としての立地条件について、自然景観の面から若干検討してきた。つぎにそれを裏づける違った情報を探してみよう。

第一は『日本書紀』のなかにみえるつぎのふたつの史料である。

客等《まろうとたち》、難波津に泊れり。是の日に、飾船三十艘《みそふなも》を以て、客等を江口に迎へて、新《にい》しき館《むろつみ》に安置《はべ》らしむ（推古天皇十六年〔六〇八〕六月条）。
唐国《もろこしのくに》の使人高表仁《こうひょうじん》等、難波津に泊れり。則ち大伴連馬養《うまかい》を遣して、江口に迎へしむ。船三十二艘及び鼓《つづみ》・吹《ふえ》・旗幟《はた》、皆具に整飾《よそ》へり（舒明天皇四年〔六三二〕十月条）。

これらの史料をよむと、「江口」と「難波津」は、きわめて密接な関係にあり、前者が後者の外港のような役割をはたしていたと解することができる。両者は江戸時代の「駿府」に対する「清水湊」のような関係にあったらしい。そこで、「江口」の位置が問題となるが、これを現在の堂島川にかかる玉江《たまえ》橋付近に比定すれば、高麗橋付近にあった難波津との位置関係が、いっそうはっきりしてくる。すなわち、難波津の西方二〇〇〇メートル足らずのところにある「江口」は、そのころの汀線付近に位置し、また「堀江」の出口にもあたっていた。したがって、この地は、はるばる海を渡ってやってきた客を迎える表玄関として、かっこうの地理的位置をしめていたのである（図6－10参照）。

右の史料は、「客が難波津に来ることになった（あるいは船が近づいてきた）ので、江口に出迎え、難波津まで先導してそこにある新館に案内した」というほどの意味になろう。「推古朝」のときには飾船三〇艘であったが、「舒明朝」では三二艘に増やし、太鼓と笛、さらに旗も立てるという豪華な出迎えであったらしい。

難波津二港説を採る千田稔氏は、「唐の客」を導いた順序を難波津（三津）→江口→堀江→客館（大津）としている。しかし、私は、いずれの場合も難波津→江口→難波津であり、行きも帰りも「堀江」をとおったと解する。当時は右のような表現、すなわち「泊れり」と、全体についてまず述べ、しかるのちにその内容を補足説明するという方法が、しばしば用いられたらしい（直木孝次郎「難波の柏の渡りについて」『藪内吉彦退官記念論攷』大阪・郵政考古学会、一九八八）。

唐の客、京《みやこ》に入る。是の日に、飾騎《かざりうま》七十五匹を遣して、唐の客を海石榴市《つばきち》の術《ちまた》に迎ふ（推古天皇十六年八月条）。

右の場合も同様で、史料にみえる「海石榴市」は、現在の奈良県桜井市金屋に比定されている（『日本古典文学大系』六八）。比定地はともかくとして、客が京に入ったのちに飾騎を差し向けたのではなくて、やはり「客が京にやってくることになったので、飾騎を差し向けて海石榴市にまで出迎え、京に案内した」ということになる。この場合は、大和三山のよくみえる秋ばれの小径を飾騎で往復した。同じような表現は、『続日本紀』巻三十五（光仁天皇十年四月条）にもみえる。

古絵図に残る「難波湊」

過去の景観を復原する際に、古絵図が用いられることもすくなくない。難波の地を描いた古絵図類は枚挙《まいきょ》にいとまのないほどであるが、古いものは作成年代や作成意図がはっきりしない。またのちの時代に筆写されたものが大半で、なかにはあきらかにまちがった部分を含むものもある。したがって、古絵図を安易に用いることはよくないが、傍証とするため、あえて一枚だけを取りあげてみよう。

それは「難波往古図」(河州雲茎寺《うんけいじ》什物)である。作成年代や作成者はわからないが、これは『大阪府史』第三巻(一九八〇)や『新修大阪市史』第一巻(一九八八)にしばしば取りあげられている「浪華往古図」と描画内容はほとんど一致する。見分けがつかないくらいである。したがって、いずれか一方が移写されたものと考えてよいであろう。

大阪の古地図を集成、解説した玉置豊次郎氏は、「難波往古図」がもっとも古く、その図から応永《おうえい》二十四年(一四一七)に「難波国之図」がつくられ、さらに三五〇年後の宝暦《ほうれき》六年(一七五六)になって、「難波往古図」から「浪華往古図」が筆写されたと述べている(玉置豊次郎『大阪建設史夜話』大阪都市協会、一九八〇)。この判断が正しいとすれば、「難波往古図」は応永二十四年より古く、「浪華往古図」は、ずいぶんのちの時代にそれから筆写されたということになる。それはともかくとして、ここでは玉置氏がより古いとする「難波往古図」について、少し検討してみよう。

描かれているのは、北の長柄川から南の帝塚《てづか》山まで。そして東は平野川付近までとなっている。西方はもちろん海で、海岸線は出入りに富み、いくつかの島が点在する。

この地図の致命的な誤りは、上町台地を切って東から西に向かう川を三本も描いてある点である。たしかに上町台地には和気清麻呂が開削したとされる凹地が残されており、短い開

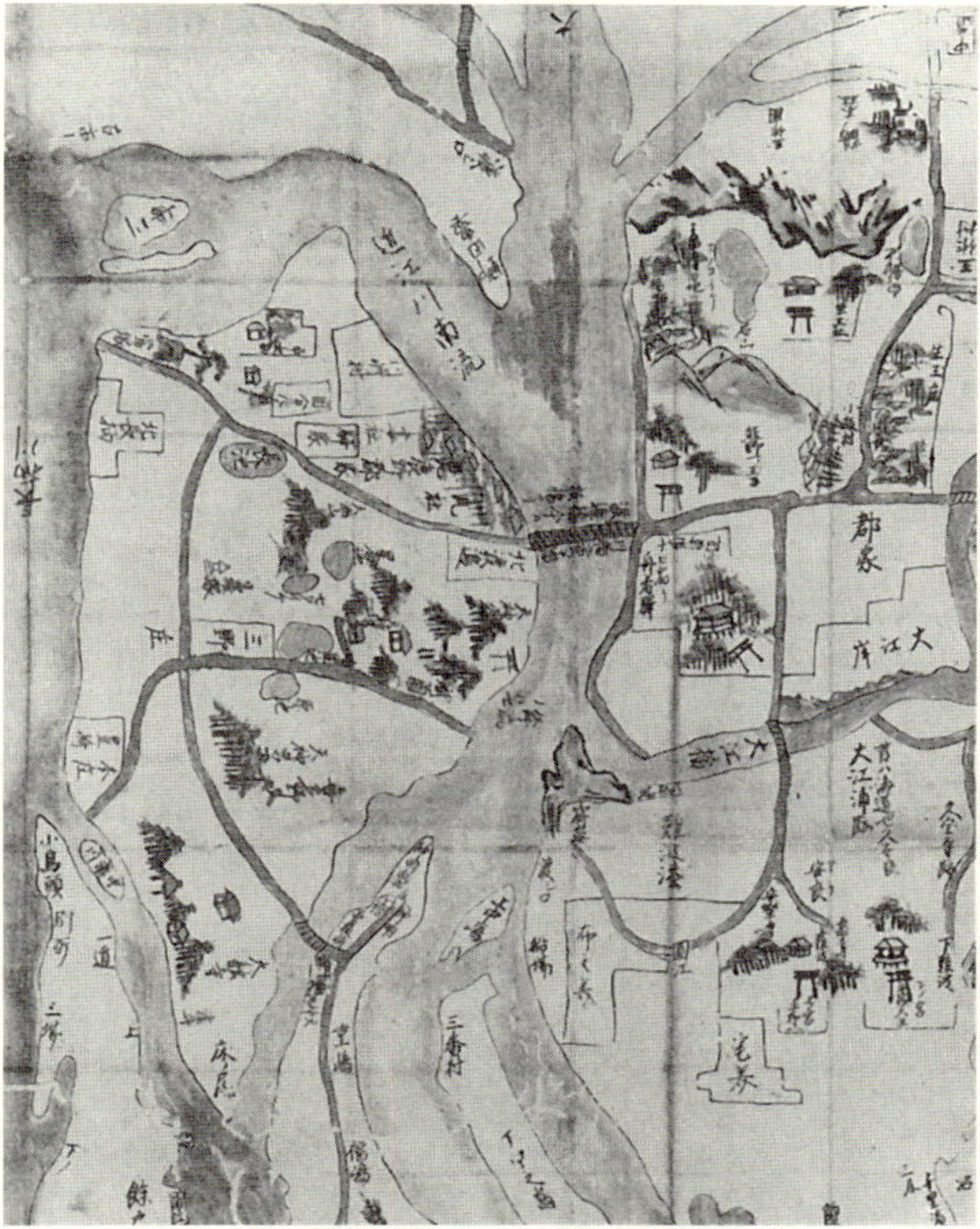

写真6－8　難波往古図の主要部　ほぼ中央部に渡辺橋が架けられており、その少し西方（下）に「難波湊」という字がみえる。この地図は応永24年（1417）以前に描かれたという説があるが、はっきりした作成年代はわからない。

析谷も何本かはある（図6－10参照）。しかしながら、台地の上を水が東から西に流れたことは一度もなかった。どういう意図で三本もの川を描いたのであろうか。

上町台地の先端付近には北から「近江川南流」、東から「大和川」と「北河内川」、そして南から「平野川」が流れ、そこで合流している。合流したのち西に向かう河川については、なぜか名前が記されていない。少し北を流れる川には「長柄川」「中津川」などと書かれているのに不思議に思われる。

上町台地を北に下ったところに「渡辺橋」があり、「川幅二百六十間、渡辺橋今ハ板橋ナリ」と記されている。そしてその少し下流部の左岸には砂嘴《さし》のような突起部があり、そこに「山崎鼻」、そしてそこから南に向かう狭い水路の西岸は「船場《せんば》」となっている。注目すべきことは、その「船場」という字のそばに「難波湊《なにわのみなと》」と明記されている点である（図6－10のイ地点）。そこはいくつかの情報や資料にもとづいて比定した「難波津」の場所とピタリ一致する。

「難波往古図」が最初に描かれた年代は不明であるし、この一点のみを信じるのはよくないが、「難波湊」と記されている事実は尊重したい。すくなくとも、この地図が描かれたころには、この場所が船着き場として一定の機能をはたしていたようであるし、そこは「難波湊」と呼ばれていたことであろう。ところが、宝暦六年に筆写されたとされる「浪華往古図」には、「難波湊」の記載がない。筆写をおこなった人の不注意によるのか、あるいは港としての役割をすでに無くしていたため、実情にもとづいて省いたのかもわからない。

この「難波往古図」は、直木孝次郎氏が『明日香風』二六号（一九八八）にさりげなく紹介された程度で、これまでのところ、あまり注目されていないようだが、「浪華往古図」とともに、無視することのできない古絵図のひとつといえるであろう。

写真6－9　高麗橋付近の東横堀川　大阪市中央区を北から南に流れる東横堀川付近は縄文時代以降、2つの砂洲に挟まれたラグーンをなしていたが、天正13年(1585) ころに開削・整備されて景観が一変した。ここに国際港「難波津」が成立したのは、6世紀の初めころと考えられる。現在は両側をコンクリートで固められ、上を高速道路が走っている。(熊谷武二氏撮影)

地下からの情報

東横堀川を中心とする、この地域の地形環境をまず復原し、しかるのちに「推古紀」や「難波往古図」を用いて「難波津高麗橋付近説」の可能性を、いろいろと探ってみた。可能性はだいぶん高まったと思われるが、つぎに物的資料によってそのことを裏づけてみよう。やはり「物」が最大の決め手となる。

ところが、ギリシアの例でもみてきたように、ラグーンにおいては、古代の港の跡を直接に示す物的証拠は残されていない。そこで、港湾施設そのものではなくて、そこに集まり住んだ人びとが遺《のこ》した物から、間接的に類推するほかはない。

喜田貞吉《きたさだきち》によると、大正十三年（一九二四）に三越呉服店（図6－10のウ地点）が新築された際、地下からさまざまな遺物が掘り出されている。蛸壺《たこつぼ》形素焼《すやき》小壺と素焼分銅《ふんどう》形土器が地下二メートル足らずのところから、また単弁《たんべん》八葉《よう》の蓮華紋《れんげもん》瓦の破片と蛸壺形素焼小壺が地下六メートルほどのところからなどである（喜田貞吉「学窓日誌」『社会史研究』九、一九二四）。土器や瓦の数はかぎられているし、年代もあきらかでないが、ひとつの目安となる。そこにかなりの人が住んでいたらしいということである。最近になって、高麗橋《こうらいばし》の近くから、そのことをものがたるさまざまな遺物が出土しているので、そのうちのいくつかを取りあげてみよう。

そのひとつは、高麗橋のすぐ西方、中央区（従来の東区）高麗橋一丁目の現地表面下三・五メートルのところ（図6－10のエ地点）から、韓式系土器が発掘されたことである（田中清美「東区高麗橋一丁目出土の韓式系土器」『葦火』一七、一九八八)。この韓式系土器の源流は、四～五世紀の朝鮮半島の南部地域(百済、伽耶《かや》、新羅)で出土する赤褐色軟質土器に求められる。ここからは小型平底鉢と甕《かめ》が五～六世紀の土師器《はじき》や須恵器《すえき》にともなって、ほとんど摩滅しないかたちで出土した。当時近くでこれらを使用していたのであろう。韓式系土器は、このほかに上町台地上の法円坂町や法円坂一丁目からも出土しており、「難波宮」とそこから西北一五〇〇メートル足らずのところにあったはずの「難波津」との関係が考えられる。

中央区島町一丁目の井戸(図6－10のオ地点)からは、奈良三彩《さんさい》小壺が発掘されている(桜井久之「東区島町発見の奈良三彩小壺をめぐって」『葦火』一〇、一九八七)。そこは高麗橋の東方七〇〇メートル足らずのところで、「難波津」を近くに見おろすことができる上町台地の北西端にあたる。奈良三彩は、七世紀末ころの中国にはじまる唐三彩(緑・褐・白)陶器の流れをもち、遣唐使によってその技術がわが国にもたらされ、国産化されたといわれている。奈良三彩の器種は食器、貯蔵器などバラエティーに富んでいるが、小壺の場合は出土地点に特徴がある。すなわち、福岡県沖ノ島、岡山県大飛島、三重県神島《かみじま》などで知られるように、海上交通とかかわりをもつ祭祀《さいし》遺跡からの出土が目立つのである。北隣の「堀江」、西方の「難波津」を考えあわせるならば、この地点からの奈良三彩小壺の出土は、けっして偶然ではないであろう。

一九八七年六月には、高麗橋の西南にとなりあった中央区道修町一丁目から「皇朝十二銭」一二枚が発掘された（京嶋覚「東区道修町一丁目出土の皇朝十二銭」『葦火』一一、一九八七）。それは現地表面下約四メートルにある平安時代初頭ころの地層からであり、同時に多数の土器や重圏文軒平瓦《じゅうけんもんのきひら》も出土している。なお「皇朝十二銭」は、奈良時代から平安時代にかけて、わが国で鋳造された一二種の鋳貨を指す。

「高麗橋」という名が、朝鮮半島との関係でつけられたことはほぼまちがいない（藪内吉彦「高麗橋今昔」『大阪春秋』一九、一九七九）し、七世紀後半において、難波で唯一の寺だったとされる「阿曇寺《あずみでら》」は、中央区高麗橋一丁目付近に建立されていたとする説が有力である（吉田靖雄「難波の寺々―四天王寺を中心に―」『明日香風』二六、一九八八）。「難波津」の位置とも考えあわせると、この地が五世紀の末ころから急速に活気を帯びるようになり、長期にわたって国際港として重要な位置をしめつづけたことは、もはやうたがう余地はないであろう。

難波津の比定地―点と線

「難波堀江」の完成後、国際港「難波津」は、現在の高麗橋付近に定着するようになる。しかし船着き場が一ヵ所に限定されていたわけではない。波の静かな高麗橋付近から潮の流れを生ずる「堀江」を経て、上町台地東方の長柄、玉造《たまつくり》、桑津付近にも、その範囲は広げられたはずである。「堀江」沿いはまったく新しい船着き場の誕生であり、上町台地以東は、かつての港の復活ということになる。

すでに述べたように、住吉津の場合は、住吉大社の門前を中心として、南一五〇〇メートルの「朴津水門」付近にまで、船着き場は広がっていた。古代の港は点としてとらえるのではなくて、大小いくつかの核があり、それを結ぶ断続的な線状をなしていたと解すべきであろう。難波津の場合、高麗橋付近を核とし、前方に「江口」、背後に「長柄」「玉造」「桑津」などの船だまりを擁していたのである。

第七章　景観の形成と古代――むすびにかえて

景観復原における第三の方法

本書において、私は、弥生時代から古代にかけての景観を、自然と人間の両サイドから、総合的に解明しようとした。これは地域史研究における第三の方法ということができる。すなわち、自然環境の性格のみ、あるいは人間の活動にかぎって研究しようとする従来の方法とは、アプローチの仕方が基本的に異なるのである。

過去の地形環境や景観を解きあかしていく仕事は、復原と呼ばれる。復原にあたっては、地形、地質、土性、植生など、自然環境の構成要素に対する分析と検討が中心をなす。しかしながら、弥生時代のはじめころ以降については、考古学的資料や各種の文献史料、古地図類の援用がどうしても必要となる。景観形成に人間が関与してくるからである。

考古学的な資料を用いることによって、自然サイドからおこなった分析、とりわけ年代に関する精度が、いっそう高められる。ただし、遺構面や遺物の示す年代から、地層の堆積年代やそれの前後関係を判断する場合、解釈が異なることがある。土器そのものの年代ではなくて、土器の埋没状況から判断される地層の形成年代についてである。

『記紀』や『万葉集』などの古典類に記された素朴な自然描写を、判断の手がかりとすることによって、当時の景観の特徴や地形変化の様子が、よりいきいきとしたものとなる。しかし、この場合も、史学者や文学者と解釈が異なることがある。たとえば、『日本書紀』応神天皇十三年九月条にみえる「川俣《かわまた》」や、仁徳天皇二十二年正月条にみえる「並び浜」などがそれである。私見によれば、これらは地名ではなくて景観描写ということになる。すなわち、「川俣」は川の分流ないしふたつの河川が平行して流れる状況を指し、「並び浜」は、砂洲とラグーンが交互に配列されている様子を表している。当時の景観をていねいに復原したのちに『万葉集』をよめば、「潟」や「岸」に対しても新しい解釈が生まれる。『続日本紀』には、災害をともなう地形変化などについて迫力に富んだ記載があり、景観の描写がより具体的であるが、自然サイドからする分析と、うまく対応させることは必ずしも容易でない。

空中写真の判読や現地調査などによって、「応神陵」崩壊の原因が活断層にあることはわかったが、崩壊の年代を直接示す史料はまだみつかっていないし、考古学的資料によってそれを押さえることもできていない。現在のところ、『続日本紀』聖武天皇天平六年（七三四）四月条を、もっとも確実性の高い史料として示すにとどまる。「地震によって山陵が動いた……」とあるが、残念ながら、そこに固有の山陵名は記されていないのである。この巨大古墳は、まだまだ多くのナゾを秘めたまま、静かに眠りつづけることであろう。

段丘面に残る景観

わが国は山がけわしく、雨の降り方が不規則で、しかも激しい。そのため沖積平野面はくり返し塗りかえられてきた。ある場所では、古い時代の地層はえぐりとられて無くなっており、他の場所では、地下数メートルのところに埋まっている。したがって、地中海沿岸やイギリスなどのように、埋没景観をありありと検出することはむずかしい。

それに対して、氾濫を受けやすい低地から数メートル高くなった段丘面には、過去の景がわりあいよく残されている。道路、水路、溜池、畦畔などがそれである。本書では主要な水路と溜池を取りあげた。『日本書紀』神功皇后摂政前紀にみえる「裂田溝《さくたのうなで》」は、福岡県筑紫郡那珂川町の低い段丘面を流れる裂田水路と考えられる。いくたの変化を経ながらも、この水路は現代に生きつづけている。近くに位置する安徳台古墳との関係から、この大溝の開削年代は四世紀末とされる。安徳台付近には、不自然なまでに深い谷が約五〇〇メートルにわたって穿《うが》たれており、「神功紀」は、この谷の成りたちを落雷に求めているが、自然現象とするならば、雷よりは地震とそれにともなう地層の切断と解するほうが、まだしもよい。「天武紀」がそのことを暗示させる。

大阪府下、石川左岸に広く展開する段丘面の開発は、那珂川右岸より遅く、五世紀に入ってからといえるであろう。「古市大溝《ふるいち》」については、五世紀説と七世紀説があり、論争がつづいている。「古市大溝」の西方にも、段丘面を東から西に向かって延びる水路の痕跡が認められる。私はこの水路を『住吉大社神代記』にみえる「針魚大溝《はりお》」と考えた。それは微地形や表層地質の性格、土地割景観、小字名などにもとづく比定である。

「針魚大溝」の西につづく「依網池《よさみいけ》」の立地環境と湖岸線についても、独自の復原を試みた。方法は「針魚大溝」の場合とほぼ同じであるが、池築造当初の水深については、地形環境のほかに、『日本書紀』応神天皇十三年九月条にみえる「蓴《ぬなわ》」（ジュンサイ）に注目した。水深は一～二メートルであり、面積は四〇～五〇ヘクタールであったと考えられる。

狭山池は「裂田溝」と同様、形を変えて、現在も生きつづけている。この池は、一本の河川（天野川）を完全に堰きとめてつくったもので、工事は困難をきわめたはずである。池の築造年代については、湖岸での須恵器《すえき》生産の時期から、六世紀中葉以降とする説が有力である。下流部の「依網池」の築造年代から遅れること約一五〇年という計算になる。池の面積については、従来、あまり変化がなかったとされてきたが、私の見解はこれとまったく異なる。すなわち、築造当初の面積はおよそ二〇ヘクタールであり、慶長年間（一五九六～一六一五）の大改修によって五〇ヘクタールあまりに拡張され、昭和初期に現状のものとなった。もちろん、改修とともに、除げ、樋などの位置や大きさも変化した。

現在〝平成の大改修〟がおこなわれ、それに並行して地質学、地理学、考古学、歴史学、工学などの分野からする共同研究が進行中である。一例をあげると、北堤を上下に貫くボーリングコアの分析から、つぎのようなことがあきらかとなった。すなわち、①堤防がはじめて築かれたのは西暦五八〇プラスマイナス二四〇年（放射性炭素分析）であり、誤差は大きいが、この値は考古学サイドから導き出された従来の推定年代とほぼ一致する。②土砂と草木を交互に重ねてつくられた当初の堤防は、高さが五メートルあまりと考えられ、これは私がかつて推定した値（六メートル）にきわめて近い。

このようにして、段丘面には、古代の景観が比較的よく残されており、それらを手がかりとして、当時に迫ることが、ある程度まで可能といえるのである。

波間に消えた景

段丘面に刻み込まれた景観とちがって、海岸につくられた港（水門・津）の景は、地下にもほとんど残されていない。それは埋もれたのではなくて、消え去ってしまったのである。

わが国の古代における港の多くは、海岸砂洲背後のラグーンに成立した。そこはきわめて不安定な地形環境にあったため、津波や高潮、さらにその後の土砂の堆積によって跡形もなくなってしまった。もともと頑丈な施設はつくられていなかったのかもわからない。いずれにせよ、港の痕跡を地下から掘り出すことは不可能に近い。どうすればよいのであろうか。この場合も、当時の地形環境をまず復原し、しかるのちに各種の史（資）料を用いて考証をおこなうことにしている。地名は不確かではあるが、ひとつの傍証となる。

「紀伊水門《きのくにのみなと》」については、古地理の復原、すなわち砂洲の形成と紀ノ川の河道変遷の解明が、ほとんどすべてであった。「紀伊水門」（神功皇后摂政元年二月条）、そして「徳勒津《ところづ》」（仲哀天皇二年三月条）は、紀ノ川下流域のきわめて不安定な場所に立地したといえる。

古代の難波の地には、「住吉津」と「難波津」のふたつの要港があった。成立は「住吉津」の方が古い。「住吉津」の比定にあたっては、住吉大社の存在が大きい決め手となった。当時、住吉大社の西方には砂洲が延び、その間にラグーンが横たわっていた。『日本書紀』神功皇后摂政元年二月条にみえる「大津の渟《ぬ》中《な》倉《くら》の長峡《ながお》」という表現が、当時のこのあたりの地形環境をうまくあらわしている。現在、住吉大社の門前に「長峡町」があるのもおもしろい。『住吉大社神代記』にみえる「朴津水門《えなつのみなと》」は、大和川の現河口付近に比定される。

「難波津」の位置については、古くから上町台地周辺の数ヵ所に求められてきた。それが一九七〇年代の中葉ころから、大阪市中央区三津寺町付近に定着するようになる。しかし私が独自の調査をおこなった結果、三津寺町付近ではなくて、中央区高麗橋一丁目付近の可能性が大きくなった。ここは、両側を砂洲によって囲まれたラグーンをなしており、「難波堀江」の開削にともなって、港として絶好の条件を備えるようになる。

「難波堀江」開削の目的については、従来『日本書紀』仁徳天皇十一年四月条および十月条の記載内容から、東の水を西の海へ排除することにあったとされてきた。しかし、私は排水と新しい航路の開設というふたつの目的をもって掘られたと解する。砂洲の幅からみると、堀江の長さはほぼ三〇〇〇メートルであり、天満層が伏在する東半分は、当時としては難工事であったと考えられる。

「難波津」の場所を高麗橋付近とする新しい見解を発表して以来、七年ほどになる。通説を否定するものであったためか、予想外の反響であった（たとえば『史学雑誌』九五、一九八六、『明日香風』二六、一九八八、『大阪の歴史』三〇、一九九〇）。いまなお賛否両論がつづいているが、さいわい高麗橋付近から、港の存在をものがたる各種の遺物が発掘されつつあるので、しばらくは成りゆきを見まもりたい。これまでの経験（たとえば紀ノ川の河口変遷、「応神陵」の崩壊時期、狭山池の湖岸変遷）からすれば、将来、私の考えが広く認められるようになるとしても、あと一〇年はかかるであろう。

古代景観にせまる共通の道

古代の景観を復原する際には、広い視野と共同研究の体制が強く求められる。植生、地形、土性、水文環境、動物生態などは相互に関連しあっており、しかも現在とは著しく異なる。そのため、単一の科学分野のみで、過去の複合景観をあきらかにすることはむずかしい。当時の生活様式についても、同じことがいえるであろう。景観が地下に埋没してしまっている場合は、発掘によらざるをえないし、肉眼でとらえることのできない花粉、プラントオパール、珪藻などは、顕微鏡を用いて検出する必要がある。

今後は、ジオアーケオロジーで代表されるような学際的研究が、いっそう進められることによって、畿内や瀬戸内海沿岸にかぎらず、わが国各地の古代景観が、つぎつぎと描き出されていくことを真に望みたい。

あとがき

第一章は、いわば序にあたる部分で、ここでは景観復原の中心課題と研究方法についてまとめた。内容は『都市と景観の読み方』（朝日新聞社）、『考古学――その見方と解釈』（筑摩書房）などに投じたものに近い。

第二章は私の基本的視点を述べたものであり、一九八五年の拙文（「大地の変貌と古代人の営為」『日本の古代』五所収、中央公論社）を骨子とするが、それに『海のむこうからみた吉野ヶ里遺跡』（社会思想社）、『弥生文化』（平凡社）などに投じたものの一部を加えた。また「応神陵」の崩壊時期については、その後の議論を整理した。

第三章は、景観復原におけるもうひとつの側面、すなわち古典の利用と解釈に対するひとつの試論である。「立命館文学」五一一号に発表した論文を若干修正・加筆した。

第四章以下は、これまでにおこなった研究内容の紹介が中心となっている。第四章の一部は『高地性集落と倭国大乱』（雄山閣）で、すでに発表した。第四章の4「浜新田」と第五章の2「裂田溝《さくたのうなで》」は、最近調べたものであり、第五章の3、4、5は拙著『歴史時代の地形環境』（古今書院）で論じたものを要約するとともに、新しい見解を加えた。

第六章の1と2は、3以下の前提として位置づけられる。3から6までは、「古代学研究」一〇七号をはじめ、「すみのえ」一七七号、「立命館文学」四九九号などで発表したものに、最近の調査結果を加え、全面的に書き改めた。

第七章は全体のまとめとなっている。

本書を刊行するに至った直接のきっかけは、『日本の古代』五に拙文を投じたことにある。同書への寄稿をお勧め下さった同志社大学の森浩一教授に深く感謝したい。私の研究は、いずれも面倒な野外調査と資料分析の上に成り立っている。これまでにいろいろと協力していただき、現在もともに研究をつづけている豊田兼典、原秀禎、高橋学、外山秀一、額田雅裕、青木哲哉、古田昇の諸君にも、この機会にお礼を申し述べたい。

最後になってしまったが、地図が多くて、大変面倒な研究物の出版を心よくお引き受けいただき、いろいろとお世話下さった中央公論社の皆さんに、厚くお礼を申しあげる次第である。

一九九一年三月

日下雅義

リニアメント（線状構造） 135, 139
ルイン（廃墟） 104
礫（層） 20, 30, 32-33, 50, 52, 64, 76, 80, 89-91, 94-95, 102, 107, 147-148, 197
歴史地理学 13, 23
歴史的景観 21

ワ　行

和歌浦 79, 81, 200-202, 204, 207, 209-210
輪中地帯 112

マ　行

埋没景観
→地下景観
埋没礫堆
→シュートバー
マウンド　95-101
槇尾川　27-28, 65
纏向遺跡　128
マグラ　95
マッキンタイア　42
丸木船　193
溝　26, 120, 126, 131, 134, 138, 147, 250-251
三津寺　231-235, 238
みなと　70-72, 85, 88, 217
水門　69-72, 124, 136, 197, 199-200, 211, 221, 266
宮本又次　250-251
ミレトス遺跡　47
武庫水門（務古水門）　70-71, 223
メアンダー（蛇行）　169, 209
メンデス遺跡　62, 100-101, 105
網状流　107
百舌鳥古墳群　53
森浩一　58, 65, 148, 198, 243
森修　235
盛土　56, 95, 97-98, 113-118, 158, 177, 244
盛土集落　97-98, 101, 105, 113, 118

ヤ　行

野外調査　18
安田喜憲　15, 236
大和川　53, 63, 114, 140, 151, 153-154, 157-159, 161-162, 211, 222-225, 228, 230, 256, 267
山根徳太郎　233, 239
弥生時代　28, 30, 33, 35, 62-65, 67, 125, 127-128, 151, 196, 206, 213, 215, 236-237, 262
湧水地帯　122-123
夜臼期　125
ユースタティック・シーレベル・カーブ　44
ユーフラテス川　92
除げ（口）　167, 173-174, 179-180, 184, 265
除川筋　153, 162
依網池　129-130, 132, 150-153, 155-156, 158, 160-167, 226, 244, 264-265
依羅池古図　158, 164-166
吉田東伍　132, 222, 229-231, 239, 250
吉野ヶ里遺跡　64-66
淀川デルタ　63, 236

ラ　行

洛水　123
ラグーン（潟湖）　25, 27, 29, 46, 48, 50, 69-71, 76-77, 80, 82, 84-88, 90-91, 94, 131, 190-193, 195-199, 204-207, 213-214, 216-226, 229, 241, 247, 249-251, 257-258, 263, 266-267
ラッセル　62
ラファエル　95
ランバート　97-98

熱田津　87, 193, 197
西除げ　169, 176, 179-180, 182-185
西除川（除川筋）　141, 153, 157, 159, 161-162, 168-170, 172, 184-185, 187
西除げ口　174, 180
仁徳陵（大仙古墳）　199, 227
粘土（層）　32-33, 62, 74, 97, 99, 100, 102, 158-159, 172, 183, 227, 249

ハ　行

坡　124
ハイガイ　203
博多古図　198
白兎海岸　69-70
バック・ショー　76, 90
ハッサン　16-17
服部遺跡　127
黄土（の岸）　74-76, 227
羽曳野丘陵　141, 169-170
浜新田　112-113, 115-117
バリア・アイランド　94
針魚川　141, 144, 149-150
針魚大溝　129, 132, 140-143, 146-150, 165-166, 244, 264-265
半乾田　125, 127
ハンドオーガー　22, 25, 115
氾濫原　29, 33, 50, 56, 59, 63, 113, 125, 151, 158, 214, 226
陂　124
樋　173-175, 179-180, 265
東除げ　144, 149, 168, 183-185, 187
東除川　144-146, 157, 169, 172, 185-187
東横堀川　91, 211, 247, 249-251, 257-258
干潟　79-82, 88, 97, 196
微高地　25, 30, 92, 95, 97, 100, 113, 116-117, 125-128
百間川遺跡　125-127
浜堤　48, 50, 88, 90, 94-96, 204-205
フィスク　44
フェアブリッジ　43-44
吹上砂洲　206
復原（図）　14-16, 18, 22-23, 27, 44-45, 68, 91, 96, 152, 162-163, 178, 197, 211, 222, 236-237, 249, 253, 258, 262-264, 266, 268
ブッツァー　17-18, 20, 121
フラッシュ・フラッド　106, 112
プラントオパール分析法　15
プラント（クロップ）マーク　24
古市大溝　54, 128-129, 142, 144, 148-149, 264
古市古墳群　53, 56
ブルームサンプラー　25
ベスビオ火山　38
ヘラディック期　48, 95
ペロポンネソス半島　47, 95
ポイントバー　33, 92-93
放射性炭素　22, 32, 50, 99, 265
防潮堤　210
ボーリングコア　190, 265
ボーリング調査　159
ホルツ　100-101, 105

235-236, 238, 243, 247, 249, 258, 262, 265-267
地形変化　38, 51, 60, 64, 70, 182-183, 201, 211, 263
地質断面図　50, 244, 249
地層断面図　45, 49
地表景観　22, 24, 56, 62, 147, 159, 197
チャート　30, 147
中位段丘　29, 65, 74, 143, 169, 173, 183-184, 211, 226-227, 229
中央構造線　201
沖積層　30, 59, 108, 110, 249
沖積段丘　130, 143-144, 148, 169-170, 172
沖積平野　128, 263
津　83, 193, 198, 200, 208, 211, 217, 221-222, 225-226, 231-232, 240, 246, 266
津波　39, 76, 266
テアペン　97-98, 112
低位段丘　59, 74, 130-131, 169, 173, 226, 229
鄭国渠　123
汀線　40, 45, 76, 80, 82-84, 90, 94, 162, 202-203, 213, 238, 247, 252
デーリー　41, 44
デルタ　33, 46-47, 95-96, 100-104, 163, 172, 180, 207, 240, 243
天井川　22, 25, 106, 114-115, 182
天然のみち　227
天坊幸彦　232, 235, 239
天満潟　247, 250
天満砂洲　61, 63, 78, 83, 213, 216, 236-237, 240
天満層　244-245, 249, 267
塘　124
東木龍七　15
土入川　93
動物相　19
徳勒津　199, 201, 207-208, 266
道修谷　247, 250-251
トレンチ　30-32

ナ　行

ナイル川　62, 92, 100, 103-104, 112, 119, 122
ナイルデルタ　62, 99-100, 103, 112
直木孝次郎　243, 253, 257
那珂川　128, 133-135, 198, 264
中洲　33, 107, 117, 125
中之島　207
長柄砂洲　213
難波往古図　254-258
難波潟　80, 82-83, 85-86
難波砂洲　213
難波津　85, 88, 193, 197, 217, 231-235, 238-239, 241-242, 246-249, 251-252, 256-257, 259-261, 266-267
難波堀江（堀江）　73, 88, 91, 212, 231-232, 235, 237, 239-243, 245-248, 252-253, 259-260, 267
難波湊　255-256
難波宮　237-238, 240, 248, 259
那津　197-198
菜畑遺跡　125, 127

浸食 20, 64, 75-76, 93, 101, 124, 130, 137, 144, 149, 173, 176, 180, 184, 189, 209, 212, 214, 245
——基準面 103, 237
吹田砂洲 78, 213, 216, 240
スコール 43
スコルピオン王 120-121
住吉津 193, 197-199, 217-219, 223, 225-226, 228-229, 231-232, 241-242, 246, 248, 261, 266
住吉大社 74-77, 150, 166, 212-213, 217-221, 226, 228, 230, 248, 261, 266-267
住吉堀割 129, 142, 150, 166
堰 125-127
扇状地 27-30, 35, 65, 106-112, 117, 130, 203
鮮新世層 190
千田稔 233-235, 252
ソイルマーク 24
層位学 18
層相 18, 148

タ 行

第三紀層 48
堆積 17, 30, 32-33, 50, 62-65, 88, 93-94, 102, 106, 113, 115-117, 130, 147, 160, 172-173, 181, 183, 190, 207, 214, 236-237, 244, 262, 266
——学 16, 18
——環境 18
——作用 45, 47, 125
——状態 25
——地形 28, 33
——物 15, 17, 27-28, 35, 45, 49-50, 63-64, 103, 125, 139, 146-148, 160, 172, 189
タイダル・フラット（干潟） 80, 82, 240
滝川政次郎 231-232
丹比道 225, 227-228
タートルバック 100
谷岡武雄 114, 131
玉置豊次郎 254
玉津島 79-81, 202, 209
垂水の瀬戸 78, 216
段丘 29, 35, 56, 65, 67, 74, 76-77, 101, 127, 137, 139, 141, 143-150, 158, 166-167, 169-170, 172, 178, 203, 211, 214, 217, 222-223, 236, 244
——崖 74, 77, 157, 167, 173, 176, 185, 190, 208, 225
——層 27, 74, 176
——面 35, 56, 65, 67, 74-75, 96, 128-129, 133-134, 140-141, 143-145, 148-153, 158-159, 165-167, 176-177, 183-184, 214, 222, 226, 230, 264, 266
段々畑 20-21, 67
チェニアー 96
地下（埋没）景観 22, 28, 264
地下水（位） 19-20, 52, 62, 64, 102-104, 116
チグリス川 92
地形環境（図） 15, 17, 24, 45, 84, 110, 125, 131, 160, 163, 165, 167, 191, 208, 211, 223-224,

サ　行

採土　67, 158, 178, 183
細粒物質　33, 50, 183
坂本太郎　50
砂丘　88, 90, 94-95, 207, 238
裂田神社　133-135, 137-140
裂田溝　128, 130-132, 135, 137-139, 165-166, 264-265
砂質海岸　192, 195
砂質シルト（層）　30, 32, 159-160
砂洲　69, 83-85, 88, 90, 94, 189-193, 196, 198, 203-207, 209, 212-214, 216-219, 222-223, 226, 236-237, 241, 244, 247, 249-251, 257, 263, 266-267
砂堆（砂嘴、沿岸洲、浜堤）　27, 30, 70, 75-77, 82, 94, 106, 110, 131, 180, 195-196, 198, 205, 219, 234
狭山池　129, 131-132, 141-142, 144, 148-149, 158, 165, 166-170, 172-178, 180-181, 183-187, 265, 268
皿池　152
砂礫（層）　25, 28-30, 32, 48, 55, 89, 138-139, 183, 190, 236, 244-245
砂礫堤　48
サンアンドリアス断層　38-39
三角洲　106, 172
三角屋敷　108-112
寒川旭　58-60
散居集落　109
ジェイハン川　95-96
シェパード　43, 196
ジオアーケオロジー　16-18, 268
地震　36-38, 50-53, 57-61, 63, 136, 138-140, 263-264
地すべり　51, 176
自然灌漑　119-120, 140, 142
自然堆積　115-116
自然堤防　25, 29, 33, 48, 65, 92, 95-96, 100, 102-103, 106, 119-120, 157
七ノ坪遺跡　27
湿田　127
シート・フラッド（布状洪水）　149
磯歯津路　74, 225, 228-229
地引絵図（地籍図）　145
シャドーフ　121
シュートバー（埋没礫堆）　28, 31-32, 34-35, 65, 92-93
縄文海進　45, 192-193, 203, 207
縄文貝塚　203
縄文時代　125, 127, 129, 199, 209, 251, 257
除水路　168, 173, 184-185
ジョンソン　213
シルト　26, 32, 62, 77, 100, 102, 116-117, 147, 150-151, 158-160, 183
――層　33, 55, 74, 147-148, 160, 172, 227, 249
地割れ　51-52
人工河川　184
人工灌漑　119-120, 122
人工谷　184

河内潟　213
灌漑　100, 102, 119-124, 126, 129, 140, 142, 166, 176, 185
——水路　102, 121, 136
——用水（路）　136, 165, 173, 187
環濠集落　64-66
完新世　43, 45, 169, 216, 244
乾田　125, 127
岸俊男　225
喜田貞吉　258
北島葭江　238
紀ノ川　70, 80, 93, 200-201, 203-211, 266-267
紀伊水門　70, 199-201, 206-209, 211, 221, 266
旧天野川　157, 169, 172-173, 176, 179, 222, 226, 229
渠　123-124
キング　192
空中写真　14-17, 22-24, 106-107, 111, 143, 160, 162, 179, 205, 213, 226, 263
九条家文書　208
グーディ　14
クラカタウ島　39
グラドフェルター　16
クラフト　44-46, 48-49, 189, 191
栗隈大溝　130-132
刳船　193, 196
クロップマーク　24
涇水　123
珪藻　32, 268
検土杖　22, 25-26, 32, 34, 115, 117, 147, 156, 158
高位海水準　203
高位段丘　74
降雨流出量　35
黄河　92, 122-123
溝渠　22, 131-133, 143, 145-146, 148
考古地理学　15
耕作土　22, 30, 32, 63, 115-116, 131, 147, 158-160
洪水　27-28, 30, 33-35, 40, 50, 60-62, 64, 92-93, 95-97, 99-100, 102, 104, 106-117, 119-120, 125, 128, 130, 144-147, 149-151, 173, 180-182, 185, 187, 189, 207, 209-210, 225, 227-228
構造谷　140
構造船　193, 196
構造線　54, 56
後氷期　14
古植物学　28
古地図（古絵図）　22-23, 40, 152, 254, 262
古地理（学）　13, 44-45, 222, 236, 266
古照遺跡　128
古墳時代　28, 33-35, 128, 133, 151, 193, 196, 199, 205, 207, 212-213, 218, 236-237
コム（テル）　100-105, 112
コールマン　44
誉田断層　59-60
誉田八幡宮　59-60
誉田山古墳　56, 58, 60

索　引

ア　行

天野川　141, 151, 153, 166-169, 172, 177, 180-182, 184-185, 265
天野水　141, 150-151, 166
アマルナ期　121
安徳台　133, 135, 137, 139, 264
池上遺跡　26-29, 64-65
生駒山地　83, 211
井堰　128, 134, 142, 144
板付遺跡　127
イッソス　188
遺物包含層　64
上町台地　61, 63, 78, 83, 88, 158, 166, 199, 211-213, 218-219, 228-229, 231-233, 236-237, 239, 241, 243-245, 247-248, 250-251, 254, 256, 259-260, 267
ウォルマン　67
海上潟　80, 83-84
ウルム氷（河末）期　42, 103
江口　231, 247, 251-252, 261
エーゲ海沿岸　47
朴津（の）水門　221-225, 261, 267
エリス平野　95
堰堤　53, 134, 182
応神陵（誉田山古墳）　54-59, 214, 263, 268
大阪層群　74, 159-160, 169
大園遺跡　27-29, 35
大津　217-218, 226, 231-232, 235, 242, 252, 267
大津道　74, 150, 225-226, 228, 244
大溝　129, 143-144, 147-150, 264
大依羅神社　153, 156, 159, 161, 164
溺れ谷（沈水海岸）　42

カ　行

海岸砂洲　198, 206-207, 212, 217, 224, 266
海岸浸食　210, 212
海岸段丘　190
海進　48-49, 189, 203
海水準　43-44
　――変動曲線　43-45
開析谷　74, 131, 142, 150, 159-162, 170, 172, 176, 182, 218, 222, 227, 254
河岸段丘　61
嵩上げ　115, 117, 134, 146, 148, 176
河跡　22, 27, 29, 106
化石谷　227-228
潟　68, 79-80, 82-83, 85, 263
活断層（説）　56, 58, 263
亀島　138-140
ガリー　21
カーレイ　44
川合　141, 150

本書の原本『古代景観の復原』は、一九九一年に中央公論社より刊行されました。

日下雅義（くさか　まさよし）

1934年徳島県生まれ。立命館大学大学院文学研究科修士課程修了。立命館大学名誉教授。文学博士。著書に『平野の地形環境』『環境地理への道』『歴史時代の地形環境』『平野は語る』，編著に『古代の環境と考古学』『地形環境と歴史景観』などがある。

講談社学術文庫

定価はカバーに表示してあります。

地形《ちけい》からみた歴史《れきし》

古代景観《こだいけいかん》を復原《ふくげん》する

日下雅義《くさかまさよし》

2012年11月12日　第1刷発行

発行者　鈴木　哲
発行所　株式会社講談社
　　　　東京都文京区音羽2-12-21 〒112-8001
　　　　電話　編集部（03）5395-3512
　　　　　　　販売部（03）5395-5817
　　　　　　　業務部（03）5395-3615
装　幀　蟹江征治
印　刷　株式会社廣済堂
製　本　株式会社国宝社
本文データ制作　講談社デジタル製作部

ISBN978-4-06-292143-5

「講談社学術文庫」の刊行に当たって

これは、学術をポケットに入れることをモットーとして生まれた文庫である。学術は少年の心を養い、成年の心を満たす。その学術がポケットにはいる形で、万人のものになることは、生涯教育をうたう現代の理想である。

こうした考え方は、学術を巨大な城のように見る世間の常識に反するかもしれない。また、一部の人たちからは、学術の権威をおとすものと非難されるかもしれない。しかし、それはいずれも学術の新しい在り方を解しないものといわざるをえない。

学術は、まず魔術への挑戦から始まった。やがて、いわゆる常識をつぎつぎに改めていった。学術の権威は、幾百年、幾千年にわたる、苦しい戦いの成果である。こうしてきずきあげられた城が、一見して近づきがたいものにうつるのは、そのためである。しかし、学術の権威を、その形の上だけで判断してはならない。その生成のあとをかえりみれば、その根は常に人々の生活の中にあった。学術が大きな力たりうるのはそのためであって、生活をはなれた学術は、どこにもない。

開かれた社会といわれる現代にとって、これはまったく自明である。生活と学術との間に、もし距離があるとすれば、何をおいてもこれを埋めねばならない。もしこの距離が形の上の迷信からきているとすれば、その迷信をうち破らねばならぬ。

学術文庫は、内外の迷信を打破し、学術のために新しい天地をひらく意図をもって生まれた。文庫という小さい形と、学術という壮大な城とが、完全に両立するためには、なおいくらかの時を必要とするであろう。しかし、学術をポケットにした社会が、人間の生活にとってより豊かな社会であることは、たしかである。そうした社会の実現のために、文庫の世界に新しいジャンルを加えることができれば幸いである。

一九七六年六月

野間省一

歴史・地理

杉浦昭典著
海賊キャプテン・ドレーク イギリスを救った海の英雄

一六世紀。奴隷交易、スペイン植民地襲撃など海賊行為で巨万の富を手に入れる。その一方でエリザベス女王にサーの称号を受け、イギリス海軍提督としてスペイン無敵艦隊を撃退した男の野望と冒険を活写する。

1989

マルクス／ヘンリクス著／千葉敏之訳
西洋中世奇譚集成 聖パトリックの煉獄

十二世紀、ヨーロッパを席巻した冥界巡り譚「聖パトリキウスの煉獄」「トゥヌクダルスの幻視」を収録。二人の騎士が臨死体験を通して異界を訪問し、現世に帰還したという奇譚から、中世人の死生観を解読する。

1994

宮本又次著
大阪商人

密貿易を組織した毛剃九衛門、寒天輸出を一手に担った尼崎屋、鉱山開発を事業とした住友家など「天下の台所」の商人たちを通して、江戸期産業の実相と江戸の経済を牛耳っていた商都大阪の社会・風俗を活写する。

1999

新田一郎著
相撲の歴史

大相撲＝相撲ではない！ 記紀神話の相撲、武士の娯楽、興行相撲から力士の品格問題まで、千三百年超の相撲史を総合的に読み直し、多様・国際化する相撲の現在を問う。「国技」を再考するための必読書。

2001

島田俊彦著
満州事変

日本はなぜ戦争の道を選んだのか——。膨大な史料をもとに、第一次山東出兵、張作霖爆破事件から関東軍の暴走、満州国建国、国際連盟脱退まで、当時の状況を詳細に再現し、近現代史の問題点を鋭く抉剔する。

2003

原田勝正著
明治鉄道物語

文明開化を象徴する舶来技術に人々はどう対応し、どのような苦難を乗り越えてわがものとし、そこにはどんな人間模様が描かれたのか。鉄道史研究の泰斗が鉄道の受容と発展を通して活写する、近代日本の横顔。

2008

《新刊案内》　講談社学術文庫

辻井重男
暗号
―情報セキュリティの技術と歴史―

有史以来の軍事・外交における「秘匿」の暗号史を紹介。情報セキュリティを担う現代暗号の特性を明らかにし、公開鍵暗号、零知識対話証明の数理と設計思想も解説。

2114

森　茂暁
建武政権
―後醍醐天皇の時代―

混沌の世に一瞬、開花した公家一統体制。それは復古反動か、封建王政か？　史料の精緻な読みにより、中世日本の転換点となった「後醍醐の夢と挫折」を解明する。

2115

橋爪大三郎
政治の教室

日本人に民主主義はムリ？　そうは言っても政治はどこでも手作り製品。〈ムラの政治〉の地に足つけて、日本型草の根民主主義のすすめ。無党派層とか言わせない。

2116

若桑みどり
フィレンツェ

ルネサンスの栄光に輝く古都の歴史と芸術。町の起源からメディチ家の興亡を経て現代まで、「花の都」を支えてきた市民とその心を美術史家が描く、決定版都市案内。

2117

加藤一朗
象形文字入門

絵文字と象形文字は何が違うのか？　ヒエログリフの読み方のレクチャーから、古代エジプトの物語紹介、アルファベットの創出などを刺激的に解説。練習問題付き。

2118

袖井林二郎 編訳
吉田茂＝マッカーサー往復書簡集
―1945－1951―

吉田が秘した幾多の書簡は占領軍との息詰まる折衝を明らかにする。何を護持したかったのか？　一体何が保守できたのか？　孤軍奮闘、臣茂。民主改革、阻むため。

2119

《新刊案内》 講談社学術文庫

2120
丸山圭三郎
ソシュールを読む
文化・社会の幻想性を解明・告発する文化記号学理論。残された手稿と「講義」の聴講生のノートをもとに復元されたソシュールの思想・方法の現代的意義とは何か。

2121
池田知久 訳注
「淮南子」
淮南王が数千人の賓客・方術の士たちに編ませた『淮南子』。老荘思想に、法家・墨家・兵家思想、儒教を交えた新思想とは？ 儒教一尊以前の哲学百科を読み解く。

2122
H・G・ウェルズ
下田直春 訳
世界文化小史
『宇宙戦争』で知られる「SFの父」が、地球と生命の誕生に始まる人類の歩みを大きな視点で物語る。初版刊行から九〇年、世界で愛読される一気通読の世界史入門。

2123
岡田 哲
明治洋食事始め
―とんかつの誕生―
明治維新は「料理維新」だった！ 庶民の舌が生んだ牛鍋・あんパン・カレーから「洋食の王者」の誕生まで、近代食卓六〇年の疾風怒濤を描く、異色の食文化史研究。

2124
中村雄二郎
知の百家言
パスカル、一遍、朱子……。古今東西の「人類の英知」から厳選した「知を愛する」ことばを、〈好奇心〉〈ドラマ〉〈リズム〉に溢れるエッセーとともに熟読玩味する。

2125
成沢 光
政治のことば
―意味の歴史をめぐって―
マツリゴト、ヲサム、イキホヒ、シロシメス……。語源が織り成す日本の政治のそもそもの話。徹底した日本語の用法追跡で政治意識の歴史を描き出した先駆的研究。

《新刊案内》講談社学術文庫

江里口良治
時空のゆがみとブラックホール
その「奇妙な存在」は、いかに証明され、観測できるのか。ブラックホールの種類、性質、形成過程と研究史を、相対性理論とのかかわりを軸にわかりやすく解説する。
2126

長谷川 宏
ことばへの道
―言語意識の存在論―
人は他者や共同体なくして生きていけない。ことばは、その人間存在の根本に関わっている。詩と哲学を自在に往還しつつ展開する、著者の出発点ともいえる鮮烈な思考。
2127

金 文京
水戸黄門「漫遊」考
中国の包拯、朝鮮の暗行御使、そして日本の水戸黄門。近代から中世、古代へと時空を超えた東アジアの歴史の中に日本人に愛された「漫遊記」の成立と享受の跡を追う。
2128

中島義道
「私」の秘密
―私はなぜ〈いま・ここ〉にいないのか―
哲学的探究の対象であると同時に、哲学する主体でもある「私」とは何か。時間論・身体論の邂逅によりこの不可思議な存在の謎を解き明かす、清新な自我論の誕生！
2129

渡辺幹雄
リチャード・ローティ＝ポストモダンの魔術師
分析哲学と大陸哲学双方に通じながら、「基礎」としての哲学の終焉を告げた「稀代のソフィスト」。その挑発的なレトリックの背後にある思考を、体系的に読み解く！
2130

井上昌次郎
ヒトはなぜ眠るのか
子供は快眠で、老人が不眠なのはなぜか。眠りにはどのような役割があるのか。睡眠はなぜ快いのか。大脳が発達した生物＝ヒトの睡眠を最先端の脳科学で解明する。
2131